진리란 무엇인가

인간의 본성과
삶에 대한 탐구

진리란 무엇인가

이기동 지음

21세기북스

·들어가며·

대학 강단에서 동양고전을 강의한 지 어언 30년이 되었다. 논어·맹자를 위시한 사서삼경을 강의했고, 노자와 장자를 강의했다. 고전은 지하를 흐르는 생명수와 같다. 모든 나무가 지하의 생명수를 먹고 자랄 때 충실해지듯 사람들의 삶도 고전의 가르침을 바탕으로 할 때 충실해진다.

고전은 사람들을 참된 삶으로 인도하는 진리의 말씀을 담고 있다. 진리의 말씀은 세월이 흐를수록 새롭고 빛을 발한다. 낡아지는 것은 진리가 아니다. 일이 얽히고 잘 풀리지 않을 때일수록 근본으로 돌아가 근본 원리에 충실해야 한다. 고전의 말씀들은 사람들의 삶을 인도하는 근본 원리들이다.

사람들은 참된 삶을 살 때 행복해진다. 참되지 않은 삶을 살면서 느끼는 행복은 진정한 행복이 아니라 착각이다. 착각 속에서 느끼는 행복은 달콤하지만, 그것에 현혹되어 달콤한 행복을 좇다가 보면 인생을 망치고 만다. 고전의 말씀들은 달콤하지 않고 담담하지만 평생을 마시고 살아야 하는 물처럼 귀중하다.

모든 사람이 물을 마셔야 하는 것처럼 모든 사람은 행복해야 한다. 행복하지 않아도 되는 사람은 없다. 모든 사람에게 물을 마실 기회가 있는 것처럼, 모든 사람은 행복을 얻는 기회를 가져야 한다. 옛 성인들은 사람을 가리지 않았다. 모든 사람에게 참된 삶을 살 길을

4

열어주었다.

　오늘을 사는 우리라고 해서 예외가 될 수 없다. 모두가 고전의 가르침을 접해야 하고 모두가 행복해져야 한다. 그러나 사서삼경이나 노자·장자 등은 2,500여 년 전의 언어로 기록되어 있어서 접하기가 어렵고 이해하기도 쉽지 않다. 그래서 나는 사서삼경과 노자·장자 등을 쉽게 이해할 수 있도록 오늘날의 언어로 풀고 해설한 해설집을 내놓기도 했다. 또한, 모든 사람이 직접 접할 수 있도록 문화원을 개원했고 일반인들과 함께 강독하기도 했다. 그러나 아무리 노력해도 극복하기 어려운 한계는 여전히 남아있다. 그것은 한문이라고 하는 원문이 지닌 벽 때문이다. 아무리 쉽게 원문의 내용을 설명하고 해설하더라도 원문이 가진 어려움은 여전하다.

　문제는 또 있다. 고전에 담겨 있는 말씀들은 당시의 사람들이 부닥친 수많은 문제에 대한 각각의 해답들이기 때문에, 하나의 체계 속에서 통일적으로 이해하기가 어렵다. 그것은 마치 한 그루의 나무에 달린 수많은 나뭇잎에 대한 설명과도 같아서 유사한 것도 있지만, 상반되는 것처럼 보이는 것도 있고 모순되는 것처럼 보이는 것도 있다. 고전이 어려운 이유가 여기에 있다.

　위의 두 문제점을 동시에 해결하는 방법은 오직 하나뿐이다. 고전에 들어 있는 성인의 말씀들을 하나의 체계로 정리하여 오늘날 모두가 이해할 수 있는 우리말로 풀이하는 방법이 그것이다. 그러기 위해서는 먼저 성인의 말씀들을 하나의 체계로 정리하는 일부터 시작해야 한다. 수많은 나뭇잎은 모두 다른 모습을 하고 있어서 다르게 보이지만, 사실은 모두가 하나의 뿌리로 연결되어 있다. 그러므로 뿌리를 알아서 그것으로부터 잎들을 이해할 때 비로소 모든 나뭇잎을 통일적으로 이해할 수 있다. 고전에 담겨 있는 말씀들을 이해하는 것도 다르지 않다. 고전에 담겨 있는 말씀들은 모두가 하나의 마음으로 연결되어 있다. 고전을 읽어가면서 그 말씀들에 담겨 있는 하나의 마음을 알기만 하면 모든 말씀을 하나의 체계 속에서 통일적으로 이해할 수 있고, 고전의 내용을 하나의 체계로 이해하기만 하면 그것을 오늘날 우리가 쓰는 언어로 정리할 수 있다. 이는 오랫동안 나의 숙제였다. 이제 이 책이 출간됨으로써 나의 숙제는 일단락을 짓게 되었다.

진리를 전하는 말씀은 사서삼경이나 노자·장자 외에도 많이 있다. 기독교의 바이블에도 있고 불교의 경전들에도 있다. 모두가 진리의 내용을 담고 있는 고전들이다. 진리는 예나 지금이나 다르지 않고 동양과 서양의 차이도 없다. 그런데도 칸막이를 쳐놓고 진리의 내용을 그 속에 가두는 사람들이 있다. 유학에만 참된 진리가 있다고 주장하는 사람도 있고 교회 안에만 진리가 있다고 주장하는 사람도 있다. 심오한 진리를 담고 있는 것은 불교뿐이라고 주장하는 사람도 있다. 모두 잘못된 주장이다.

진리는 목마른 사람들의 갈증을 풀어주는 물과 같다. 진리에 목마른 사람에게는 진리의 말씀이면 무엇이든 다 좋게 들린다. 예수의 가르침도 진리의 금과옥조이고 석가모니의 가르침에도 폐부를 찌르는 진리가 들어있다. 그런 진리의 말씀들은 다른 장소, 다른 환경에서 나왔기에 표면적으로는 다르게 보이기도 한다. 하지만 모두 진리에서 나온 말씀들이라는 점에는 차이가 없다. 한 그루의 나무에서 뻗어 있는 두 가지는 각각 다른 방향으로 뻗어 가기 때문에 다른 것으로 보이지만, 한 뿌리에 연결되었다는 점에서 하나다. 하나이지만, 다르게 뻗어 가는 것은 하나임을 해치는 것이 아니라 하나임을 온전히 드러내는 방법이다. 만약 두 가지가 같은 방향으로 뻗어 간다면 그 나무는 온전한 모양을 갖출 수 없다. 서로 다르게 보이는 진리의 말씀들도 이와 같다. 진리의 말씀들이 다르게 보이는 것은 진리를 해치는 것이 아니라 오히려 진리를 온전히 드러내는 방법이 된다. 그러므로 서로 다르게 보이는 진리의 말씀들을 하나로 종합할 때 오히려 진리의 모습이 하나의 체계로 온전히 드러난다. 이번에 출간하게 된 『진리란 무엇인가』에서는 이 점을 살리는 데 주력했다.

오늘날 많은 사람이 남과의 경쟁에서 이기기 위해 바쁘고 욕심을 채우느라 정신이 없다. 그러다가 진리를 잃고 불행의 늪으로 빠져들고 있다. 진리가 사람을 외면한 것이 아니라, 사람이 진리를 멀리한 결과다. 이제 불행의 늪에서 빠져나와 진리의 길을 찾아야 한다. 시간이 없다. 우물쭈물하다가는 기회를 놓치고 만다. 진정한 행복은 진리를 얻을 때 다가온다. 이 책이 진리를 찾는 독자들에게 조금이라도 도움이 될 수 있기를 간절히 바란다.

2015년, 여름
이기동 쓰다

| 차례 |

I

진리란 무엇인가

진리란 참된 삶의 원리다. 진리를 알면 참되게 살지만, 진리를 모르면 헛되게 산다. 헛되게 사는 것은 살아도 사는 것이 아니다.

01
원초적 진리의 삶은 혼돈이다

『장자』에는 혼돈에 관한 의미심장한 우화가 등장한다.

남쪽 바닷가에 숙儵이라는 임금이 있었고, 북쪽 바닷가에 홀忽이
라는 임금이 있었으며, 중앙에 혼돈渾沌이라는 임금이 있었다. 숙
과 홀은 가끔 어울려 혼돈의 땅에서 만났는데 혼돈은 그들을 매
우 잘 대접했다. 숙과 홀은 혼돈의 은덕에 보답하고자 의논하며
말했다. "사람들은 모두 일곱 개의 구멍이 있어 보고 듣고 먹고 숨
을 쉬는데, 이 혼돈은 구멍이 하나도 없으니, 우리가 뚫어주자."
그러고는 하루에 구멍을 하나씩 뚫었다. 구멍이 다 뚫리는 이렛날
이 되자 혼돈이 죽어버렸다.
南海之帝爲儵 北海之帝爲忽 中央之帝爲渾沌 儵與忽時相與遇於渾沌之
地 渾沌待之甚善 儵與忽謀報渾沌之德 曰人皆有七竅以視聽食息 此獨

無有 嘗試鑿之 日鑿一竅 七日而渾沌死(『莊子』「應帝王」)

사람은 저절로 생겨난 단세포가 세포분열을 거듭하며 조직을 이루고 점차 성장하여 현재와 같은 몸을 가지게 되었다. 그리고 그 몸은 여전히 자연물이다. 배가 고프면 밥을 먹고 피곤하면 쉰다. 밤이 되면 자고 아침이 되면 일어난다. 쉼 없이 심장이 뛰고 숨을 쉰다. 계속 늙어가다 병들어 죽는다. 이 모든 것이 사람 스스로 하는 게 아니라 저절로 그렇게 된다. 사람뿐 아니라 모든 동식물이 그렇다. 저절로 그렇게 된다는 의미에서 모든 것은 구별되지 않는 자연물일 뿐이다. 자연물이라는 점에서 보면 흐르는 물이나 부는 바람과도 다를 것이 없다. 모든 것은 자연물일 뿐, 구별되는 건 하나도 없다. 그래서 장자는 본래의 모습을 '혼돈'이라 했다. 혼돈은 일체의 구별이 없는 자연의 모습 그 자체를 표현하는 말이다.

혼돈으로 존재하는 모든 것은 구별할 수 있는 것이 아무것도 없다. 늙음도 없고 죽음도 없다. 성공도 없고 실패도 없다. 모두가 자연현상일 뿐이다. 자연현상이라는 점에서 보면 아무런 차이가 없다.

그런데 사람들 대부분이 혼돈의 모습을 유지하지 못하고 자연에서 이탈하고 만다. 그 까닭이 무엇일까? 사람은 누구나 얼굴에 일곱 개의 구멍을 가지고 있다. 눈 두 개, 귀 두 개, 콧구멍 두 개, 입 한 개가 그것이다. 이 일곱 개의 구멍이 보고 듣고 말하고 냄새 맡는 일을 한다. 이 일곱 개의 구멍을 감각기관이라고 한다. 감각기관이 하는 일이 감각 작용이다. 감각 작용은 구별하는 작용이다. 눈이 있으므로 크기, 모양, 색상 등을 구별하고 귀가 있으므로 소리를 구별하며 코가 있으므로 냄새를 구별하고 입이 있으므로 맛을 구별한다.

일곱 개의 구멍이 뚫리는 순간 혼돈이 죽어버렸다는 말은 무엇을 의미할까? 몸에 구멍이 뚫리자 죽었다는 것은 감각기관으로 감각하게 되었을 때 죽었다는 뜻이다. 혼돈에게 구멍이 없었다는 것은 감각기관이 없었다는 것을 말하는 것이 아니다. 혼돈은 감각기관이 있지만 그것으로 감각만 할 뿐, 감각 대상을 구별하지 않는다. 구별하지 않는다는 것을 구멍이 없었다고 표현한 것이다. 우리도 구별하지 않은 때가 있었다. 우리는 갓난아이였을 때 이것과 저것을 구별하지 않았고 남과 나를 구별하지 않았다. 그때가 혼돈이었던 때이다. 하지만 우리는 자라면서 차츰 감각 대상을 구별하기 시작했다. 즉 장자에 의하면 우리는 죽어 있는 셈이다.

혼돈은 일체 구별이 없다. 구별이란 원래 있는 것일까? 감각에 의한 착각 탓에 생길까? 모든 물체가 다 다르게 보이는 것은 눈에 의한 착각 때문이다. 눈은 겉모양만 본다. 겉모양만 보면 모든 것이 다르게 보인다. 물에 떠 있는 얼음 덩어리들이 모두 다르게 보이는 것은 겉모양만 보았기 때문이다. 모든 얼음 덩어리의 본질은 물이므로 서로 구별되지 않는다. 모든 물체가 다르게 보임도 이와 같다. 모든 물체는 우주에 깔린 에너지들이 모여서 만들어진 덩어리이다. 에너지의 본질에서 보면 구별되는 물체는 없다. 그런데도 사람들은 모든 것을 다르게만 본다. 눈을 통해 겉모양만 보는 탓이다. 귀로 소리를 듣는 것도 그렇다. 귀로 듣는 소리는 모두 다르다. 바람이 불면 그것에 부딪히는 물체에서 각각 다른 소리가 난다. 하지만 그 차이는 바람이 달라서가 아니라 물체의 모양이 다르기 때문이다. 그렇다면 각각 다른 소리를 듣고도 그것이 하나의 바람 소리인 줄 알아야 제대로 아는 것이다. 물소리도 그렇다. 잔잔하게 흐르는 물에서는 잔잔한 소리가 나고 세차게 흐르는 물에서는 거친 소리가 나지만 모두 물소리라는 점에서 똑같다. 각각 다른 소리를 듣고도 하나의 물소리인 줄 알아야 제대로 아는 것이다. 모든 물체가 부딪칠 때 나는 소리도 예외가 아니다. 물체가 다르기에 소리도 달라지지만, 물체의 본질이 하나이므로 모든 소리는 본질상 하나이다. 모든 소리가 다르게만 들리는 것은 귀에 의한 착각 때문이다.

우리는 눈·코·귀·입으로 감각하면서 본질을 잃어버렸다. 눈에 보이는 것을 눈으로 볼 때는 먹어도 되는지 먹으면 안 되는지, 바라봐야만 하는지 보지 말아야 하는지 등을 느끼고 행동하기만 하면 된다. 행동한 뒤에는 그것으로 끝내야 함에도 그러지 않는다. 우리는 눈에 보이는 것이 각각 다른 것이라고 기억한다. 그것이 잘못이다. 귀에 들리는 것을 귀로 들을 때도 마찬가지다. 다가가도 되는지, 피해야 하는지, 계속 들어야 하는지, 듣지 말아야 하는지 등을 느끼고 행동하기만 하면 된다. 행동한 뒤에는 그것으로 끝내야 하지만, 그러지 않고 귀에 들리는 것이 각각 다른 것이라고 기억한다. 그것이 착각이다.

'나'라는 개념

사람의 착각이 만들어낸 원초적인 것 중 하나가 '나'라는 개념이다. 이 세상의 모든 것은 다 자연이다. 산도, 물도, 하늘을 나는 새도, 물속을 헤엄치는 물고기도 모두 자연이다. 날아가는 참새를 "참새야" 하고 불러도 돌아보지 않는다. "너는 참 잘도 날아다니는구나!" 하고 말하더라도 참새는 인정하지 않는다. 참새는 독립된 개체로서가 아닌 자연으로서 살아간다. 참새가 하늘을 나는 것도 자연의 움직임일 뿐이다. 연못을 헤엄치는 잉어도 참새와 마찬가지로 자연으로서 존재한다. 잉어가 헤엄치는 것도 헤엄치는 것이 아니라 자연의 움직임일 뿐이다. 참새와 잉어는 저절로 존재하고 저절로 움직인다는 점에서 다를 바가 없다. 그 둘은 모두 하나의 자연으로 통합된다. 이렇듯 산도 물도 나무도 풀도 모두 하나의 자연일 뿐 일체의 구별이 없다. 일체의 구별이 없기에 혼돈이다.

사람도 자연이다. 저절로 태어나고 저절로 자란다. 저절로 숨을 쉬고 저절로 잠을 잔다. 눈동자는 저절로 두 개가 되었고 손가락은 저절로 다섯 개가 되었다. 모든 것이 저절로 되었으므로 자연이다. 사람 그 자체도 자연이고 사는 것도 자연이다. 자연이라는 면에서 아무 차이가 없으므로 모두 혼돈이다. 사람도 혼돈이고 산천초목도 혼돈이다. 모두 혼돈이라서 차이가 없다.

그런데 사람들이 혼돈으로 살지 못하는 이유는 어디에 있을까? 사람은 감각기관을 통해 모든 것을 구별한다. 보이는 것이 있으면 보는 것이 있고, 들리는 것이 있으면 듣는 것이 있다. 냄새나는 것이 있으면 냄새 맡는 것이 있고, 맛있는 음식이 있으면 맛보는 것이 있다. 몸 하나에 감각기관이 붙어 있으므로 보고 듣고 냄새 맡고 맛보는 주체는 하나이다. 그 하나의 감각 주체를 사람들은 '나'라는 개념으로 둔갑시켰다. 감각기관은 몸에 붙어 있으므로 감각 주체인 '나'는 몸을 근거로 한다. '나'라는 것이 성립하면 '너'도 생겨나고 '그'도 생겨나고 산도 생겨나고 물도 생겨난다. 만물이 다 생겨난다. 모든 것은 '나'가 성립하면서 생겨났다.

'나'라는 개념은 감각 대상을 인식한 뒤에 성립된다. 보이는 것이 없으면 보는 '나'가 없고, 들리는 것이 없으면 듣는 '나'가 없다. 냄새 나는 것이 없으면 냄새 맡는 '나'가 없고, 맛있는 것이 없으면 맛보는 '나'가 없다. 그러므로 눈·코·귀·입이 감각 대상을 구별하지 않으면 '나'는 성립되지 않는다. 혼돈에는 '나'라는 개념이 없다.

'나'가 없으면 '남'이 없으므로 남에게 부끄러울 일이 없고 남과 경쟁할 일도 없다. 남과 경쟁할 일이 없으므로 긴장할 일도 없다. 승리의 기쁨도 없고 패배의 슬픔도 없다. '나'가 없으면 몸은 자연이다. 태어나는 것도 자연이고, 늙는 것도 자연이며, 병드는 것도 자연이고, 죽는 것도 자연이다. 생로병사가 따로 있지 않고 하나의 자연현상일 뿐이므로 생사일여生死一如다. 생사일여이므로 늙음의 쓸쓸함도 없고 죽음의 고통도 없다.

하지만 '나'라는 개념이 생기면 달라진다. 자연으로 존재하고 자연으로 움직이던 내가 '나'로서 존재하고 '나'로서 움직이게 된다. 자연이 아니라 '나'가 태어나고 '나'가 죽는다. 자연이 아니라 '나'가 숨 쉬고 '나'가 잠을 잔다.

자연이 참이고 본래 모습이므로 '나'는 가짜이고 '나의 삶'도 가짜이다. 가짜로 사는 것은 참되게 사는 것이 아니라, 헛되게 사는 것이다. 헛되게 사는 것은 살아도 사는 것이 아니다. 사는 것이 아닌 것은 죽은 것과 차이가 없다. 혼돈이 죽었다는 것은 그런 의미이다.

'나'의 삶이 시작되면 혼돈은 모습을 감추는데, 혼돈이 사라지는

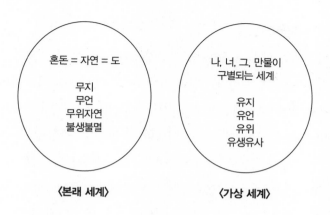

〈본래 세계〉   〈가상 세계〉

게 아니라 그것을 '나'로 오인할 뿐이다. '나'가 혼돈이 아니면 '나'는 혼돈을 보지 못한다. 혼돈을 보지 못하는 사람은 '나'를 실체로 생각하고 내가 사는 세상이 진실한 세상인 줄 안다. 사람들이 말하는 현실은 자기가 서 있는 가상 세계일 뿐이다.

본래 세계와 가상 세계가 따로 존재하지는 않는다. 가상 세계란 원래 없으며 존재하는 것은 본래 세계뿐이다. 본래 세계는 혼돈이고 자연이다. 그러나 사람이 착각을 일으키면 본래 세계를 본래 세계로 보지 못하고 모든 것이 구별되는 세계로 본다. 그것이 가상 세계이다. 가상 세계는 참이 아니므로 가상 세계에서 사는 것은 꿈속에서 사는 것과 같고 소꿉장난하는 것과도 같다. 본래 세계에서 본래의 모습으로 살면서 가상 세계를 경험하지 않은 사람은 가상 세계에서 가상으로 사는 것을 거부한다. 소꿉장난하는 아이들이 지나가는 어른에게 같이 놀자고 하면 그 어른은 놀이에 끼지 않을 것이다. 설사 임금 노릇을 하게 해준다고 해도 절대 함께하지 않는다. 혼돈을 말하는 장자의 삶은 어린이들의 소꿉장난에 끼어들지 않는 어른의 삶이다.

장자가 추구하는 삶

장자가 복수에서 낚시를 하고 있었다. 초나라 임금이 대부 두 사람을 보내와서 말했다. "원하건대 우리나라를 다스려주십시오." 장자는 낚싯대를 잡고 돌아보지도 않고 말했다. "내가 들으니, 초나라에 죽은 지 삼천 년 된 신령한 거북이 있는데, 왕이 수건으로 싸서 상자에 담아 사당에 보관한다고 합디다. 그 거북이 차라리 죽어서 뼈를 남겨 귀하게 되기를 바라겠소, 아니면 살아서 진흙 속에 꼬리를 끌며 다니기를 바라겠소?" 두 대부가 말했다. "차라리 살아서 진흙 속에 꼬리를 끌며 다니기를 바랄 것입니다." 장자가 말했다. "가시오. 나는 진흙 속에 꼬리를 끌며 다니겠소."

莊子釣於濮水 楚王使大夫二人往先焉 曰願以竟內累矣 莊子持竿不顧
曰吾聞楚有神龜 死已三千歲矣 王巾笥而藏之廟堂之上 此龜者寧其死爲
留骨而貴乎 寧其生而曳尾於塗中乎 二大夫曰寧生而曳尾塗中 莊子曰 往
矣 吾將曳尾於塗中(『莊子』「秋水篇」)

죽어서 점치는 데 쓰이기 위해 보관된 거북은 아무리 귀한 곳에 있어도 의미가 없다. 생명이 없으면서 남을 위해 보관되어 있을 뿐, 자기의 삶은 없다. 마찬가지로 사람도 혼돈의 모습을 잃어버리면 '참생명'이 아니다. 참생명이 아닌 상태로 살면서도 끊임없이 남을 의식하면서 산다. 큰 집에 살면서 비싼 옷을 입고 으스대는 것은 모두 남의 시선을 의식해서다. 얼굴을 가꾸고 돈을 모으며 명예와 권력을 탐하는 것도 따지고 보면 남을 의식하기 때문이다. 장자는 그렇게 사는 것을 원하지 않는다. 그는 혼돈의 모습을 잃지 않고 사는 사람이다.

혜자가 양나라의 재상으로 있을 때 장자가 그를 만나보러 갔다. 어떤 사람이 혜자에게 말했다. "장자가 와서 그대의 재상 자리를 대신하려고 할 것입니다." 그 말을 들은 혜자는 두려운 나머지 나라 안에서 사흘 밤낮으로 장자를 찾았다. 그러자 장자가 그에게 가서 말했다. "남방에 새가 있는데 이름을 원추라 한다네. 그대는 아는가? 원추는 남쪽 바다에서 나와 북쪽 바다로 날아가는데, 오동나무가 아니면 머물지 않고, 대나무 열매가 아니면 먹지 않으며, 단 샘물이 아니면 마시지 않지. 그런데 그때, 썩은 쥐를 물고 있던 올빼미가 지나가는 원추를 쳐다보며 (빼앗길까 봐) '꽥' 하고 소리를 질렀다네. 지금 자네는 자네의 양나라 때문에 나에게 꽥 하고 소리를 지르는구먼!"

惠子相梁, 莊子往見之 或謂惠子曰 莊子來 欲代子相 於是惠子恐 搜於國中三日三夜 莊子往見之曰 南方有鳥 其名鵷鶵 子知之乎 夫鵷鶵發於南海而飛於北海 非梧桐不止 非練實不食 非醴泉不飲 於是鴟得腐鼠 鵷鶵過之 仰而視之曰 嚇 今子欲以子之梁國而嚇我邪(『莊子』「秋水」)

사람들이 권력을 다투는 것은 아이들이 소꿉장난하면서 서로 귀한 직책을 얻기 위해 다투는 것과 같다. 아이들은 소꿉장난할 동안에는 거기에 열심히 몰두하지만, 어머니가 부르면 모든 것을 버리고 떠난다. 부귀와 명예를 탐하는 사람들도 그렇다. 살아 있는 동안에는 그것들을 얻기 위해 온 힘을 다하지만, 죽음의 순간에는 모든 것을 버리고 훌쩍 떠난다. 이를 아는 사람은 세속적인 것에 몰두하지 않는다. 장자는 혼돈의 모습으로 있을 뿐, 세속의 부귀와 명예를 탐하지 않았다. 그런 것은 올빼미가 물고 있는 썩은 쥐이다. 사람들은 쥐도 안 먹을 썩은 쥐를 물고 남에게 빼앗길까 봐 온갖 걱정을 다하는 올빼미가 되었다.

인간 사회에서의 경쟁은 여러 가지가 있지만, 그중에서 가장 높은 고지를 점한 사람은 정치권을 장악한 왕이다. 왕은 어디를 가더라도 대접과 존경을 받는다. 왕을 맞이하는 사람은 스스로를 영광스럽게 생각한다. 왕을 상석에 모시고 각종의 예를 표한다. 중국 고대의 요堯 역시 왕으로서 그 영광의 자리에 있었다. 그러나 인간 사회에서의 삶이 소꿉장난이라는 것을 알고 그 소꿉장난에 관여하지 않는 사람들은 왕이 자신을 찾아와도 동요하지 않는다. 막고야산邈姑射山의 신선들이 바로 그런 사람들이었다. 그들은 찾아온 요에게 특별한 예를 갖추지 않았다. 요는 그들이 자기가 온 것을 모르는 줄 알고 "제가 왔습니다" 하고 인사를 해보았지만, 그들은 여전히 "그런가?"라는 말 이상의 대꾸를 하지 않았다. 요는 그들이 자기가 왕인 줄 모르는 것으로 생각하고 다시 말을 건넸다. "저, 저는 '요'라고 하는 왕인데요." 그러나 그들은 여전히 "그런가?" 하고 대꾸할 뿐 그 이상 아무 말도 하지 않았다. 왕의 자리는 세상 사람들이 우러러보는 권좌이건만 그들에게는 아무런 의미도 관심거리도 아니었다. 이를 본 요는 세상에서 일어나는 온갖 것들이 모두 소꿉장난 같다는 것을 깨달았다.[1]

위의 이야기를 통해서 장자는 참된 삶의 내용이 무엇인지 깨우쳐 주고 있다. 참된 삶이란 오직 혼돈의 모습을 잃지 않고 사는 것뿐이다.

장자는 혼돈의 삶을 추구한다. 혼돈의 상태에서는 일체의 구별이 없으므로 말이 성립하지 않는다. 안다는 것은 다름을 안다는 것이다. 사람을 안다는 것은 사람 아닌 것과 구별할 줄 안다는 것이고, 산을 안다는 것은 산이 아닌 것과 구별할 줄 안다는 뜻이다. 그러므로 혼돈의 세계에서는 말이 없고 앎이 없다. 무언無言이 최고의 말이고 무지無知가 참다운 지知이다. 구별이 없으므로 의도적인 행위를 하지 않고 자연으로 행동한다. 무위자연無爲自然이 그것이다.

혼돈에서는 모두가 남남이 아니라 하나이다. 이미 하나이므로 말을 하지 않아도 소통이 이루어진다. 말하지 않고 소통되는 것이 최고의 소통이므로 무언이 최고의 말이 된다. 그러나 혼돈이 아닌 사람은 이미 남남끼리 사는 것이므로 아무리 말을 해도 제대로 소통되지 않는다. 말로 소통하는 것은 말을 통해서 남에게 나를 이해시키는 것이므로 아무리 말을 잘해도 하나가 될 수는 없다. 하나가 되지 못하면 완전한 소통은 불가능하다. 말로는 완전하게 소통할 수 없다. 무언만이 우리를 완전한 소통으로 이끈다.

하지만 장자는 『장자』라는 책을 통해 말을 했다. 이것을 어떻게 이해해야 할까?

장자의 철학인 무위자연의 이치로 말없이 사는 사람들이 많다. 그런 사람들보다 세속으로 한발 나온 장자는 세속의 사람들이 딱하고 불쌍하다는 것을 알았다. 그래서 그는 세속의 사람들에게 그렇게 살지 말라고 깨우쳐주었다. 장자는 세속의 삶은 참된 삶이 아니며 불행하고 왜소한 삶이라는 것을 일깨워주었다. 장자는 세속으로 온전히 들어오지는 않는다. 그는 어디까지나 혼돈으로 존재하면서 가상 세계의 허구성을 일깨우기만 한다.

그러기에 장자는 말을 하면서도 말하고 있는 상황 그 자체를 꿈같은 가상 세계로 전제한다.

꿈에서 술을 마시다가 아침에 일어나 곡哭하며 우는 때도 있고, 꿈에 곡하며 울다가 아침에 사냥을 하는 때도 있다. 그러나 꿈을 꾸고 있을 당시에는 그것이 꿈인 줄 모른다. 꿈 가운데에서 또 꿈을 꾸기도 하지만, 그 꿈에서 깨어난 뒤에 그것이 꿈인 줄을 안다. 그와 마찬가지로 큰 꿈을 깨고 난 뒤에야 그것이 큰 꿈이었던 것을 알 수 있다. 그런데도 어리석은 자들은 스스로 깨어 있다고 생각하고 진실한 세계를 안다고 생각하여 가상현실 속에서 임금이 되려고 애쓰기도 하고, 지방관이 되려고 애쓰기도 하니 답답한 노릇이다. 나와 너는 지금 다 같이 꿈을 꾸고 있는 것이다. 내가 너에게 꿈을 꾸고 있다고 말하고 있는 이 사실도 꿈이다.

夢飮酒者 旦而哭泣 夢哭泣者 旦而田獵 方其夢也 不知其夢也 夢之中又 占其夢焉 覺而後知其夢也 且有大覺而後 知此其大夢也 而愚者自以爲 覺 竊竊然知之 君乎 牧乎 固哉 丘也與女皆夢也 予謂女夢亦夢也(『莊子』 「齊物論」)

혼돈을 파괴하는 감각기관

혼돈은 분별할 수 없는 흐리멍덩한 존재가 아니라 그 자체로 완전한 본래 모습이자 완전한 자연이다. 일체의 분별이 있기 전까지만 완전성은 보존된다. 완전성이 파괴되는 것은 분별에 의해서다. 사람이 감각 대상을 분별하면 감각 대상은 구분되어 감각된다. 그러나 실재에서는 이 세상에 확실하게 구분되는 것은 하나도 없다. 어제와 오늘이 동떨어져 있지 않고 이어져 있으며, 검은색과 흰색이 별개로 존재하지 않고 연결되어 있다. 소리도 그렇고 맛도 그렇다. 하나인 것은 분별할 수 없다. 안다는 것은 분별하는 것을 말하므로, 실재 세계 그 자체는 알 수 없다. 그렇다고 해서 혼돈이 아무것도 모르는 건 아니다. 혼돈은 실재 그 자체에서 존재하므로 혼돈의 존재는 참된 존재이고, 혼돈이 아는 것은 참 그 자체를 아는 것이다. 혼돈이 아는 것은 분별해서 아는 것이 아니라 느낌으로 안다. 느낌으로 아는 것만이 참으로 아는 것이다. 노자는 말한다.

사람이 분류한 다섯 색이 사람의 눈을 멀게 하고
사람이 분류한 다섯 소리가 사람의 귀를 멀게 하며
사람이 분류한 다섯 맛이 사람의 입을 혼란시킨다.
말 달리며 사냥하는 즐거움이 사람의 마음을 발광케 하고
진귀한 보물이 사람의 행동을 방해한다.
따라서 성인은 배를 채울 뿐, 눈의 유혹에 끌리지 않는다.
그러므로 저것을 버리고 이것을 택한다.
五色令人目盲 五音令人耳聾 五味令人口爽 馳騁畋獵令人心發狂 難得之
貨令人行妨 是以聖人爲腹不爲目 故去彼取此(『老子』 제12장)

다섯 가지 색이란 푸른색, 노란색, 검은색, 흰색, 붉은색이다. 다섯 가지 색은 인간이 분류한 색이다. 자연의 색은 오색으로 분류할

수 없다. 흰색 속에도 검은색이 있고 검은색 속에도 흰색이 있다. 흰색과 검은색의 경계는 없다. 사람이 경계를 그어 분류한 색은 참이 아니다. 즉 모든 색을 다섯 가지로 분류한 것은 참이 아니다.

사람의 눈은 자연의 색을 보게 되어 있다. 자연의 색을 보고 아름다움을 느낀다. 눈이 피로할 때는 나뭇잎의 색이 좋게 느껴진다. 사랑이 하고 싶을 때는 꽃들의 색이 아름답게 여겨진다. 색 그 자체가 아름다운 것이 아니라 그 색을 보고 싶어 하는 마음 상태가 되었을 때 그 색이 아름답게 느껴진다. 그러므로 색을 보고 좋게 느끼고 아름답게 느끼는 것은 근본적으로 자신의 상태에 따라 결정된다.

사실 색을 기억할 필요가 없다. 단지 그것을 보는 순간 느끼기만 하면 된다. 그런데 사람들이 색을 분류하고부터는 색을 기억한다. 좋게 느껴졌을 때의 색을 '어떠어떠한 색은 좋은 색이다'라고 기억하고, 아름답게 느껴졌을 때의 색을 '어떠어떠한 색은 아름다운 색이다'라고 기억한다. 좋은 색이나 아름다운 색은 원래 자신의 상태에 따라 느껴지는 것이었다. 그러나 일단 '어떠어떠한 색이 좋은 색이다', 또는 '어떠어떠한 색이 아름다운 색이다'라고 기억하고 나면 무엇이 좋은 색이고 아름다운 색인지 결정되어버린다. 그렇게 되면 자신의 느낌이 개입할 수 있는 여지가 없어진다.

사람들은 자기가 결정한 색을 모방하여 오색을 만들고 그것으로 자연을 형상화한다. 자기가 만들어낸 색을 써서 그림을 그린다. 사람들은 자신이 만들어낸 색의 아름다움에 익숙해져서 그것을 참다운 아름다움으로 착각하게 되고 그럴수록 자연의 아름다움을 망각한다. 인간이 오색으로 그려낸 그림의 아름다움은 창문을 열고 마주할 수 있는 산천의 아름다움에 비할 바가 못 된다. 하지만 사람들은 누군가가 오색으로 그린 그림을 비싼 값에 사면서도 정작 산천의 아름다움은 볼 줄 모르게 되었다. 산천의 아름다운 풍경을 보면 "마치 한 폭의 그림 같다" 하고 감탄하는 것은 착각의 극치이다. 사람의 눈은 느낌에 따라 판단할 때 살아 있는 눈이 된다. 느낌이 개입되지 못하면 사람의 눈은 외부의 색에 끌려다닐 수밖에 없다. 노자의 "눈이 멀었다"라는 표현이 그런 것이다. 인간은 기억의 노예가 되었고 스스로 만든 허상의 노예가 되었다.

맛에 대해서도 마찬가지다. 사람들은 음식을 먹고 산다. 음식에는 맛이 있으나, 엄밀히 생각해보면 음식 자체에 맛이 있는 것은 아니다. 맛이란 사람의 몸에 필요한 음식에서 느끼는 주관적인 것이다. 그러므로 같은 음식이라도 그것이 몸에 필요할 때는 맛이 있지만, 그것이 필요 없을 때는 맛이 없다. 똥은 사람의 몸에 필요 없기에 맛이 없다. 그러나 똥개에게는 그 똥이 몸에 필요하므로 맛있게 느껴진다.

누구나 좋아하는 불고기도 필요할 때는 맛있게 느끼고, 배가 부를 때나 그것이 몸에 필요하지 않을 때는 맛없게 느껴야 한다. 하지만 사람은 불고기가 맛있을 때를 기억하기 때문에 '불고기는 맛있는 것'이라고 결정해버린다. 그것이 바로 착각이고 고정관념이다.

사람들이 '불고기는 맛있는 것'이라고 결정하면 그것의 참맛을 느낄 여지가 사라진다. 불고기를 맛있는 것이라고 결정하면 느낌 없이 불고기를 먹고 싶어 한다. 그 때문에 편식도 하고 과식도 한다. 간혹 맛이 없게 느껴질 때는 자기의 입맛이 이상한 것으로 여긴다. 이 정도가 되면 사람은 입맛을 상실한다. 사람이 맛감각을 잃었다는 것은 몸에 필요한 것을 먹을 수 있는 능력을 상실한 것이다. 맛감각을 잃은 사람은 몸에 필요 없는 음식을 섭취함으로써 건강을 해친다.

말 달리고 사냥하는 즐거움도 마찬가지다. 어떤 놀이가 즐거울 땐 즐겁게 느끼기만 하면 된다. 그것이 늘 즐거운 것이 아니라 그때 자신이 그것을 즐겁게 느낄 수 있는 상태였기 때문에 그렇다. 그러나 사람이 그 놀이가 즐겁다고 기억하면 자기에게서 나오는 느낌은 사라지고 그 놀이는 무조건 즐거운 것으로 굳어지고 만다. 그 놀이가 즐거운 것으로 굳어지면 그것은 자꾸 하고 싶어지는 것이 될 수밖에 없다. 그 놀이가 자꾸 하고 싶어질수록 사람은 그것의 노예가 된다.

사람이 추구하는 것 중에 가장 강력한 것이 권력과 명예와 돈이다. 사람이 권력과 명예와 돈의 노예가 되는 것이 모두 이 때문이다.

가짜의 허상에 갇혀 사는 것은 헛된 것이다. 아름다움도 헛된 것이고 좋음도 헛된 것이다. 참으로 아름다운 것과 참으로 좋은 것은 오직 참된 것에만 존재한다. 참된 것은 혼돈에서만 존재하므로 즐거움이나 행복감도 없는 것처럼 이해하기 쉽지만 그렇지 않다. 노자는 참된 세계에서의 삶의 내용을 황홀함으로 표현한다.

보아도 보이지 않는 것, 이를 본질이라 한다.
들어도 들리지 않는 것, 이를 실체라 한다.
더듬어도 만져지지 않는 것, 이를 심오한 것이라 한다.
이 세 가지는 따질 수 없으니 뭉뚱그려 하나로 삼는다.

위라 해도 밝지 않고 아래라 해도 어둡지 않다.
면면히 이어지지만 이름 붙일 수 없으니
다시 아무것도 없는 상태로 돌아간다.
이는 모양 없는 모양이요, 형체 없는 형상이다.
그러한 세계야말로 황홀함 그 자체이다.

진리의 세계는 혼돈이며 일체의 구별이 없는 하나의 자연이다. 진리의 세계는 감각기관으로 구별하기 시작하면서부터 파괴되었다. 감각기관을 가지고 감각해내는 세계에는 진리가 없다. 진리는 '나'라는 의식이 생기기 이전에 존재한다. 진리의 세계는 혼돈이므로 밝지도 않고 어둡지도 않다. 보아도 보이지 않고, 들어도 들리지 않는다. 더듬어보아도 만져지는 것이 없다. 그렇다고 없는 것은 아니기에 오묘하다.

혼돈의 삶

혼돈은 일체의 구별이 없는 세계이므로 위아래도 없고 전후좌우도 없다. 증감도 없고 생멸도 없다. 일체가 의식에 의해 포착되지 않는다는 의미에서 노자는 이를 무물無物이라 했다. 무물이라 해서 아무것도 없는 건 아니다. 불교에서는 이를 공空이라 한다.

혼돈의 세계가 현재의 세계와 다른 것이 아니다. 혼돈이 현상이요, 현상이 혼돈이다. 색色이 공이요, 공이 색이다. 인간의 의식으로 바라보면 현상 세계가 되고 의식을 걷어내면 혼돈이 된다. 그러므로 현상 세계에서의 산은 혼돈에서 보면 산이 아니다. 혼돈에서는 산이

산이 아니고 물도 물이 아니다. 그렇다고 해서 산이 없고 물이 없는 것은 아니다. 산이 산인 것은 인간의 의식 세계에서만 규정될 수 있다. 그러므로 혼돈에서의 산은 산이라는 형태로 존재하는 것이 아니라 이름 붙일 수 없는 혼돈의 상태로 존재한다. 그러한 형상을 노자는 모양 없는 모양, 형체 없는 형상이라 했다.

혼돈에게 기쁨이 있을까? 혼돈에게 삶의 맛이 있을까? 혼돈에게는 남을 이겼을 때 느끼는 그런 기쁨이 없다. 남보다 좋은 성적을 받았을 때, 남보다 많은 돈을 벌었을 때, 남보다 높은 지위에 올랐을 때 느끼는 기쁨이 없다. 그러나 혼돈에게는 생명력이 충만했을 때 느껴지는 기쁨이 있다. 생명력이 위축되었을 때는 찡그려지지만, 생명력이 충만할 때는 얼굴에 생기가 가득해진다. 이 생기로 충만할 때는 저절로 행복감이 감돈다. 그런 행복감은 행복하다고 느끼는 것이 아니다. 갓난아이가 방긋방긋 웃을 때의 행복감이 그것이고, 낮에 찌든 얼굴이던 사람이 잠이 들었을 때 오히려 얼굴이 평온해지는 것이 그러한 경우이다. 이것은 생각이나 의식을 통해서 느낄 수 있는 그런 행복감이 아니다. 혼돈의 행복감은 생명이 충만했을 때 저절로 배어나는 충만감이다. 노자는 그런 행복감을 '황홀'이라는 말로 표현했다.

혼돈의 삶이 참이라면 혼돈에서 벗어난 사람의 삶은 거짓이다. 노자와 장자는 혼돈의 세계에 있으면서 혼돈의 참만을 강조하고 혼돈에서 벗어난 거짓 세계를 거부한다. 그러나 사람들은 노자와 장자처럼 살기 어렵다. 이미 사람도 세상도 변했다. 혼돈의 모습을 유지하는 사람은 거의 없다. 사람들은 이미 의식을 가지고 살고 있고, 이미 분별하면서 살고 있다. 이미 가상 세계에 들어와 사는 사람이 의식을 버리고 분별하기 이전의 상태로 돌아가기는 거의 불가능하다. 혼돈으로 돌아가는 것은 한창 사회생활을 하는 사람이 갓난아이 때의 상태로 돌아가는 것처럼 어렵다. 돌아갈 수도 없지만, 돌아간다 하더라도 경쟁 사회에서 살아남기 어렵다. 노자와 장자는 가상 세계의 삶을 거부할 수 있지만, 이미 가상 세계에 사는 사람은 거부할 수 없다. 그것을 거부하면 자기의 삶 자체를 거부하는 것이 되기 때문이다. 여기에 문제가 있다. 이 문제를 해결할 방법은 오직 한 가지뿐이다. 그것은 가상 세계에서의 삶을 거부하지 않으면서 본래 세계에서의 혼돈의 모습을 회복하는 길뿐이다.

혼돈의 모습을 회복하지 못하고 사는 것은 살아도 죽어 있는 것이다. 혼돈의 모습을 회복하는 것만이 참된 생명을 다시 회복하는 것이다. 그것이 부활이다. 예수는 말한다.

나는 부활이요, 생명이니, 나를 믿는 사람은 죽어도 살고, 살아서 나를 믿는 사람은 영원히 죽지 않을 것이다. (「요한복음」 11장 25~26절)

부활한 사람은 혼돈의 모습을 회복하여 혼돈의 모습으로 사는 사람이고, 한마음을 회복하여 한마음으로 사는 사람이다. 예수가 '나는 부활이요, 생명이니'라고 선언한 것은 자신이 진리를 회복한 사람이란 뜻이다. 예수는 자신이 생명이라고 했다. 그 까닭은 혼돈만이 참된 생명이기 때문이다.

예수는 부활한 사람이기 때문에 예수의 가르침을 독실하게 믿고 따르기만 하면 예수처럼 부활할 수 있고 참된 생명을 얻을 수 있다. 예수는 "나를 믿는 사람은 죽어도 살고"라고 했다. '죽어도 살고'라는 말은 죽어 있는 사람이 다시 살아난다는 말이다.

혼돈의 모습을 잃어버린 사람은 죽어 있는 사람이다. 혼돈의 모습을 잃어버린 사람이 예수를 믿으면 다시 살아난다는 말이다. 다시 살아나는 것이 부활이다. 예수는 또 "살아서 나를 믿는 사람은 영원히 죽지 않을 것이다"라고 했다. 살아 있는 사람은 혼돈의 모습을 잃지 않고 있는 사람이다. 아담과 하와 같은 이가 그런 사람이다. 아담과 하와는 참된 생명으로 사는 사람이지만, 언제 혼돈의 모습을 잃을지 모를 사람이다. 아담과 하와 같은 사람은 불안하다. 그러나 아담과 하와같이 참된 생명으로 사는 사람이 예수를 만나 믿고 따르기만 하면 영원히 죽지 않는 사람이 된다. 예수가 말하는 삶과 죽음은 마음의 삶과 죽음이다. 몸의 삶과 죽음을 말하는 것이 아니다. 몸의 삶과 죽음으로 받아들이는 것은 예수의 말을 왜곡시키는 것이다. 예수의 말을 왜곡하면 많은 부작용이 생긴다.

혼돈을 고향에 비유한다면 가상 세계는 타향에 비유할 수 있다. 기독교의 표현을 빌리면 고향은 에덴의 동산이고 타향은 에덴의 동산에서 추방된 상태로 사는 세상이다. 고향을 잃고 타향에서만 사는 사람은 불행하다. 그렇다고 해서 타향을 두고 고향으로 돌아갈 수는 없다. 이때의 해결책은 오직 하나뿐이다. 그것은 타향에 있으면서 고향을 찾아 왔다 갔다 하는 것이다. 고향을 왔다 갔다 하면 마음을 고향에 둘 수 있다. 고향에 마음을 두고 살면 타향도 고향으로 바뀐다. 고향에서 살면서 이웃 마을에 왔다 갔다 하면서 사는 사람은 이웃 마을도 고향이 된다. 왔다 갔다 하는 이웃 마을이 많아질수록 고향이 넓어지는 것이다. 이미 타향에 와 있는 사람도 이같이 하면 된다. 먼저 고향을 찾아가 마음을 그곳에 두고 타향을 왔다 갔다 하면 타향도 고향이 된다. 즉 타향이 고향이 되는 것은 고향이 확장되는 것으로, 타향에서의 삶이 고향에서의 삶으로 변한다.

고향을 떠나서 사는 사람도 고향에 대한 연결 고리가 완전히 사라지지는 않는다. 고향의 모습은 마음속 한구석에 언제나 남아 있다. 사람에게 혼돈의 모습이 완전히 사라지지 않는 것도 이와 같다. 사람에게 남아 있는 혼돈의 모습을 회복하여 혼돈의 마음이 삶의 기준이 되면 분별하면서 사는 것도 혼돈의 삶을 방해하지 않는다. 혼돈의 마음이 회복되기만 하면 분별하면서 사는 것도 다 인정된다. 이것이 진리의 확장이다. 타향이 고향이 되면 고향이 확장되듯이, 가상 세계가 본래 세계가 되면 본래 세계가 확장된다. 본래 세계가 확장되는 것이 공간적 확장을 의미하지는 않는다. 의식을 가지고 분별하는 삶이 혼돈의 삶에 포함됨을 뜻한다.

유한자와 무한자

의식을 가지고 분별하면서 사는 것은 '유한자'의 유한한 삶이다. 의식으로 분별하여 만들어낸 '나'란 것이 유한자이기 때문이다. '나'는 시간적으로도 유한하고 공간적으로도 유한하다. 시간적으로도 유한한 시간을 살 수밖에 없고, 공간적으로도 유한한 공간을 차지할 수밖에 없다. 그런데 유한자로서의 '나'라는 것이 존재하기 위해서는 무한자가 전제되지 않으면 안 된다. 내가 ㅇㅇㅇㅇ년에 태어나서 ××××년에 죽을 수 있으려면 ㅇㅇㅇㅇ년 전에도 시간이 있고 ××××년 후에도 시간이 있어야 한다. ㅇㅇㅇㅇ년 이전의 시간과 ××××년 이후의 시간은 영원하다. 내가 유한한 시간을 산다는 것은 무한한 시간이 있을 때 가능하다. 공간도 그렇다. 내가 지금 여기에 존재하기 위해서는 나를 존재하게 할 수 있는 방이 있어야 하고, 방은 집이 있어야 하고, 집은 그 집을 포함하고 있는 마을이 있어야 한다. 이런 방식으로 확대해가면 마을, 고을, 나라, 지구, 우주 등으로 확장되는 무한한 공간이 있어야 한다. 말하자면 유한한 '나'는 무한한 것이 있을 때 존재할 수 있다. 무한한 것은 '하늘', '신', '하느님' 등의 용어로 표현할 수 있다.

무한자 하느님은 유한자인 '나'와 다른 세계에 존재하는 것 같지만, 사실은 그렇지 않다. 하느님의 나이는 사실 '나'의 나이와 같다. 이는 내 아버지의 나이와 내 나이가 같은 것과 같다. 내 아버지는 1911년에 나셨고 나는 1951년에 났기 때문에 아버지의 나이와 내 나이는 다르다고 생각하기 쉽다. 그러나 1951년 이전의 아버지는 아버지가 아니다. 아버지는 1951년에 내가 태어날 때부터 아버지로서 존재한다. 따라서 아버지로서의 나이는 내 나이와 같다. 그러면 내가 태어나기 이전의 나는 어디에 있었을까? 나는 아버지와 분리되지 않은 채로 아버지와 함께 있었다. 그때의 모습은 아버지도 아니고 나도 아닌 혼돈이다. 현재 아버지와 나는 별개의 사람으로 존재하는 것처럼 보이지만 사실은 하나이다. 태어나기 전의 나는 아버지와 함께 존재하는 혼돈이었다. 내가 혼돈일 때는 아버지와 하나였다. 아

〈유한자와 무한자〉

버지는 할아버지와 하나였으므로 나는 할아버지와도 하나였다. 이렇게 계속 거슬러 올라가면 나는 태초의 시조 할아버지와도 하나이다. 실제로 나의 유전자 속에는 태곳적 조상 때부터의 삶이 고스란히 들어 있다.

하느님과 나의 관계도 그렇다. 무한자인 하느님이 존재하게 된 것은 유한자인 내가 존재한 후부터다. 내가 나로서 존재하기 전에는 하느님과 분리되지 않은 혼돈이었다. 내가 혼돈일 때는 하느님과 분리되지 않았으므로 나는 태고 때부터 존재하고 있던 것이다. 예수는 다음과 같이 말한 적이 있다.

"너희의 조상 아브라함은 나의 날을 보게 될 것을 즐거워하였고, 마침내 보고서 기뻐하였다." 유대인들이 말했다. "당신은 아직 나이가 쉰도 안 되었는데 아브라함을 보았단 말이오?" 예수께서 그들에게 말씀하셨다. "내가 진정으로, 진정으로 너희에게 말한다. 아브라함이 있기 전부터 내가 있었다."(「요한복음」 8장 56~58절)

하느님과 나는 본래 하나였기 때문에 지금도 하나이다. 분리되어 있다고 생각하는 것은 착각이다. 하나임을 알고 하나로 살아야 제대로 사는 것이다. 하느님과 하나인 줄을 모르고 유한한 개체로 사는 것은 착각으로 사는 것이다. 그것은 장자가 말하는 죽은 삶이자 헛된 삶이다. 하느님과 하나임을 알고 하느님의 모습으로 살면서 나와 너로 분별하는 것은 분별이 아니라 하나 됨의 확장이고 풍성함이다. 형과 아우가 부모의 마음으로 산다면 각자의 집에서 따로 살아도 하나 되는 삶이 방해받지 않는 것과 같다.

유한자인 내가 하느님과 하나가 되면 하느님과 분리되기 이전으로 돌아가 혼돈이 되는 것이다. 유한자인 나를 극복하여 무한자가 되거나 혼돈이 되는 방법에는 크게 두 가지가 있다. 그것은 마치 유한한 공간을 가지고 있는 풍선이 유한함을 극복하는 방법에 두 가지가 있는 것과 같다. 하나는 풍선에 바람을 계속 불어넣어 터트리는 것이다. 풍선이 터지면 유한자가 무한자로 바뀐다. 다른 하나는 풍선의 바람을 빼버리면 된다. 풍선에서 바람이 빠지면 유한자가 사라진다. 유한자가 사라지면 무한자도 함께 사라져 혼돈이 된다.

유교와 기독교의 가르침은 하느님과 하나가 될 때까지 유한한 나를 확대하는 것을 위주로 하지만, 불교는 유한한 나를 없애고 혼돈의 상태를 회복하는 데 주력한다. 나를 없애고 혼돈이 되기 위해서 하느님을 알 필요는 없다. 그냥 '나'라는 것이 없어지는 순간, 바로 혼돈이 되기 때문이다. 불교에서 하느님을 거론하지 않는 이유도 이 때문이다.

'나'를 하느님이 될 때까지 확대하기 위해서는 먼저 하느님을 알아야 한다. 그것은 아버지와 하나일 때는 아버지를 몰라도 되지만, 아버지와 떨어져 있을 때 아버지와 하나 되기 위해서는 먼저 아버지를 알아야 하는 것과 같다. 아버지를 알아야 아버지를 찾을 수 있고 아버지를 찾아야 아버지와 하나 될 수 있듯이, 하느님을 알아야 하느님을 찾을 수 있고 하느님을 찾아야 하느님과 하나가 될 수 있다. 그렇다면 하느님의 몸과 마음은 어떠한 것일까?

02
하느님과 통하여 하나되다

중국 송나라 때의 장재張載(?~1077년)는 우주의 원래 모습을 텅 비어 있는 공간 같은 것으로 파악하여 태허太虛라고 했다. 태허란 우주 공간의 본래 모습을 의미하는 것이기도 하지만, 하느님의 모습을 뜻하는 것이기도 하다. 하느님은 '하늘', '하나님', '한울님' 등으로 부르기도 한다. 하느님의 몸은 모양이 없다. 송나라 때의 주돈이周敦頤(1017~1073년)는 '하느님의 몸은 일정한 모양이 없고, 하느님의 마음은 파악할 수 있을 정도의 어떤 구체적인 것도 없다'는 의미에서 무극無極이라 했다. 그러나 모양이 없다고 해서 없는 것이 아니고, 파악할 어떤 것이 없다고 해서 없는 것이 아니다. 확실하게 존재한다. 그런 의미에서 그것을 태극太極이라 했다. 하느님의 몸과 마음은 없는 것 같으면서 있고, 있으면서도 없는 것 같다. 말하자면 무극이면서 태극이고, 태극이면서 무극이다. 그것을 주돈이는 '○'으로 표현했다.

태극도 제일 위의 ○이 무극이면서 태극인 ○이다. 하느님의 몸과 마음을 ○으로 표현할 수는 없다. 그러나 그렇게라도 표현하지 않으면 없는 것이 되기 때문에 어쩔 수 없이 ○으로 표현한 데 불과하다. 따라서 하느님의 몸과 마음을 ○으로 표현했다고 해서 ○으로 알면 잘못이다. 하느님의 몸과 마음을 아는 것은 무엇보다도 중요하지만, 그것을 ○으로 고정해서 이해하면 많은 부작용이 생긴다. 노자는 이에 대해 "사람이 인식한 진리는 참다운 진리가 아니다"[2]라고 강조했다.

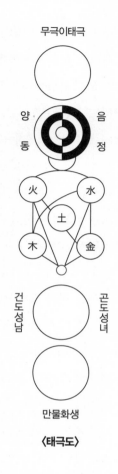

〈태극도〉

사람이 어떤 것을 파악하면 그 파악한 내용을 기억이란 형태로 의식 속에 그려 넣는다. 그런데 사람이 어떤 것을 파악하고 기억할 때 실수를 하기 쉽다. 사람이 어떤 것을 파악하고 기억할 때는 거의 자기중심적이기 때문이다. 홍길동에게 맞은 적이 있는 사람은 자기중심적으로 홍길동을 기억하여 '홍길동은 나쁜 놈' 또는 '홍길동은 죽일 놈' 등으로 기억한다.

하느님에 대해서도 그렇다. 사람이 하느님을 파악하고 기억할 때도 자기에게 편리하게 파악하고 기억하기 쉽다. '하느님은 전지전능하시다', '하느님은 모든 것을 용서해주신다', '하느님은 기도를 들어주신다' 등으로 파악하고 기억한 사람에게 하느님은 참으로 편리하고 요긴하다. 나쁜 짓을 하고서도 "하느님, 저의 죄를 용서해주시겠지요?" 하고 기도하면 "오냐, 너의 죄를 용서한다" 하고 응답하시는 하느님이다. 죽이고 싶도록 미운 사람이 있을 때 하느님에게 기도하기를, "하느님, 저놈을 죽여야 하겠지요?" 하고 기도하면 "그래, 그놈은 죽여야 한다" 하고 응답하시는 하느님이다. 자기가 그려 넣은 하느님을 믿는 사람은 참으로 편리하다. 마음대로 죄를 지어도 되고, 마음대로 사람을 죽일 수도 있다. 살인강도가 사람을 죽일 때는 떨면서 죽이지만, 하느님의 이름으로 사람을 죽일 때는 눈도 깜짝 않고 죽인다. 그만큼 무서운 일도 태연하게 저지를 수 있다. 노자가 경계한 것이 바로 이런 점이다.

노자의 깨우침은 자기가 그려 넣은 하느님이 진짜 하느님이 아니라 우상偶像이라는 깨우침이다. 하느님을 믿는 사람들은 자기가 우상숭배를 하는 것은 아닌지 노자의 깨우침을 한번 곰곰이 새겨보아야 한다.

주돈이도 이를 고민했다. 주돈이가 하느님의 몸과 마음을 ○으로 표현했으나 무극이란 말을 빼놓지 않았다. ○으로 표현했지만, 그것으로 고정해서 이해하면 안 되기 때문이다.

음양

하느님의 몸과 마음을 ○으로 이해하는 것은 너무 막연하다. 주돈이는 하느님의 몸과 마음을 좀 더 구체적으로 표현하여 '◉'으로 그렸다. 하느님의 몸은 텅 비어 있는 공간처럼 보이지만 사실은 거기에 하늘의 기운과 땅의 기운이 교차하고 있고, 밝은 기운과 어두운 기운이 교차하고 있다. 가벼운 기운과 무거운 기운이 교차하고 있고, 따뜻한 기운과 차가운 기운이 교차하고 있기도 하다. 하느님의 마음도 그렇다. 만물을 살리는 마음과 만물을 죽이는 마음이 교차하고 있다. 봄에는 만물을 살리는 마음이 주도하지만, 가을에는 만물을 죽이는 마음이 주도한다. 이는 부모님의 마음과도 같다. 부모님은 자녀를 무한히 사랑하지만, 자녀가 잘못하면 회초리를 들기도 한다. 주돈이는 이 모든 것을 ◎으로 나타냈다.

◎은 음양이다. 밝은 기운, 가벼운 기운, 맑은 기운, 따뜻한 기운이 '양'에 속하고 어두운 기운, 무거운 기운, 흐린 기운, 차가운 기운은 '음'에 속한다. 밤과 낮이 교차하는 것도 음양이다. 낮이 양이라면 밤은 음이다. 살리는 마음은 양이고 죽이는 마음은 음이다. 음과 양은 하늘의 몸과 마음이기 때문에 그 자체로 무극이어야 하고 태극이어야 한다. 음과 양이 떨어져 있어 양이 없는 음이 되고, 음이 없는 양이 되면 무극도 태극도 될 수 없다. 공 하나에 밝은 부분이 있고 어두운 부분이 있지만, 밝은 부분도 하나의 공이고 어두운 부분도 하나의 공이다. 밝은 공과 어두운 공이 따로 있는 것은 아니다. 살리는 마음도 하느님의 마음이고, 죽이는 마음도 하느님의 마음이다.

하느님의 마음이 둘로 나뉘는 것은 아니다. 단지 살리는 것과 죽이는 것이 다르게 보이기에 음양으로 표현했을 뿐이다. 회초리로 때리는 부모의 마음은 사랑하는 마음이고, 만물을 죽이는 하느님의 마음도 만물을 살리기 위한 마음이다. 잘못을 한 자녀에게 회초리를 들지 않으면 자녀를 바른길로 인도하기 어렵다. 가을에 만물을

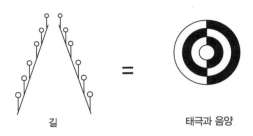

길   태극과 음양

죽게 하지 않으면 만물을 살리지 못한다. 이처럼 다르게 표현되기 때문에 음양으로 그렸지만, 사실은 하나의 태극이다.

음과 양은 대립하면서 좋아하고 그리워하며 서로 따른다. 이를 '음양대대陰陽待對'라는 말로 표현한다. 남자와 여자는 서로 다른 모습으로 대립하지만, 남자는 여자를 좋아하여 따르고 여자는 남자를 좋아하여 따른다. 밤과 낮은 대립적인 모습을 하고 있지만, 밤은 낮을 따르고 낮은 밤을 따른다. 해와 달은 대립하지만, 해는 달을 따르고 달은 해를 따른다. 대립하면서 서로 좋아하는 모습을 마주 보는 형태로 그려서 표현한 것이 ◉이다.

◉에서 보면 양 속에 음이 있고, 음 속에 양이 있다. 이처럼 속에 다른 것을 가지고 있는 것은 그것이 온전한 태극이기 때문이다. 그래서 속에 ○을 그렸다. 속에 있는 ○은 태극이다. 속에 그려져 있는 태극인 ○은 작다고 생각하지만 작은 것이 아니다. 그것은 제일 위에 그려져 있는 ○과 완전히 똑같은 ○이다. 음양의 바깥 그림인 ○과 완전히 같은 ○이다. 위의 그림에서 보면 길이 자꾸 좁아지는 것처럼 보이지만 사실은 폭이 같은 길인 것처럼, 속에 있는 ○은 작아 보이지만 사실은 밖에 있는 큰 ○와 같다.

오행

하느님의 몸과 마음을 음양으로 표현해도 여전히 이해하는 데 어려움이 있다. 그래서 주돈이가 좀 더 구체적으로 표현한 것이 오행이다. 오행은 '금金, 목木, 수水, 화火, 토土'를 가리킨다. 수와 금은 음이고 화와 목은 양이며 토는 중성이다. 밤에서 낮이 나오고 낮에서 밤이 나오듯, 음에서 양이 나오고 양에서 음이 나온다. 이를 표현한 것이 음양도에서의 양과 오행의 수와 금으로 연결한 선線이고, 음양도에서의 음과 오행의 화와 목으로 연결한 선이다. 오행 중에서 양에 속하는 화는 가볍고 목은 무거우므로 화를 위에, 목을 아래에 그렸다. 또 음에 속하는 수는 가볍고 금은 무거우므로 수를 위에, 금을 아래에 그렸다. 토는 음양의 중간이기도 하고 상하의 가운데이기도 하므로 화·목·수·금의 가운데에 그렸다. 음과 양이 서로 대립하면서도 좋아서 따르는 것처럼, 오행 역시 서로 대립하면서 따른다. 오행 중에서 음과 양이 대립하기 때문에 화, 목의 양과 수, 금의 음이 마주하고 있다. 오행 중의 어떤 것이 다른 것을 따르는 것은 좋아하기 때문이다. 금은 수를 좋아하므로 수가 금에서 나오고, 수는 목을 좋아하므로 수가 목을 살린다. 목은 화를 좋아하므로 화가 목에서 나오고, 화는 토를 좋아하므로 불이 타면 흙이 된다. 토는 금을 좋아하므로 흙 속에 금을 안고 있다. 금에서는 다시 수가 나온다. 그 생성 과정을 선으로 연결한 것이 오행 사이에 연결된 선이다. 수와 목을 연결하는 선은 가운데에 있는 토를 피하느라 곡선으로 그었을 뿐, 곡선으로 이어지는 것은 아니다.

오행은 하느님의 몸이기도 하고 마음이기도 하다. 하느님의 몸은 하나이지만 따뜻하게 느껴질 때도 있고 차갑게 느껴질 때도 있다. 밝게 느껴질 때도 있고 어둡게 느껴질 때도 있다. 부드럽게 느껴질 때도 있고 딱딱하게 느껴질 때도 있다. 이를 오행으로 표현한 것이다. 오행은 하느님이 대자연을 유지하는 방식이기도 하다. 대자연을 공간적으로 배치하기도 하고 시간적으로 운행하기도 한다. 시간적인 운행은 하루를 단위로 하면 아침, 점심, 저녁, 밤이고 일 년을 단위로 하면 봄, 여름, 가을, 겨울이다. 이를 오행으로 표현한 것이 목, 화, 금, 수이다. 토는 음양으로 나누어지지 않으므로 사계절에 골고루 녹아들어 있다. 공간적 배치 또한 오행으로 배치된다. 오방으로 보면 목이 동쪽이고 화가 남쪽이고 금이 서쪽이고 수가 북쪽이고 토가 가운데이다. 오색으로 보면 목이 청색이고 화가 적색이고 금이 백색이고 수가 흑색이고 토가 황색이다. 오미로 보면 목이 신맛이고 화가 쓴맛이고 금이 매운맛이고 수가 짠맛이고 토가 단맛이다. 사람 몸에 있는 오장으로 보면 목이 간이고 화가 심장이고 금이 허파이고 수가 신장이고 토가 위장이다.

하느님의 마음은 만물을 살리는 마음이다. 만물을 살리는 마음은 하나이지만, 음양으로 보면 살리는 마음과 죽이는 마음으로 나타난다. 또 오행으로 보면 만물을 낳는 마음, 만물을 기르는 마음, 만물을 병들어 죽게 하는 마음, 만물을 잘 살펴 착실한 것을 골라 다시 부활시키는 마음, 만물에 믿고 맡기는 마음 등 다섯 가지로 표현할 수 있다. 하지만 모든 것을 오행으로만 파악한다면 부작용이 생긴다. 오행은 다섯으로 보이지만, 음양의 표현이고 태극의 표현일 뿐이다.

사계절은 하늘이 만물을 살리기 위해 순환시키는 것이다. 『중용中庸』이란 책에서는 하느님의 마음을 '성性'으로 설명한다. 성은 마음이란 뜻의 '심忄'과 산다는 뜻의 '생生'을 합한 글자이다. 성은 살고 싶은 마음이고 살리고 싶은 마음이다. 기독교인들이 하느님을 부를 때 '하나님 아버지'라고 부른다. 이는 하느님의 마음과 부모님의 마음이 같다는 의미이다. 자녀를 살리는 것이 부모의 마음인 것처럼 만물을 살리는 것이 하느님의 마음이다.

그렇다면 이 세상에 죽음이란 것이 왜 있는가? 생명이 없는 물체가 있고 생명체가 존재하지 않는 별들이 많은 것은 무엇 때문인가? 그 해답은 『주역周易』에 잘 설명되어 있다. 『주역』에서는 하느님의 일을 '원형리정元亨利貞'으로 설명한다.

원형리정

'원형리정'이란 '춘하추동'과 같다. 오행으로 보면 목, 화, 금, 수가 된다. 춘하추동의 사계절은 하느님이 만물을 살리기 위해 순환시키는 것이다. 『주역』에서 춘하추동으로 설명하지 않고 원형리정으로 설명한 것에는 까닭이 있다. 춘하추동은 일 년 단위로 순환하는 것만을 표현하므로 하늘이 순환시키는 모든 것을 다 설명할 수 없기 때문이다. 하느님은 하루를 단위로 순환시키기도 하고 일 년을 단위로 순환시키기도 하고 오백 년, 또는 천 년 단위로 역사를 순환시키기도 한다. 따라서 춘하추동보다는 원형리정이라는 상징적인 표현을 쓸 수밖에 없다.

사람을 포함한 모든 존재는 하느님의 살리는 마음에 힘입어 살아간다. 사계절의 진행 과정에서 보면 봄, 여름, 가을은 만물이 활동하지만 겨울은 성장과 활동이 정지된다. 모든 생명체의 삶의 방식도 이에서 벗어나지 않는다. 4분의 3은 움직이지만, 4분의 1은 정지한다. 말하자면 '삼현일장三顯一藏'이다. 셋은 드러내고 하나는 감춘다. 하루 스물네 시간 중에서도 4분의 3인 열여덟 시간은 활동하고 4분의 1에 해당하는 여섯 시간 동안은 자야 한다. 밥을 먹어도 위 용량의 4분의 3에 해당하는 분량만 먹고 나머지는 비워두어야 최선의 건강을 유지할 수 있다. 오락을 하더라도 그 재미를 다 추구하지 말고 조금 남겨두어야 즐거움이 계속될 수 있다. 연애를 하더라도 그 즐거움을 다 추구하지 말고 남겨두어야 싫증이 나지 않고 오래간다. 인간의 육체도 다 드러내기보다 숨기는 부분이 있어야 아름답고, 그림을 그릴 때도 화면을 다 채우기보다 4분의 1 정도의 여백을 남겨두어야 아름답다.

그렇다면 겨울의 의미는 무엇이고, 잠의 의미는 무엇이며, 감추고 비우는 것의 의미는 무엇일까?

겨울은 심판의 계절이다. 겨울이 없다면 만물은 생명을 지속할 수 없다. 가을에 결실한 씨앗이 모두 땅에 떨어져 다 싹이 튼다면 그 수가 너무 많아서 어느 하나 제대로 살 수 없다. 겨울은 추위라는 무기를 가지고 이것들을 심판하여 착실하게 성장하고 충실하게 결실한 열매만 남겨 두고 나머지는 모두 죽여버린다. 그리하여 심판의 계절 동안 살아남은 열매는 봄에 다시 부활하여 생명을 이어가게 된다. 겨울이 그 역할을 하지 못하면 만물은 다른 세 계절 동안의 활동이 불가능하게 된다.

수면도 이러한 맥락으로 이해할 수 있다. 수면은 낮의 활동을 가능하게 하는 원동력이다. 낮에 무리하여 손상된 건강을 회복시키는 역할을 할 뿐 아니라, 낮에 일어난 여러 심리적인 요소를 심판하여 기억하지 않아야 할 것들을 지운다. 밤이 제 역할을 다하지 못하면 사람은 원만하게 살 수 없다. 잠자리에 신경을 써야 하는 이유가 여기에 있다. 감추고 비우는 이치도 이러한 논리로 이해할 수 있다.

오행의 각 요소인 금, 목, 수, 화, 토는 각각 독립적으로 운행하기도 하고, 하나로 뭉쳐지기도 한다. 금, 목, 수, 화, 토가 한데 뭉치면 모양을 갖춘 형태로 나타나는데, 그것이 사람이기도 하고 동식물이기도 하고 만물이기도 하다. 태극도에서 오행이 모이는 과정을 그린 것이 아래의 작은 원으로 모이는 선線이다. 이 선은 오행 중 금, 목, 수, 화가 모이는 것만 표시했고, 토가 모이는 것은 표시하지 않았다. 토는 금, 목, 수, 화에 고루 섞여 있으므로 토가 모이는 것을 그리지 않아도 된다.

오행이 음양이고 음양이 태극이다. 태극과 음양이 다 하느님의 몸과 마음이듯, 오행 또한 하느님의 몸과 마음이다. 음양과 태극이 다 하느님의 몸과 마음이고, 따라서 오행이 모여서 이루어진 것 모두가 다 하느님의 얼굴이고 마음이다. 오행이 모여서 만들어진 형태 또한 작은 ○으로 그렸지만, 그 역시 작은 ○이 아니고 태극의 ○과 같은 원이다. 그러므로 오행이 모여서 만들어진 ○을 태극도 맨 아래쪽에 위아래로 두 개 그렸다. 위에 그린 것은 사람을 표현하고 아래에 그린 것은 만물을 표현한다. 사람이나 만물이 차이가 없이 다 태극이기 때문에 태극을 표현한 ○과 똑같이 그렸다.

태극이 모두 하느님의 몸과 마음이기 때문에, 사람이 모두 하느님의 몸과 마음이고 동식물이 모두 하느님의 몸과 마음이며 형체를 가진 만물이 모두 하느님의 몸과 마음이다. 모든 것은 형체와 모습이 다르지만, 하느님의 몸과 마음이라는 점에서는 차이가 없다. 이는 호수에 떠 있는 얼음덩어리에 비유할 수도 있다. 호수의 물이 얼어서 여러 개의 얼음덩어리가 되었다고 하자. 여러 개의 얼음덩어리는 모양과 크기가 제각각 다르지만, 물이라는 본질에서 아무 차이가 없다. 만물이 모두 형체와 크기가 다르지만 본질적으로 차이가 없는 것이 이와 같다. 모든 것이 차이가 없지만, 마음이 드러날 때는 분별력이 뛰어난 사람들에 의해서 더 뚜렷하게 드러난다. 이를 구별하여 주돈이는 사람과 만물을 표현하는 ○을 위와 아래에 나누어 그렸다.

오늘날 사람들은 사람의 몸이 탄생하는 과정을 오행의 결합으로 설명하는 대신, 과학이라는 학문의 힘을 빌려서 설명한다. 사람의 몸은 어머니의 자궁에서 수정된 세포에서 출발한다. 세포의 염색체에 입력된 유전자 정보에 따라 세포가 분열하여 몸이 만들어진다. 이는 자동차 공장에서 자동차가 만들어지는 과정처럼 이해할 수 있다. 자동차 공장은 부모의 몸이다. 공장에서 미리 마련된 설계도에 따라 자동차가 생산되듯, 부모에게 물려받은 유전자 정보대로 신체 기관이 형성되고 성장하여 완성된 독립 개체로 태어난다.

이러한 탄생은 모든 생물체에 공통으로 적용된다. 범위를 넓히면 생물체뿐 아니라 모든 물체가 생성되는 과정도 이와 유사하다. 중국 송나라 때의 주희朱熹(1130~1200년)는 만물이 생성되는 과정을 다음과 같이 설명한 바 있다.

하늘이 음양오행을 가지고 만물을 빚어 만든다. 음양오행의 물질로 모양이 만들어지면 거기에 리가 부여된다.

天以陰陽五行 化生萬物 氣以成形 而理亦賦焉(『중용장구』제1장 주자 주)

주희는 만물이 만들어지는 과정을 도예가가 도자기를 만들어내는 것에 비유해서 설명했다. 도예가는 흙이라는 재료를 사용해서 각종 도자기를 만들어낸다. 재료인 흙의 종류와 품질에 따라 만들어진 도자기의 품질이 달라질 수 있다. 우수한 재료를 사용할수록 우수한 도자기가 만들어져서 고가의 예술품이 된다. 그러나 고가의 예술품이 고가인 이유는 재료값이 비싸기 때문만이 아니다. 오히려 고가의 예술품에서 재료값이 차지하는 비율은 미미하다. 고가의 예술품이 고가인 이유는 작가의 예술 정신이 들어 있기 때문이다. 작가의 예술 정신은 하나이지만, 그 예술 정신은 한 작품에만 들어 있는 것이 아니라 그가 만든 모든 작품에 들어 있다. 송나라 때의 주자학자들은 이러한 내용을 '리理'와 '기氣'로 설명한다. 작가의 예술 정신을 '리'로 본다면 작품을 구성하는 재료는 '기'이다. 작가의 예술 정신은 작품을 떠나 따로 있지 않고 언제나 작품과 함께 있다. 이를 '리와 기는 떨어져 있지 않다'는 말로 표현한다.[3] 하지만 작품의 재료 속에서 작가의 예술 정신을 찾을 수는 없다. 즉 재료는 재료일 뿐, 예술 정신이 될 수는 없다. 이를 '리와 기는 섞기지 않는다'는 말로 표현한다.[4] 작가의 예술 정신이 작품이 없다고 해서 없는 것은 아니다. 작품이 있기 전에도 작가의 예술 정신은 있다. '이기설'에서는 이를 '천지 만물이 있기 전에도 다만 천지 만물에 공통되는 리가 있다'

는 말로 표현한다.[5] 물론 작가의 예술 정신은 작품이 없으면 표현되지 않는다. 작가의 예술 정신은 작품이 만들어지기 전에도 존재하지만, 만들어진 작품에 실려서 표현될 뿐이다.

작가와 작품의 관계는 하느님과 만물의 관계를 이해할 수 있는 좋은 비유가 된다. 하느님이 만물을 만드는 것은 거대한 몸을 가지고 작가가 작품을 만들듯이 하나하나 만들어내는 것은 아니다. 하느님은 오직 만물을 만드는 마음만 있을 뿐, 형체가 없다. 만물을 만드는 마음 또한 물질적 움직임으로 표현되는 것이 아니다. 이를 『시경 詩經』에서는 '하늘이 하는 일은 소리도 없고 냄새도 없다'고 표현한다.[6] 하느님이 만물을 만들 때 사용하는 재료가 따로 있는 것도 아니다. 만물을 만드는 재료 또한 하느님의 몸이다. 하느님이 만물의 몸을 만들어가는 과정은 작가가 예술품을 만드는 것과 같은 가시적인 것이 아니다. 그것은 자연계에서 자연물이 저절로 만들어지는 것과 같다. 작가가 예술품을 만들듯이 의도적으로 만들어가는 것처럼 설명한 이유는 이해하기 쉽도록 비유한 것일 뿐이다.

모든 생물체가 세포 속의 유전자 정보에 의해 만들어진다는 것은 이미 밝혀진 일이지만, 그 유전자 정보는 어디까지나 물질이다. 생명체의 유전자 정보는 생물체마다 각각 다르게 작동하지만 삶을 향해 작동하는 것은 모두 똑같다. 모든 생명체에는 삶을 향해 나아가는 의지가 작동한다. 모든 생명체에 같은 의지가 작동한다면 그것은 하나로 통해 있다. 하나로 통해 있는 것은 물질이 아니기 때문에 물질을 분석하는 것으로는 밝혀지지 않는다. 물질을 가지고 생명체의 비밀을 밝히려고 하는 것은 무리이다. 생물학의 한계가 여기에 있다.

유전자 정보를 작동하게 하는 생명에의 의지는 물질이 아니므로 눈에 보이지 않는다. 눈에 보이는 것은 생명체에 작동하는 유전자 정보와 생명체를 구성하고 있는 물질뿐이다. 생명체는 자동차에 비유할 수 있다. 생명체를 구성하고 있는 물질은 자동차의 부품들에 해당하고, 생명체가 생명을 유지해가는 과정은 자동차가 달리는 것에 해당한다. 생명체의 유전자에 저장되어 있는 유전정보는 자동차 부품들에 주어져 있는 기능에 해당한다. 자동차가 달릴 때는 엔진이 작동하고 핸들이 방향을 잡고 바퀴가 굴러간다. 이는 근본적으로 운전자의 의지에 의한 것이다. 운전자와 운전자의 의지는 자동차를 아무리 훑어보아도 알 수 없다. 생명체가 생명을 유지해가는 방법도 그렇다. 생명체가 생명을 유지해갈 때는 생명체의 각 기관들이 원할하게 움직인다. 이는 모두 생명으로 향하는 의지가 그렇게 만드는 것이다. 그러나 생명으로 향하는 의지는 생명체를 아무리 뒤져도 보이지 않는다.

자동차의 엔진, 핸들, 브레이크, 바퀴 등에 문제가 생기면 운전자가 제대로 운전할 수 없다. 이는 운전자에게 문제가 있어서가 아니라 엔진, 핸들, 브레이크, 바퀴 등이 부서졌거나 그 기능에 문제가 생겼기 때문이다. 생명체가 생명을 유지하는 과정도 그렇다. 생명을 유지하는 과정에 문제가 생긴 것은 생명으로 향하는 의지에 문제가 생긴 것이 아니다. 생명체의 각 기관들이 손상을 입었거나 생명체의 유전정보에 문제가 생겼기 때문이다.

단세포에서 비롯된 생명체가 유전정보에 따라 세포분열을 계속하여 온전한 형태를 갖춘 인간의 몸이 되면 어머니의 자궁을 떠나 밖으로 나온다. 인간의 몸이 탄생하는 순간이다. 그리고 그 후로 유전자 정보에 따라 세포분열을 계속하며 성장해간다.

인간의 몸이 어머니의 몸에서 분리되면 자체적으로 삶을 지속할 수 있는 체제를 갖춘다. 오장육부, 뼈, 근육, 신경 조직, 그리고 신체 기관을 제어할 수 있는 컨트롤 타워로서의 뇌가 발달하고 외부 세계를 파악할 수 있는 감각기관이 작동한다.

사람의 몸은 움직이는 자동차와 같다. 자동차가 운전자의 의지로 움직이듯이 사람의 몸도 내부 운전자에 의해 움직인다. 하지만 자동차 운전자는 차창 너머로 볼 수 있으나 사람의 몸을 운전하는 운전자는 눈에 보이지 않는다. 그것은 삶으로 향하는 의지일 뿐, 형체를 갖고 있지 않기 때문이다. 모든 자동차는 각각의 운전자가 따로 있지만, 삶으로 향하는 의지는 사람을 포함한 모든 생명체에 공통으로 존재한다. 그러므로 그 의지는 하나이면서 온 우주에 가득하다. 그것을 우주적 생명이라 해도 좋고 자연의 생명이라 해도 좋다. 그 의지를 하늘의 의지라는 의미로 '천지天志'라고도 하고, 하늘의 명령이라는 의미로 '천명天命'이라고도 한다. 각 개체를 움직이는 생명의 의지를 '성性'이라고 하고 우주적 생명력을 천명이라고 한다면, 성이 천명이고 천명이 성이다. 우주에 가득한 우주의 생명이 우리의 몸에 작용하므로 우리는 우주적 생명과 몸이 결합한 이중적 구조로 이루어져 있다. 그러므로 우리는 몸으로만 보면 아주 작은 존재이지만 우주적 생명으로 보면 우주만큼 크다. 작게 보이는 몸 그 자체도 하느님의 몸임은 말할 것도 없다.

우주적 생명
자연의 생명
하늘의 뜻

생명체의 몸

〈우주적 생명과 몸의 관계〉

하늘 마음과 사람 마음의 관계

하늘 마음과 사람 마음의 관계에 대해서 주자학자들은 하늘에 떠 있는 달과 강물에 비친 달의 관계로 설명한다. 모든 강에 떠 있는 달은 모두 똑같이 생겼다. 그러나 강물에 떠 있는 달만을 쳐다본다면 달이 아무리 똑같이 생겼더라도 하나인 줄을 알지 못한다. 천 개의 강이 있으면 달이 천 개인 줄 알고 만 개의 강이 있으면 달이 만 개인 줄 안다. 천 개의 강에 떠 있는 달만을 보고 달이 천 개라고 하는 사람은 머리 위를 쳐다보지 않았기 때문이다. 고개를 들어 위를 쳐다보면 하늘에 떠 있는 달은 하나이다. 즉 하나의 달이 천 개의 강 위에 도장을 찍어놓은 것과 다름없다. 월인천강月印千江이란 말이 바로 그 뜻이다. 이를 알면 모든 달이 하나인 줄 알게 된다.

형제 관계도 그러하다. 형과 동생만 보면 아무리 닮았어도 남남으로 보이지만, 한 부모에게서 나왔기 때문에 하나이다. 형제의 유전자는 하나이기 때문에 같다.

사람의 성性도 그러하다. 성은 살려는 마음이다. 모든 사람은 똑같이 살려는 마음을 가지고 있기 때문에 사람의 성은 같다. 살려는 마음은 사람에게만 있는 것이 아니라 모든 생물체에 똑같이 들어 있는 것이므로 그것은 하나이다. 그것은 하늘의 달이 모든 강물 위에 도장을 찍어놓듯, 하늘의 명이 찍어놓은 도장이다. 하늘의 달이 도장 찍는 것을 사람이 도장 찍는 것과 같은 것으로 생각하면 안 된다. 하늘의 달이 직접 강에 내려가 도장을 찍는 것이 아니다. 하늘의 달이 직접 도장을 찍은 것이라면 하늘의 달과 강의 달은 별개가 된다. 하늘의 달과 강물 위의 달을 별개로 보면 안 된다. 그냥 하나이다. 하늘의 달이 강에 도장을 찍었다는 말은 비유로 한 말이다. 나무의 가지를 꺾어 심으면, 원래의 나무인 모목母木에 있는 유전자와 새로 심겨진 자목子木에 있는 유전자는 다른 곳에 있지만 하나이다. 월인천강의 비유는 이러한 이치를 설명하는 것이다. 사람의 성과 하늘 마음의 관계도 그렇게 이해해야 한다.

내 마음이 내 몸 안에만 있다면 내 마음은 다른 사람의 마음과 하나일 수 없다. 사람의 마음은 그 몸 밖의 우주 공간에 빈틈없이 가득하다. 빈틈없이 가득한 마음이 사람의 몸에 닿아서 반사하는 것이다. 그것은 밤하늘에 반짝이는 별과 같다. 밤하늘에 반짝이는 별 중에는 스스로 빛을 내는 항성도 있지만 스스로 빛을 내지 못하는 행성도 있다. 행성은 스스로 빛을 내지 못하고 태양의 빛을 받아 반사한다. 밤하늘에 반짝이는 행성은 마치 빛을 내는 것처럼 보인다. 행성과 행성 사이는 빛이 없는 암흑으로 보이지만 사실은 그렇지 않다. 암흑으로 보이는 공간에도 빈틈없이 빛이 흐른다. 그 빛이 행성 표면에 닿아 반사되어 우리 눈에 보인다. 같은 빛을 받아서 반사하지만 그 빛이 다르게 보이는 것은 행성의 크기와 모양이 다르기 때문이다.

　모든 생물체에는 같은 성이 들어 있지만 사람의 마음이 각각 다르게 움직이고, 사람의 성과 동물의 성이 다르게 발휘되고, 동물의 성과 식물의 성이 다르게 발휘되는 것은 몸의 차이에서 기인한다. 사람의 마음이 우주 공간에 가득한 빛과 같다고 이해하면 또 오해가 있을 수 있다. 빛은 물질이기 때문에 시간과 공간의 제약을 받지만, 마음은 물질이 아니므로 시간과 공간의 제약을 받지 않는다. 천만리 먼 곳에 있는 사람의 마음과 나의 마음이 하나의 긴 끈으로 연결되어 있는 것처럼 연결되어 있는 것이 아니다. 공간을 초월하여 그냥 하나이다. 천만 년 전에 살았던 사람의 마음과 지금 나의 마음이 하나인 것은 천만 년을 이어오는 긴 끈이 있어서 하나인 것이 아니라 시간을 초월하여 그냥 하나이다. 사람의 인식은 시간과 공간의 개념을 바탕으로 해서 이루어지기 때문에 시간과 공간을 초월해서 존재하는 마음을 이해하기는 쉽지 않다.

　사람이 의식을 가지고 하느님의 몸과 마음을 이해하고 만물의 몸과 마음을 이해했다 하더라도 거기에서 그치면 안 된다. 하느님과 내가 하나로 통한다는 것을 안다고 해서 하나로 통하는 것은 아니다. 아는 것은 하나가 되기 위한 출발일 뿐이다. 하느님과 내가 하나라는 것을 안 뒤에 꾸준히 노력하여 실제로 하나가 되는 데까지 나아가야 의미가 있다. 아는 것은 하나가 되기 위한 수단일 뿐이다. 수단에 얽매어 있으면 의미가 없다. 오히려 부작용만 낳는다. 하느님과 실제로 하나가 된 뒤에는 아는 것을 버려야 한다. 이 층으로 올라가는 사다리는 이 층으로 올라가기 위한 수단일 뿐이다. 이 층에 올라간 뒤에는 사다리를 버려야 한다. 이 층으로 올라간 뒤에도 사다리에 집착하면 부작용이 생긴다. 하느님과 하나가 된 뒤에는 하느님에 대한 이해를 버리고 오직 실천만 하면 된다.

03

인자의 삶과 지자의 삶

인간의 분별하는 마음을 인정하면 분별하는 삶도 인정할 수 있다. 사람 중에는 본래 마음을 더 많이 가지고 있는 사람도 있고, 분별심이 더 발달한 사람도 있다. 공자는 이 두 부류의 사람을 두 유형으로 분류했다. 분별하는 마음보다 본래 마음을 더 많이 가진 사람을 인자仁者의 유형으로 분류하고, 본래 마음보다 분별하는 마음을 더 많이 가진 사람을 지자知者의 유형으로 분류했다.

혼돈은 남과 내가 분리되지 않은 사람이므로, 혼돈의 마음은 남과 나를 구별하지 않는 마음이다. 그런 마음을 공자는 인仁으로 정의했다. 인은 '인人'과 '이二'를 합한 글자라는 사실에서도 알 수 있듯이, 둘이 함께 있고 싶은 사람을 일컫는다. 둘이 함께 있고 싶은 사람은 셋이 있어도 좋고 넷이 있어도 좋다. 둘이 함께 있고 싶은 사람은 남과 나를 분리하는 마음이 없다. 그런 마음이 '인仁'이다. 공자는

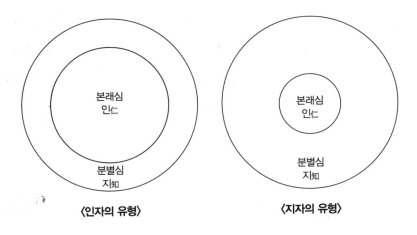

〈인자의 유형〉   〈지자의 유형〉

인의 마음을 가진 사람들을 인자의 유형으로 정리했다. 이와 반대로 분별심이 발달한 사람은 남과 나의 다른 점을 강조한다. 분별심이 발달한 사람은 각자의 취미에 따라 독립적인 삶을 추구하기 때문에 남과 같아지기를 바라지 않는다. 분별심이 발달한 사람의 따지고 분별하는 마음이 '지知'이다. 공자는 그런 사람들을 지자의 유형으로 정리했다.

　사람들이 인자의 유형과 지자의 유형으로 나뉘는 원인에는 여러 가지가 있겠지만, 가장 큰 원인으로는 자연환경의 차이를 들 수 있다. 안락한 환경에서 사는 사람은 분별할 일이 적기 때문에 분별하는 마음이 그다지 발달하지 않지만, 열악한 환경에서 살아야 하는 사람들은 예리하게 분별하지 않을 수 없으므로 분별하는 마음이 자꾸 발달한다. 지진이 계속 발생하고 태풍이 자주 불어오며 습도가 높아 적응하기 어려운 환경에서 사는 사람이 안이한 대처 방식으로 대충 살아갈 수는 없다. 지진에 대비하는 방법, 태풍에 대처하는 방법, 습도가 높은 환경에서 살아가는 방법 등을 잘 분별하여 몸에 익히지 않으면 안 된다. 지자의 유형에 속하는 사람의 삶의 방식은 인자의 유형에 속하는 사람의 삶의 방식과 다를 수밖에 없다. 공자는 다음과 같이 말한다.

지자는 물을 좋아하고 인자는 산을 좋아한다. 지자는 움직이고 인자는 고요하다. 지자는 즐기고 인자는 오래 산다.
知者樂水 仁者樂山 知者動 仁者靜 知者樂 仁者壽(『論語』「雍也篇」)

지자의 유형에 속하는 사람은 어떤 곳이 살기 좋은 곳인지 잘 분별한다. 산 근처에 사는 것보다는 물가에서 사는 것이 훨씬 유리하다는 것을 안다. 물가에서 살면 교통이 편리하고 농사짓기도 좋으며 물고기를 잡아먹을 수도 있기 때문에 산 근처에서 사는 것보다 훨씬 유리하다. 따라서 지자의 유형에 속하는 사람은 물을 좋아한다.

인자의 유형에 속하는 사람들은 다른 것을 분별하기보다는 같은 것을 좋아한다. 인자의 유형에 속하는 사람은 변하지 않는 것을 좋아한다. 물은 바뀌지만, 산은 바뀌지 않는다. 산은 언제나 그 자리에 있다. 산속은 언제나 변함없이 품어주는 부모의 품속 같기도 하다. 그래서 인자의 유형에 속하는 사람은 산을 좋아한다.

지자의 유형에 속하는 사람들은 분별하는 마음이 발달하기 때문에 지적인 호기심이 많다. 또 남과 자기를 다르게 여기기 때문에 경쟁하는 삶에 익숙하다. 남과의 경쟁에서 이기기 위해서는 부지런해야 하고 많은 정보를 가져야 하며 지식이 많아야 한다. 그 때문에 지자의 유형에 속하는 사람들은 부지런히 움직이며 많은 지식을 쌓고, 많은 정보를 수집한다.

인자의 유형에 속하는 사람들은 남과 하나가 되는 것을 좋아하기 때문에 지적인 호기심이 많지 않다. 오히려 자기와 다른 점을 가진 사람을 보면 이상하게 생각할 정도이다. 또 남과 자기를 다르게 여기지 않기 때문에 경쟁하거나 투쟁하는 것을 좋아하지 않는다. 그러므로 부지런히 움직이기보다는 조용히 지내는 것을 좋아한다. 인자의 유형에 속하는 사람은 변함없는 마음을 좋아한다. 변함없는 마음은 마음속 깊은 곳에 자리 잡고 있는 본래 마음이다. 본래 마음을 알기 위해서는 고요히 있으면서 마음속을 잘 살펴봐야 한다. 인자의 유형에 속하는 사람들이 조용히 지내기를 좋아하는 이유가 이 때문이다.

지자의 유형에 속하는 사람들은 본래 마음을 챙기기보다는 몸을 챙기는 데 익숙하다. 열악한 환경에서 살아남아야 하는 것은 몸의 삶이기 때문이다. 몸을 챙기는 데 익숙한 사람들은 육체적 삶의 즐거움을 추구한다. 일할 때도 즐겁게 일할 방법을 모색하고, 놀 때도 즐겁게 놀 방법을 추구한다. 몸이란 조만간 죽어 없어지므로 육체적 삶을 추구하는 사람들은 죽기 전에 실컷 즐기려 한다.

인자의 유형에 속하는 사람들은 몸을 챙기는 것보다는 본래 마음을 챙기는 데 익숙하다. 본래 마음은 모든 사람이 다 같이 가지고 있는 한마음이므로 본래의 마음으로 사는 사람은 긴장할 일이 없다. 남이 자기보다 앞서더라도 싫어할 것이 없다. 남과 경쟁할 일이 없어서 늘 편안하다. 마음이 편안하기에 오래 산다.

인자의 유형에 속하는 사람들에게도 좋은 점과 나쁜 점이 있을 수 있고, 지자의 유형에 속하는 사람들에게도 좋은 점과 나쁜 점이 있을 수 있다. 인자의 유형에 속하는 사람들은 남과 나를 구별하는 데 익숙하지 않다. 인자의 유형에 속하는 사람들에게는 '너=나'이고, '나=너'이다. 인자의 유형에 속하는 사람들이 '우리'라는 말을 많이 쓰는 것도 이 때문이다. 인자의 유형에 속하는 사람들에게는 '네가 나'이고, '내가 너'이기 때문에 '너' 중심이 될 수도 있고, '나' 중심이 될 수도 있다. 인자의 유형에 속하는 사람들이 '너' 중심이 되면 매우 희생적이고 헌신적이다. 네가 아프면 나도 아프고 네가 슬프면 나도 슬프다. 그런 사람은 마음이 따뜻하고 정이 많다. 마음이 따뜻한 사람은 남을 나처럼 여기고 사랑한다. 마음이 따뜻한 사람은 남의 의견을 나의 의견처럼 귀하게 여기고 열심히 들어준다. 마음이 따뜻한 사람이 중심에 있으면 한마음이 되어 활기가 넘치고 신바람이 난다. 그렇게 되면 세상이 평화로워져서 천국이 된다.

반면에 인자의 유형에 속하는 사람들이 '나' 중심이 되면 나를 위해 남을 희생시키므로 많은 문제들이 나타난다. '네가 나'라는 것을 잘못 판단하여 '네 것은 내 것이고, 내 것은 내 것'이라고 착각하기도 한다. 네 돈은 내 돈이고, 내 돈은 내 돈이다. 부모의 재산은 나의 재산이고 친구의 돈은 나의 돈이다. 너의 돈은 나의 돈이므로 너는 돈이 없어야 하지만, 나는 돈이 많아야 한다. 이런 심리를 가진 채 돈 많은 사람을 보면 견디기 어렵다. 잘한 것은 다 나의 덕으로 여기고 잘못된 것은 다 남의 탓으로 돌리기도 한다. 돈 많은 사람이나 힘 있는 사람에게 기대고 의지하는 의타심이 생기기도 한다. '나'

중심이 된 사람은 나와 다른 것을 용납하지 못한다. 너의 의견이 나의 의견과 같아야 한다고 판단하면 다른 사람의 말을 귀 기울여 듣지 않을 뿐 아니라, 다른 사람의 의견을 인정하지도 않는다. 때문에 그의 주변 사람들은 자기가 하고 싶은 말을 제대로 하지도 못하고, 자기가 먹고 싶은 것을 제대로 먹지 못한다. 늘 그의 눈치를 보고 그의 비위를 맞추어야 한다. 그렇게 되면 그의 주변 사람들은 그와 함께 지내는 것이 피곤하기 때문에 그의 곁을 떠난다. 이 때문에 인자의 유형에 속하면서 '나' 중심인 사람은 주변 사람들과 화합하지 못하고 외톨이로 전락한다.

지자의 유형에 속하는 사람들은 남과 자기를 구별하는 데 익숙하다. 지자의 유형에 속하는 사람들은 남과 자기를 완전히 구별되는 별개의 사람으로 여긴다. 지자의 유형에 속하는 사람들에게 개인주의가 발달하는 이유가 여기에 있다. 지자의 유형에 속하는 사람들은 '너는 너', '나는 나'로 판단하기 때문에 '너' 중심이 될 수도 없고, '나' 중심이 될 수도 없다. 따라서 지자의 유형에 속하는 사람들은 냉철하게 자기에게 맞는 삶을 추구한다. 사람들이 서로 남남이라고 생각하면서 살면 경쟁에 몰두하는 것은 필수적이다. 경쟁을 지나치게 하면 투쟁이 된다. 무분별하게 투쟁을 일삼으면 남도 다치지만 자기도 다친다. 그렇기에 지자의 유형에 속하는 사람들은 경쟁은 하되 다치지 않는 방법을 강구한다. 다치지 않는 방법은 규칙을 만들어 지키면서 질서를 유지하는 것이다. 각자의 주체적인 삶을 살면서 질서를 잘 지키는 것이 지자의 유형에 속하는 사람들의 좋은 점이다. 그렇지만 지자의 유형에 속하는 사람은 다른 사람을 자기와 별개의 사람으로 생각하기 때문에 다른 사람에게 따뜻한 마음을 주거나 의리를 지키기 어렵다.

인자의 유형에 속하는 사람들에게 중요한 것은 먼저 자기중심적 삶에서 벗어나 따뜻한 마음을 회복한 뒤에 분별하는 능력을 더 강화하는 것이다. 반대로 지자의 유형에 속하는 사람들에게 중요한 것은 따지고 분별하는 삶의 태도를 좀 줄이면서 본래 마음을 회복하는 데 주력하는 것이다. 그렇게 되면 지자의 좋은 점과 인자의 좋은 점이 하나로 어울려 최선이면서 최상인 삶을 살 수 있게 된다. 그러한 삶이 중용적 삶이다.

04
혼돈의 마음을 지키면서 분별하다

갓난아이는 어머니가 이틀을 굶었어도 젖을 먹으려고 한다. 갓난아이는 굶주리는 어머니를 분별하지 않는다. 그렇게 하는 것이 나쁜 것이 아니다. 그렇게 하는 것이 삶을 향한 자연의 모습 그 자체이다. 갓난아이는 혼돈이다. 혼돈은 분별함이 없다. 혼돈은 배가 고플 때 먹는다. 옆에 굶주리는 사람이 있어도 아랑곳하지 않고 먹는다. 그 또한 나쁜 것이 아니다. 자연의 움직임일 뿐이다.

　그러나 분별하면서 사는 사람의 눈에는 그렇게 하는 것이 좋게 보이지 않는다. 배가 고플 때 먹을 것이 있어도 옆에 굶주리는 사람이 있으면 나누어 먹는 것이 보기에 좋다. 혼자서만 먹고 마는 혼돈의 마음과 옆에서 굶주리는 사람과 나누어 먹는 사람의 마음이 달라서 그런 것이 아니다. 혼돈은 분별하지 않았고, 나누어서 먹는 사람은 분별했을 뿐이다.

분별하면서 사는 것을 인정한다면 최선의 삶은 혼돈의 마음으로 분별하면서 사는 것이다. 만물 중에서 가장 잘 분별하면서 살 수 있는 존재는 사람이다. 사람을 짐승과 구별하는 이유는 이 때문이다. 잘 분별하면서 발휘되는 혼돈의 마음을 맹자는 '인의예지仁義禮智'로 설명한다. 사람의 마음을 네 범주로 나누어 설명한 것이 인의예지이다.

혼돈의 마음을 가지고 있으면서 분별할 수 있는 사람이 불행한 사람을 보면 측은한 마음이 나오고, 선량한 사람을 괴롭히는 사람을 보면 미운 마음이 나오고, 힘들어하는 사람을 보면 사양辭讓하는 마음이 나오고, 잘못을 저지르는 사람을 보면 시비를 가리는 마음이 나온다. 맹자는 측은하게 여기는 마음, 미워하는 마음, 사양하는 마음, 시비를 가리는 마음이 인의예지를 알 수 있는 단서가 된다고 해서 '사단四端'이라 불렀다. 맹자는 다음과 같이 말한다.

지금 사람이 언뜻 어린아이가 우물 속으로 기어 들어가려는 것을 보면 모두 깜짝 놀라 측은하게 여기는 마음이 생긴다. 그것은 그 어린아이의 부모와 사귀기 위해서도 아니고, 고을 친구들에게 칭찬받기 위해서도 아니고, 어린아이를 구해주지 않았다는 비난의 소리가 싫어서도 아니다. 이로써 본다면 측은지심이 없으면 사람이 아니다. 부끄러워하고 미워하는 마음이 없으면 사람이 아니다. 사양하는 마음이 없으면 사람이 아니다. 시비를 가리는 마음이 없으면 사람이 아니다.

측은지심은 인을 알 수 있는 단서이고, 부끄러워하고 미워하는 마음은 의를 알 수 있는 단서이고, 사양하는 마음은 예를 알 수 있는 단서이고, 시비를 가리는 마음은 지를 알 수 있는 단서이다. 사람에게 이 사단이 있는 것은 사지가 있는 것과 같다.

今人乍見孺子將入於井 皆有怵惕惻隱之心 非所以内交於孺子之父母也 非所以要譽於鄕黨朋友也 非惡其聲而然也 由是觀之 無惻隱之心 非人也 無羞惡之心 非人也 無辭讓之心 非人也 無是非之心 非仁也 惻隱之心 仁之端也 羞惡之心 義之端也 辭讓之心 禮之端也 是非之心 智之端也 人之有是四端也 猶其有四體也(『孟子』「公孫丑章句」上)

맹자는 분별하면서 사는 사람들 속에서 살았다. 맹자가 파악한 사람의 기준은 분별하면서 살아가는 사람이다. 그러나 분별만 하여 자기 것만 챙기는 사람은 사람이 아니다. 분별하면서도 혼돈의 마음을 잃지 않고 사는 사람이 참된 사람이다. 혼돈의 마음이 잘 분별되어 나타나는 것이 사단이다. 맹자의 기준에서 보면 사람의 몸을 가지고 있다고 해서 다 사람인 것은 아니다. 사단으로 사는 사람만이 참된 사람이다.

참된 사람의 최선의 삶은 혼돈의 마음을 온전히 가지고 잘 분별하면서 사는 삶이다. 그런 삶이 중용적 삶이다. 혼돈의 마음을 온전히 가지고 있는 것이 '질質'이고 최선의 분별을 하는 것이 '문文'이다. 어느 하나에 치우쳐도 중용적 삶이 아니다. 오직 질과 문이 잘 어울려야 중용적 삶이 된다. 공자는 다음과 같이 말했다.

문보다 질의 비중이 더 크면 촌스럽고, 질보다 문의 비중이 더 크

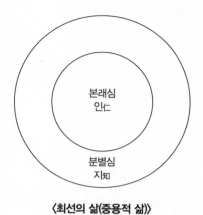

〈최선의 삶(중용적 삶)〉

면 호화롭다. 문과 질이 어울린 연후에야 군자의 모습이 된다.

質勝文則野 文勝質則史 文質彬彬然後君子(『論語』「雍也篇」)

혼돈의 마음으로 보면 만물은 일체의 구별이 되지 않는 혼돈일 뿐이다. 시비도 없고, 분별도 없고, 귀천도 없다. 노장 철학에서 시비분별을 일으키지 않는 삶을 강조하는 이유가 여기에 있다. 유가 철학도 혼돈의 마음을 부정하지는 않는다. 유가 철학에서 강조하는 사람의 본마음은 혼돈의 마음과 다르지 않다. 다만 분별하면서 사는 것을 인정하기 때문에 분별할 수 있는 능력에 따라 차이를 둔다. 유가 철학에서 사람과 짐승을 구별하고 인간의 조건을 따지는 것이 그 때문이다. 혼돈의 마음을 가지지 않은 사람이 분별하면 차별하는 것이 되지만, 혼돈의 마음을 가진 사람이 분별하면 혼돈의 마음을 온전하게 실현하는 것이 된다. 분별하는 능력은 혼돈의 마음을 온전하게 실현하는 보조 수단일 뿐이다.

II

사람은 어떻게
진리를 상실하는가

사람은 왜 진리를 상실했을까? 장자는 혼돈이 감각기관으로서 감각 작용을 하게 되었을 때 죽는다고 설명했다. 혼돈은 죽지 않는 존재다. 혼돈은 일체의 구별이 없다. 태어나는 것이 태어나는 것이 아니라 자연이고, 죽는 것이 죽는 것이 아니라 자연이다. 모든 것은 자연현상일 뿐이므로 죽는 일이 없다. 하지만 그런 혼돈이 감각을 하게 되었을 때 죽었다고 했다. 따라서 진리를 상실하는 요인은 감각기관의 감각 작용에서 비롯됨을 알 수 있다.

01

혼돈을 죽이는 감각기관과 의식

인간의 몸이 개체로 탄생하는 것은 완성된 자동차가 출고되는 것과
같다. 완성된 자동차는 엔진, 핸들, 타이어 등의 각 부품으로 조립되
어 있다. 사람의 몸도 마찬가지로 머리, 몸통, 사지 등으로 구성된다.
머리에는 뇌와 감각기관인 눈, 코, 귀, 입이 있고, 몸통에는 오장육
부가 들어 있다. 사람의 몸을 움직이는 데 가장 중요한 것이 뇌인데,
그것은 오장육부를 움직이고 감각기관이 감각을 하게 하는 종합 관
제탑이다.

　사람이 생명을 유지하기 위해서는 먹고 마시고 숨을 쉬어야 한다.
사람은 먹을 것과 마실 것을 구하기 위해 감각기관인 눈, 코, 귀, 입
으로 감각을 한다. 사람은 사는 데 필요한 모든 것을 감각기관을 통
해서 찾아낸다. 감각한 내용은 신경을 통해 뇌로 전달되며, 뇌는 감
각기관을 통해 감각한 내용을 종합하여 판단을 내린다. 뇌는 감각

기관에서 구별한 것을 받아들이면서 차츰 분별하고 헤아리고 계산하는 등의 기능을 갖게 된다. 예를 들면 눈이 과일을 보고 그것이 있다는 사실을 뇌로 전달하면, 뇌는 그 과일을 입에 넣도록 명령한다. 그 뒤에 먹어도 되는지 아닌지를 분별한다. 분별하고 헤아리고 계산하는 뇌의 기능을 통틀어서 '의식'이라 하고, 의식 작용을 하는 장소를 '의식 세계'라 한다.

의식은 감각기관이 감각 작용을 하면서 만들어진다. 감각 작용은 구별하는 것에서 출발하여 차츰 분별하고 생각하고 헤아리는 기능으로 업그레이드된다. 에드워드 윌슨Edward Osborne Wilson은 감각기관의 감각 작용으로 만들어지는 의식을 다음과 같이 설명한다.

인간 정신 같은 복잡한 활동을 예측하고자 할 때 나타나는 또 다른 근본적인 어려움은 원래의 자료가 뇌의 심층까지 도달하는 과정에서 변형된다는 점이다.

예를 들면 시각은 빛의 복사에너지가 망막을 구성하는 약 일억 개의 일차 광光 수용세포들의 전기 활동을 촉발하면서 여정을 시작한다. 각 세포는 매 순간 자신이 접촉하는 빛의 명도(또는 색채)를 기록한다. 따라서 수정체를 통해 전달되는 상은 텔레비전 카메라처럼 전기신호의 패턴으로 검출된다. 망막 뒤에서는 약 백만 개의 신경절 세포가 그 신호들을 받아 추상화의 형태로 가공한다. 각 세포는 망막에 원형으로 배열된 일차 수용체 집단으로부터 정보를 받는다. 망막 소자 집단에 충분한 강도의 명암 대비가 이루어지면 신경절 세포는 활성을 띠게 된다.

그 후 이 정보는 머리 뒤쪽에 있는 대뇌피질의 하부 영역으로 전달되고, 거기에서 다시 특수한 피질 신경세포에 의해 재해석된다. 각 피질 세포는 부속된 신경절 세포 집단별로 활성을 띤다. 그것은 신경절 세포의 방전 패턴이 수평 여부에 따라, 수직, 경사라는 세 방향의 직선 말단에 대해 반응하는지에 따라 전기적 활성을 띠게 된다. 그 외에 더욱 추상화를 수행하면서 직선의 양 끝이나 모서리에 대해 반응하는 피질 세포들도 있다.

정신은 이런 부호화 및 추상화 과정을 통해 몸의 안팎에서 생성되는 모든 정보를 받아들인다. 여기에 관여하는 뇌의 신피질 신경들이 만들어내는 엄청난 수의 동시다발적이면서 조화로운 상징적 표상들이 의식을 구성하게 된다. 그러나 의식이 생물학적 기구의 작용이라고 한다고 해서 그것의 힘을 과소평가하는 것은 결코 아니다.[7]

분별하고, 헤아리고, 생각하고, 판단하고, 계산하고, 몸을 움직이는 것은 감각하여 구별하는 기능이 업그레이드된 것으로, 의식에서 일어나는 작용이다. 분별하고, 헤아리고, 생각하고, 판단하고, 계산하고, 몸을 움직이는 기능이 일을 하면 일하는 공간이 형성되는데, 그 공간이 바로 의식이다. 의식에서 일어나는 이러한 작용들을 재주, 또는 지능이라고도 한다. 지능을 수치로 표현한 것이 '아이큐'이다.

02
잘못 발휘하는 재주

재주는 사람마다 다르다. 사람의 지능지수를 테스트하는 방법으로 아이큐 테스트라는 것이 있다. 그런데 지능지수가 사람마다 다른 까닭은 무엇일까?

재주는 의식에서 일어나는 작용이고 의식은 감각기관을 통해 생겨난다. 감각기관은 몸에 붙어 있다. 그러므로 사람마다 재주가 다른 것은 몸이 다르기 때문이고, 몸이 다른 것은 몸을 구성하는 재료가 다르기 때문이다. 부드러운 흙으로 만든 그릇은 부드러운 그릇이되고 거친 흙으로 만든 그릇은 거친 그릇이 되듯이, 몸을 구성하고있는 재료가 깨끗하고 맑으면 깨끗하고 맑은 몸이 되고, 재료가 더럽고 탁하면 더럽고 탁한 몸이 된다. 몸의 상태에 따라 감각기관의성능이 달라지고 의식이 달라지며 그에 따라 의식의 정도와 재주의정도가 결정된다.

사람의 몸은 부모로부터 물려받는 것이므로 지능지수가 높은 부모의 자녀는 지능지수가 높고, 지능지수가 낮은 부모의 자녀는 지능지수가 낮다. 같은 부모에게서 태어난 자녀는 모두 지능지수가 같아야 할 것 같지만 그렇지 않다. 부모의 상태가 좋을 때 만들어진 자녀는 우수하고, 그렇지 못할 때 만들어진 자녀는 열등하다. 또 아버지와 어머니가 결합할 때의 상태에 따라 달라지기도 한다. 아버지의 유전적 요소가 우수한 부분과 열등한 부분으로 나뉘고, 어머니의 유전적 요소 또한 우수한 부분과 열등한 부분으로 나뉘는데, 아버지와 어머니가 결합할 때 그 요소들이 결합하므로 그때의 조합에 따라 자녀의 우열이 결정된다.

　사람의 지능은 늘 일정한 것이 아니다. 노력에 따라 변한다. 맑은 공기와 맑은 물을 마시고, 맑은 음식을 먹고 맑은 생각을 하면 지능지수가 높아지고, 더러운 공기와 더러운 물을 마시고 오염된 음식을 먹고 나쁜 생각을 하면 지능지수가 낮아진다. 또 마음이 안정되면 지능지수가 높아지고 흥분되면 낮아진다. 날씨나 기타 자연환경에 따라 마음이 안정되기도 하고 흥분되기도 하므로 사람의 지능지수는 외부의 환경과도 관련이 있다. 사람의 노력 여하에 따라 지능을 향상시킬 수도 있고 저하시킬 수도 있다. 지능을 향상시킨 사람에게서는 지능이 높은 자녀가 태어나고, 지능이 저하된 사람에게서는 지능이 낮은 자녀가 태어난다.

　태어나면서부터 재주가 우수한 사람도 있고 열등한 사람도 있다. 재주가 우수한 사람은 분별하고 헤아리고 생각하고 판단하고 계산하고 몸을 움직이는 기능이 우수한 반면, 재주가 열등한 사람은 그 반대이다.

사람의 재주가 우수해야 하는 가장 중요한 이유는 사람의 재주가 혼돈의 마음을 온전히 발휘하는 데 도움을 주기 때문이다. 사람은 혼돈의 마음을 하느님의 마음으로 이해한다. 사람의 재주는 하느님의 마음을 온전히 실현하기 위한 훌륭한 보조자이다. 하느님의 마음은 모든 사람에게 공통적으로 들어 있는 하나의 마음이다. 하느님의 마음을 옹달샘에서 무한히 솟아나는 물이라 한다면, 사람의 몸은 옹달샘에서 솟아나온 물이 잠시 고이는 웅덩이 같은 것으로 이해할 수 있다. 끊임없이 솟아나오는 하느님의 마음이 사람의 몸에 잠시 고였다가 다시 몸 밖으로 흘러나올 때, 사람이 가진 재주는 그것이 온전하게 흘러나오도록 도와주는 역할을 한다.

하느님 마음이 사람의 몸에 들어와 성性이 되고, 성이 사람의 몸 속에 고여서 정情이 된다. 성이 옹달샘에서 솟아나는 물이라면 정은 웅덩이에 고인 물과 같다. 사람의 재주는 정이 밖으로 나와 상황에 맞게 다양하게 발휘되도록 돕는다. 배고플 때는 먹을 것을 구해서 먹고, 피곤할 때는 쉴 곳을 찾아서 쉬며, 졸릴 때는 잠자리를 마련하여 잔다. 먹을 때도 옆에 굶주린 사람이 있으면 나누어 먹고, 쉴 때도 옆에 피곤해하는 사람이 있으면 함께 쉰다. 잠을 자는 것도 마찬가지다. 사람에게 재주가 없다면 졸리는 순간 그 자리에서 그냥 자고 만다. 사람이 잠자리를 마련하여 제대로 자는 것은 재주가 그렇게 만드는 것이다. 사람이 제대로 살고 못 사는 것은 정을 얼마나 잘 분별하면서 발휘하는가에 달려 있다. 이 경우에는 '어떻게' 발휘할 것인가가 관건이 된다. 사람은 하느님의 마음을 제대로 발휘할 수

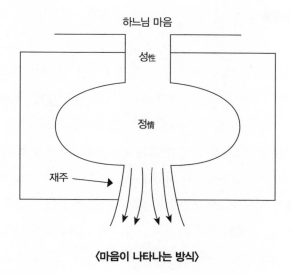

하느님 마음

성性

정情

재주 →

〈마음이 나타나는 방식〉

도 있고 잘못 발휘할 수도 있다. 제대로 발휘해야 참된 사람이고 잘
못 발휘하면 잘못된 사람이다. 하느님의 마음을 제대로 발휘하는 데
필요한 것이 분별하고 헤아리고 생각하고 판단하고 계산하고 몸을
움직이는 재주이다. 사람은 타고난 재주에 따라 여러 부류의 사람으
로 분류될 수 있다. 공자는 사람의 부류를 다음과 같이 말한다.

어떤 사람은 태어나면서부터 잘 알고, 어떤 사람은 배워서 알고,
어떤 사람은 열심히 배워서 힘들게 알지만, 알고 나면 다 같다. 어
떤 사람은 편안하게 저절로 행하고, 어떤 사람은 그렇게 해야 좋
다는 것을 알아서 행하고, 어떤 사람은 열심히 노력하고 힘써서
행하지만, 행할 수 있게 되면 다 같다.
或生而知之 或學而知之 或困而知之 及其知之 一也 或安而行之 或利而

行之 或勉强而行之 及其成功 一也(『中庸』제20장)

　온전한 재주로 하느님의 마음을 온전히 알고 온전히 발휘해야 참
된 사람이다. 어떤 사람은 나면서부터 저절로 그렇게 되는 사람이
있는데, 그런 사람이 바로 참된 사람이다. 만약 그렇지 못한 사람이
참된 사람으로 살고자 한다면 그의 삶의 방식을 배우고 행해야 한
다. 열심히 배우고 행하기만 하면 다 같다. 참된 사람의 삶의 방식을
정리해놓은 것이 예禮이다. 예가 원래부터 정해져 있는 것은 아니다.
참된 사람은 저절로 배우고 행하는데, 그런 삶의 방식이 참으로 보
기 좋다. 참된 사람은 저절로 알고 저절로 행하므로 참된 삶의 방식
이 어떤 것인지 기억해서 행하는 것이 없다. 다른 사람에게 좋은 일
이 있으면 스스럼없이 축하한다. 축하하는 방식도 미리 정해져 있는
것이 없다. 그때그때의 느낌대로 즉흥적으로 축하한다.
　참된 사람은 어떤 형식에 얽매이지 않고 자유자재로 행동한다. 그
의 행동은 반복되는 것이 없다. 그는 상황에 알맞게 행할 뿐이다. 상
황은 늘 바뀌므로 그의 행동도 그때그때 바뀐다. 그러나 참된 사람
의 행동 방식을 보고 그대로 따라 하는 사람들은 그의 행동 방식을
기억한 뒤에 행하므로 같은 행동을 되풀이한다. 그것이 예이다. 그
러므로 예는 고정적이고 딱딱할 수 있다. 참된 사람의 행동처럼 될
때만 예가 딱딱하지 않은 본래의 모습을 회복할 수 있다. 배우고 노
력하여 참된 사람처럼 행할 수 있게 되면 모두가 참된 사람이 된다.
　하느님의 마음은 물질이 아니다. 물질이 아니기에 시간과 공간의
제약을 받지 않는다. 시간과 공간의 제약을 받지 않고 통해 있는 것

을 주자학자들은 '리'라는 개념으로 설명한다. 이에 비해 시간과 공간의 제약을 받는 물질적 요소를 '기'로 설명한다. 사람의 재주는 감각기관의 감각 작용에서 비롯되는 것이므로 모두 기에 속한다. 사람의 재주가 개입하여 밖으로 나온 하느님의 마음이 상황에 맞게 다양하게 발휘되도록 한다고 해도 그것이 하느님의 마음을 변질시키는 것은 아니다. 사람의 재주는 어디까지나 충실한 보조자일 뿐이다. 마치 임금의 명령이 원만하게 전달될 수 있도록 돕는 환관의 역할과도 같다. 환관은 임금의 명령을 변질시키는 것이 아니라 충실하게 따르면서 그 명령이 원만하게 실행되도록 도움을 준다. 퇴계 선생은 이러한 행동 방식을 '이발이기수지理發而氣隨之'라는 말로 표현했다. 하느님 마음이 나타날 때 사람의 재주는 그것을 충실히 따르면서 돕기만 했을 뿐이라는 뜻이다.

가진 재주로 하느님 마음을 상황에 맞게 잘 분별하여 충실히 행하는 사람은 하느님의 모습 그 자체이다. 그렇게 사는 것이 진리의 삶이다.

그렇다면 사람이 진리의 삶을 살지 못하는 까닭은 무엇인가? 그것은 잘못된 기억을 하면서부터이다.

03
'나'라는 허상에 빠지다

의식은 생각하고 분별하는 장소이기도 하지만, 경험한 내용들을 기억하는 장소도 된다.

그동안 과학자들은 기억에 여러 가지 종류가 있음을 밝혀냈다. 그들은 보고 들은 것을 잠깐만 기억하는 '감각기억Sensory Memory', 전화번호를 암기하는 것과 같은 단기간만 기억하는 '단기기억Short-Term Memory', 수일 이상 오랫동안 기억하는 '장기기억Long-Term Memory' 등으로 구분했다. 또한 장기기억은 다시 이름이나 사실 등의 정보를 담아두는 '서술적 기억Declarative Memory'과 수영이나 스키 타기를 기억하는 것과 같은 '절차적 기억Procedural Memory' 등으로 나뉜다. 기억한 내용은 주로 뇌세포에 저장되지만, 세포나 근육에 저장되는 것도 있다.

뇌는 의식 작용도 하지만 기억을 저장하기도 한다. 생각하는 뇌와 기억하는 뇌의 부위가 다르다 하더라도 연관성이 있다. 사람은 기억을 바탕으로 생각하고 생각한 내용을 또 기억한다. 생각과 기억에 연관성이 없을 수 없다. 기억이 의식의 밑바닥에 잠재된 것이 '잠재의식'이고 아주 깊은 곳에 잠재되어 좀처럼 의식되지 않는 것이 '무의식'이다.

사람은 살아가면서 많은 것을 경험한다. 경험이란 감각한 내용을 의식함으로써 이루어진다. 감각기관이 닫혀 있으면 경험할 수 없지만, 감각기관이 열려 있어도 의식하지 않으면 감각 대상을 경험하지 못한다. 『대학大學』에서 "마음이 없으면 보고 있어도 보이지 않고, 듣고 있어도 들리지 않으며, 먹어도 맛을 모른다"[8]라고 한 말이 그런 뜻이다.

사람은 살면서 경험한 내용들을 기억이라는 형태로 의식의 바닥에 저장한다. 저장한 기억이 계속 쌓여서 덩어리가 되면, 그것이 '나'라는 것으로 둔갑한다. 원래 '나'라는 것은 감각기관의 감각 작용을 통해서 만들어낸 것이었다. 그때의 '나'는 어렴풋한 '나'였다. 그러던 것이 기억이 쌓인 뒤에 그 기억 덩어리가 '나'로 둔갑하면서 '나'가 뚜렷해진다. 우리가 흔히 '나'라고 생각하는 것은 원래부터 있었던 것이 아니라, 의식의 바닥에 저장된 기억 덩어리일 뿐이다. 기억상실증에 걸린 사람은 "내가 누구인지 아세요?", "혹시 나를 모르십니까?" 하고 물으며 돌아다닌다. 그가 자기를 찾으러 다니는 것은 잃어버린 기억을 찾으러 다니는 것이다.

사람의 의식에 저장된 기억은 간단하지 않다. 자기가 경험한 사실 중에서 기억해낼 수 있는 것도 있지만, 거의 기억해내지 못하는 것도 있다. 또 사람의 유전자 속에는 선조의 경험으로부터 부모의 경험에 이르기까지의 모든 경험들이 기억되어 있기 때문에 참으로 복잡하다. 그 복잡한 기억 덩어리가 '나'이기 때문에 '나'는 참으로 복잡한 존재이다.

기억은 몸에 들어 있는 것이기 때문에 '나'라는 것은 몸을 중심으로 결정된다. 몸이 남자의 모습이면 나는 남자이고, 몸이 늙었으면 나는 늙은이가 된다. 다른 사람의 몸이 여자라면 그를 여자라 하고, 그의 몸이 젊었으면 그를 젊은이라 한다. 사람들이 기억 덩어리를 '나'로 규정하는 순간, 사람들은 육체의 감옥 속에 갇히고 만다.

사람이 경험을 하기 전에는 기억이 없었다. 원래 없었기 때문에 '나'는 원래 없는 것이다. 원래 없는 것이기 때문에 현재의 '나'라는 것은 가짜이다. 때문에 '나'라는 것을 삶의 주체로 해서 살아가는 사람들의 삶은 가짜이다. 뿐만 아니라 사람의 기억이 착각이기 때문에 문제는 더욱 심각해진다.

착각

사람이 착각을 일으키는 것은 감각한 내용을 잘못 기억하는 데 기인한다. 모든 생명체는 생명을 유지하는 방향으로 나아간다. 사람이 살아가는 방식도 예외가 아니다. 어떤 음식을 먹었을 때 맛있게 느껴지는 것은 몸이 그 음식을 필요로 하기 때문이다. 똑같은 음식이라도 몸이 필요로 하지 않을 때는 맛있게 느껴지지 않는다. 경치 좋은 곳에 있을 때 기분이 상쾌해지는 것도 그렇고, 좋은 소리를 들었을 때 기분이 좋아지는 것도 그렇다. 된장찌개를 좋아하는 사람에게는 그것이 맛있게 느껴지지만, 된장찌개를 싫어하는 사람에게는 맛없게 느껴진다. 된장찌개의 맛 자체가 맛있는 것, 또는 맛없는 것으로 결정되어 있는 것이 아니다. 맛에 대한 느낌은 하늘 마음에서 주어진다. 하늘은 생명체를 살리기 위해서 생명체에 필요한 음식에 대해서는 맛있게 느끼도록 지시한다. 몸에 필요한 음식은 다 맛있다. 된장찌개를 맛있게 먹는 사람은 그것이 몸에 필요하기 때문이다. 된장찌개를 맛있게 먹는 사람이 이러한 사실을 모르고 '된장찌개는 맛있는 음식이다'라고 판단을 한다면 그것이 착각이다.

된장찌개가 항상 맛있는 것은 아니다. 된장찌개의 성분이 몸에 필요할 때는 맛있게 느껴지고, 필요 없을 때는 맛없게 느껴진다. 이를 안다면 된장찌개를 먹을 때 맛을 음미해야 한다. 맛을 음미해서 맛있게 느껴지면 먹고, 그렇지 않으면 안 먹으면 된다. 이런 방식으로 된장찌개를 먹는 사람은 오래도록 먹어도 언제나 처음 먹을 때와 같다. 언제나 맛을 느껴보고 맛있게 느껴지면 먹고, 맛없게 느껴지면 안 먹기 때문이다. 그의 미각은 언제나 살아 있고, 언제나 신선하다.

그러나 '된장찌개는 맛있는 음식이다'라고 결정해버린 사람은 된장찌개의 맛을 음미하지 못한다. 그는 맛에 대한 착각을 일으킨 것이다. 그런 사람은 된장찌개의 성분이 몸에 필요하지 않을 때도 계속 먹기 때문에 비만해진다. 공자는 다음과 같이 말한 적이 있다.

사람들은 먹고 마시지 않는 사람이 없지만, 맛을 아는 사람은 드물다.

人莫不飮食也 鮮能知味也(『中庸』 제4장)

사람은 또 경험한 사실에 대해서도 착각을 일으킨다. 홍길동에게 얻어맞은 사람은 홍길동을 홍길동으로 기억하지 못하고 '홍길동은 나쁜 놈', '홍길동은 죽일 놈' 등으로 기억한다. 그러나 홍길동에게 은혜를 입은 사람은 '홍길동은 착하신 분', '홍길동은 멋쟁이' 등으로 기억한다. 그러나 홍길동 그 자체는 착한 사람도, 나쁜 놈도 아니다. 때로는 착한 일을 하기도 하고, 때로는 남을 해치기도 한다. 그러므로 홍길동을 착하신 분으로 기억한 사람도 착각한 것이고, 나쁜 놈으로 기억한 사람도 착각한 것이다. 두 사람의 기억 속에 있는 홍길동은 진짜 홍길동과는 거리가 멀다. 두 사람의 기억 속에 있는 홍길동은 다 착각일 뿐이다.

사람은 사물을 인식할 때도 착각을 일으킨다. 사람은 사물을 인식할 때 정지된 상태로 인식한다. 인식 작용은 카메라의 필름이 물체의 형상을 감광하는 것과 같다. 필름은 움직이는 물체를 찍지 못한다. 달리는 말을 카메라로 찍어도 사진에는 정지해 있는 말만 찍혀 나온다. 무비카메라로 사진을 촬영하는 것도 마찬가지다. 움직이는 물체의 순간순간의 장면을 정지된 사진으로 여러 장 찍어서 그것을 순서대로 되돌릴 뿐이다. 사람이 기억하는 사물은 언제나 정지된 상태이지만, 사물이 정지된 상태로 존재한 적은 한 번도 없다. 사물은 잠시도 쉬지 않고 변한다. 그러므로 사물 그 자체와 사람이 기억하는 사물은 일치하지 않는다. 초등학교 때 옆자리에 앉았던 어린 소녀는 지금도 어린 소녀의 얼굴로 정지된 상태로 기억되어 있다. 하지만 초등학교 시절에도 그 소녀의 얼굴은 정지된 적이 없었다. 시시각각 변하고, 늙어갔다. 그렇지만 내가 기억하고 있는 그 소녀의 얼굴은 정지된 상태로 존재하는 것이었다. 따라서 그 소녀에 대한 당시의 기억도 잘못된 것이었지만, 변화가 크지 않았기 때문에 그 소녀의 변한 얼굴에도 충격을 받지 않았다. 그러다가 나중에 할머니가 되어 있는 그 소녀를 만나면 너무나 많이 변한 모습에 충격을 받기도 한다. 그 충격은 소녀의 모습을 오랫동안 정지된 상태로 기억했기 때문에 받게 되는 충격이다. 기억 속에 있는 소녀는 실재 세상에는 존재하지 않는 소녀였으므로, 사람이 받는 충격은 착각에서 연유한다. 이러한 것을 석가모니는 '제행무상諸行無常'이라 설명한다.

상常은 변하지 않고 정지해 있는 것을 말한다. 그러므로 제행무상이란 어떤 것도 정지된 것이 없음을 말한다. 그런데 사람은 모든 것을 정지된 상태로 판단하고 정지된 상태로 이름 붙인다. 사람은 남산을 기억하고 남산이라 이름 붙이지만, 사람의 기억 속에 들어 있는 그 남산은 정지된 남산이다. 실제로는 그런 남산은 없다. 시시각각 무너져가고 있는 남산이 있을 뿐, 정지해 있는 남산은 없다. 그 무너짐이 서서히 진행되기 때문에 변함없이 그대로 존재하는 것처럼 착각할 뿐이다.

사람이 남산으로 인식한 그 남산은 남산이 아니라 허상이다. 사람이 홍길동이라 인식한 것도 홍길동이 아니라 허상이다. 너도 네가 아니라 허상이고, 나도 내가 아니라 허상이다. 원래 '나'라는 것은 없다. '나'라는 것이 없으니 '너'라는 것도 없고, '그'라는 것도 없다. '산'도 없고 '물'도 없다. 석가모니는 이를 '제법무아諸法無我'라 했다.

'나'라는 것이 없으면 '나'의 고통도 없다. '나'라는 것이 허상이면 '나'의 고통도 허상이다. 사람은 원래 걱정할 것도 없고 고통받을 것도 없다. 헛것에 홀려 걱정하고 고통받을 뿐이다. 이를 알면 모든 번뇌와 망상이 사라진다. 이를 석가모니는 '열반적정涅槃寂靜'이라 했다. 열반涅槃이란 말은 '번뇌의 불길을 끈다'는 뜻의 산스크리트어를 음역한 것이다. 마음속에서 타오르는 번뇌의 불길이 꺼지면 마음은 고요하고 조용하다. 적정寂靜이란 고요하고 조용하다는 뜻이다.

기억 덩어리가 착각이므로 내가 '나'로 생각하는 '나'는 착각 덩어리이고 허상이다. 사람이 '나'라는 의식을 가지고 사는 것은 착각 덩어리와 허상이 사는 것이다. 그러므로 '나'의 느낌과 '나'의 판단에는 확실한 것이 없다. '나'라는 존재 자체에도 확실한 것은 없다. 데카르트(1596~1650년)는 '나'라는 존재의 확실성을 확보하기 위해 의심할 수 있는 것은 모두 의심했다. '나'의 느낌도 의심하고 판단도 의심했다. 그는 아무리 의심해도 의심할 수 없는 것은 지금 내가 생각하고 있고, 의심하고 있다는 사실임을 발견했다. 그것이 '나'라는 존재가 확실히 존재한다는 것을 확인할 수 있는 근거라고 깨달은 그는 '나는 생각한다. 고로 나는 존재한다'라는 말을 남겼다. 착각 덩어리인 가상의 존재가 생각하는 것은 모두 가상이다. 사람이 꿈속에서 아무리 생각을 하고 있어도 그것은 참이 아니다. 이런 점에서 데카르트는 잘못 판단한 것 같다.

사람들이 의식 속에 그려 넣은 기억은 '나'라는 허상을 만들기도 하지만 삶의 방식을 만들기도 한다. 사람은 의식에 삶의 방식을 그려 넣은 뒤에 그 방식대로 산다. 사람들이 말하는 세계관, 가치관, 인생관 등이 그런 것이다. 사람은 자기의 의식에 스스로 그려 넣은 삶의 방식에 끌려다니는 노예 같은 신세가 된다.

04
의식 속의 거짓 그림에 집착하다

의식의 바닥에 '나는 내 남편 이외의 남자와는 손을 잡지 않는다'는 삶의 방식을 그려 넣은 여인은 다른 남자가 악수를 청하며 손을 내밀 때 그 손을 피한다. 심지어는 배를 타고 강을 건널 때 뱃사공이 손을 잡자 강물로 뛰어들어 죽기도 했다. 그러나 '요즘 세상에서 남자와 여자를 구별하는 것은 잘못이다. 사람이 사람을 처음 만나면 상대가 남자든 여자든 따지지 말고 악수해야 한다'고 그려 넣은 여인은 처음 만난 남자에게 자청해서 악수한다. 두 여인의 행동 방식이 다른 까닭은 의식의 바닥에 그려 넣은 삶의 방식이 다르기 때문이다. 사람은 스스로 주체적으로 행동하는 것 같지만, 사실은 그렇지 않다. 자기가 그려 넣은 행동 방식에 따라 행동하는 것일 뿐, 주체적인 행동을 자유롭게 하는 것이 아니다.

도둑이나 사기꾼이 행복하게 살 수 없는 이유도 설명이 가능하다.

도둑이나 사기꾼은 물건을 훔치거나 사기를 친 것이 남에게 들키지 않았다 하더라도 자신의 의식에 '나는 도둑이다', '나는 사기꾼이다' 등의 부정적인 그림을 그려 넣는다. 따라서 부정적인 바탕에 발을 딛고 사는 사람의 삶은 온전할 수가 없다.

의식 속에 그림을 그려 넣는 것은 각자의 선택이지만, 교육된 것을 무비판적으로 그려 넣기도 하므로 같은 교육을 받은 사람들끼리 같은 그림을 그려 넣기도 한다. 같은 환경에서 사는 사람들은 같은 그림을 그려 넣을 가능성이 많다. 같은 지역에 사는 사람들이 같은 그림을 그려 넣은 경우가 많고, 같은 시대를 살아가는 사람들이 같은 그림을 그려 넣은 경우가 많은 것도 그 때문이다.

의식 속에 석가모니의 그림을 거룩한 모습으로 그려 넣고 예수의 모습을 좋지 않게 그려 넣은 사람은 기독교를 비판하고 불교를 옹호한다. 의식 속에 예수의 모습을 거룩하게 그려 넣고 석가모니의 그림을 좋지 않게 그려 넣은 기독교 신자는 불교를 비판하고 기독교를 옹호한다. 그런 불교 신자와 기독교 신자가 두 종교를 두고 토론하면 의식 속의 그림을 바꾸지 않는 한, 그들의 논쟁은 끝나지 않는다.

모든 사건에는 외적 조건인 '외연外緣'과 내적 원인인 '내인內因'이 있다. 예를 들어 어떤 사람이 사기를 당한 경우에도 이 두 가지로 분석할 수 있다. 사기를 당한 사람은 그럴 만한 내적 원인이 있다. 그런 사람에게 사기꾼이 다가와 사기를 친 것이다. 이 경우 사기를 당한 사람에게 내인이 없었거나, 또 사기꾼이 다가오지 않았다면 사기 사건은 일어나지 않았을 것이다.

이 경우 근본적으로 고쳐야 할 것은 내인이다. 내인을 놓아둔 채

외연만 해결하면 사건이 완전하게 해결되지 않는다. 사기를 당할 만한 내인을 가지고 있는 사람은 '갑'이라는 사기꾼이 아니더라도 '을'이라는 사기꾼에게 사기를 당할 수 있다. '을'이라는 사기꾼에게 사기를 당하지 않았더라도 '병'에게 사기를 당할 수 있다. 사기를 당할 인자를 가진 사람은 지금이 아니더라도 사기를 당할 위험성이 늘 따라다닌다. 오직 그러한 인자를 가지지 않은 사람만이 어떠한 사기도 당하지 않는다. 내인은 자기에게 있지만, 외연은 외부에 있다. 그러므로 사건의 원인을 자기에게서 찾아 해결하는 사람은 내인을 제거하는 것이므로 사건을 근본적으로 해결할 수 있다. 하지만 사건의 원인을 남에게서 찾아 남에게 책임을 돌리는 사람에게는 사건이 계속 일어난다. 그래서 공자는 말한다.

군자는 자기에게서 원인을 찾고, 소인은 남에게서 원인을 찾는다.
君子求諸己 小人求諸人(『論語』「衛靈公篇」)

군자란 내인을 찾아 문제를 근본적으로 해결하는 사람이고, 소인은 외연을 탓하며 문제의 원인을 남 탓으로 돌리는 사람이다. 내인은 자기가 그려 넣은 그림에 따라 결정되는 것이고, 외연은 그 그림에 맞는 조건을 충족하는 외적 요인이다.

실연당한 충격으로 고통받는 사람이 있다고 하자. 이때의 고통의 원인도 내인과 외연으로 나누어볼 수 있다. 먼저 내인은 자기의 의식 속에 사랑하는 연인과 평생 오순도순 함께 사는 그림을 강하게 그려 넣은 데서 비롯된다. 그런 그림을 그려 넣지 않았다면 아무리 사랑하는 연인이 떠나갔더라도 충격받을 일은 없었을 것이다. 사랑하는 사람이 떠나간 것은 외연이고, 함께 있는 그림을 그려 넣은 것은 내 인이다.

사람들은 자신의 의식 속에 온갖 그림을 그려 넣고 그것에 집착하고 얽매인다. 그리고 그것대로 되지 않을 때 고통을 받는다. 하지만 사람들이 의식 속에 그려 넣은 그림은 실체가 없는 허상이므로 그로 인한 고통은 헛것에 홀려서 받는 고통이다.

사람이 자신의 의식 속에 그려 넣은 거짓 그림을 우상이라 한다. 우상 중 가장 무서운 것이 '신'이다. 사람들 중에는 진짜 하느님을 믿는 것이 아니라 자기의 의식 속에 그려 넣은 신을 믿는 사람이 많다. 사람들마다 신의 모습을 달리 말하는 까닭은 신의 본질을 말하는 것이 아니라 자의식 속에 저마다 그려 넣은 신을 말하기 때문이다. 자기가 신을 그려 넣을 때는 자기에게 유리한 신을 그려 넣는다. 자기의 잘못에 대해 용서를 빌면 용서해주는 신이고, 죽이고 싶은 사람을 죽여도 좋다고 허락해주는 신이다. 이 때문에 자기가 그려 넣은 우상을 숭배하는 사람들은 많은 문제를 일으킨다. 그들이 신의 이름으로 저지르는 범죄는 끔찍하다. 유럽인들이 아메리카를 침략하여 원주민들을 죽인 행위도 신의 이름을 빙자한 것이었다. 또한 강대국이 약한 나라를 침략한 것도 거의 신의 이름을 빙자한 것이었다. 그런 사람들은 자기 행위에 대해 반성하지 않는다. 우상숭배의 결과는 참으로 무섭다.

05

나를 만들고 내 것을 챙기는 악

사람의 분별력은 하느님의 마음을 충실히 실행하는 수단이었다. 하지만 '나'라는 허상이 생기면 사람은 그것을 주체로 삼아 자기 삶을 주도해나가기 위한 시도를 하기도 한다. '나'가 삶의 주체가 되면 하느님이 주도하던 삶이 내가 주도하는 삶으로 바뀌기도 하는 것이다. 이는 마치 왕의 명령에 따르기만 하던 환관이 자기 것을 챙기기 위해 왕의 명령을 왜곡시키는 것과 같다. 환관이 왕의 명령을 왜곡시키면 정치가 임금이 의도하던 것과 다른 방향으로 진행되어 나라가 어려워진다.

하느님은 만물을 살리기 위해 쉬지 않고 지시를 내리는데, 각각의 지시는 느낌으로 전달된다. 배고픔을 느끼는 것은 밥을 먹으라는 지시이고, 피곤함을 느끼는 것은 쉬라는 지시이며, 졸음이 오는 것은 잠을 자라는 지시이다.

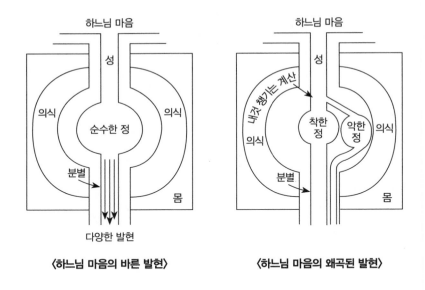

〈하느님 마음의 바른 발현〉   〈하느님 마음의 왜곡된 발현〉

밤이 깊어지면 하느님은 사람들에게 잠을 자라고 지시한다. 그 지
시가 전달되면 사람들은 자고 싶은 느낌이 든다. 이 순간이 성性이
정情으로 나타나는 순간이다. 정이란 느낌이 구체적으로 드러난 마
음이다. 그러나 자고 싶은 마음이 일어나는 순간에 사람이 '내가 지
금 자버리면 본전을 찾을 수 없다. 자지 말고 본전을 찾아야 한다',
'내가 지금 자버리면 경쟁자들을 이길 수 없다. 잠을 줄이고 노력해
서 경쟁자들을 이겨야 한다' 등의 내 것 챙기는 계산을 하면 자기 싫
은 마음으로 변한다. 마치 일직선으로 진행하는 당구공이 다른 당
구공과 부딪치면서 방향이 바뀌는 것과 같다. 자고 싶은 마음은 처
음에 나온 마음이지만, 자기 싫은 마음은 두 번째 나온 마음이다.
자기 싫은 마음은 두 번째로 나온 마음이란 의미에서 '악惡'이 된다.
악이란 두 번째를 의미하는 '아亞'와 마음을 의미하는 '심心'을 합한 글자이다. 배고플 때 먹지 않는 것이 악이고, 피곤할 때 쉬지 않는 것이 악이며, 졸릴 때 자지 않는 것이 악이다. 졸릴 때 자는 것은 본래 선도 악도 아닌 자연일 뿐이었다. 그러던 것이 졸릴 때 자지 않는 것이 악이 되고 난 뒤에는 자는 것이 선이 되었다. 선은 악이 생기면서 동시에 생긴 개념이다.

선과 악의 성립

악을 만들고 악을 행하는 주체는 하느님이 아니라 사람이다. 그렇다고 해서 사람이 악을 행할 때 하느님이 사라지는 것은 아니다. 늦은 밤에 하느님의 말을 어기고 자지 않고 있는 사람에게도 하느님은 사라지지 않는다. 다만 영향력을 발휘하지 못하고 가만히 있기만 할 뿐이다. 이는 마치 말을 타고 있는 사람이 자기의 뜻대로 말을 몰고 가지 못하고 있는 것과 같다. 사람이 말을 타고 목적지를 향해 가야 하지만, 말이 사람의 말을 듣지 않고 다른 길로 갈 때도 있다. 이런 경우가 하느님의 지시를 따르지 않고 '나'라는 것이 마음대로 삶을 주도하는 경우이다.

퇴계 이황 선생은 이러한 경우를 '기발이이승지氣發而理乘之'라는 말로 표현한다. '나'는 인간의 감각기관을 통해 만들어낸 것으로, 물질적 요소에 해당하는 '기'이다. 반면에 하느님의 마음은 물질이 아니라 시간과 공간을 초월해 우주에 빈틈없이 존재하는 하나의 마음이므로 '이'이다. 악은 기가 주도해서 만들어낸 것이므로 '기발'이다. 사람이 악을 만들어낼 때는 하느님의 마음은 아무 영향력도 행사하지 못한다. 그것은 말의 뜻대로 달려가는 것을 제어하지 못하고 가만히 타고 있는 것과 같은 것이므로 '이승'이다.

선을 하는 주체는 하느님이지만, 악을 하는 주체는 허상으로 만들어진 '나'이다. 사람이 선과 악의 틈에서 갈등하는 것은 하느님의 마음과 '나'에서 비롯된 마음이 주도권 다툼을 하느라고 갈등하는 것이다.

악은 멈추지 않고 계속 커지는 속성이 있다. 사람이 '나'라는 것을 만들어낸 뒤에 '내 것 챙기려는 생각'을 자꾸 하기 때문이다. 악은 계속 커지면서 선을 몰아낸다. 악이 계속 커져서 선을 거의 다 몰아내고 나면, 악이 사람의 주인이 되고, 사람은 악을 위해 봉사하는 노예가 된다. 악은 원래 없었다. 악은 사람이 '나'라는 허상을 만들어낸 뒤에 '내 것을 챙기는 계산'을 하여 만들어낸 괴물이다. '나'라는 허상이 만들어낸 것이므로 악이라는 괴물은 실체가 아니라 헛것이다. 사람이 악의 노예가 된 뒤로는 악이라는 헛것에 얽매어 헛짓하는 존재로 변질한다. 선은 하느님의 마음이므로 우주에 충만해 있지만, 악은 몸에만 갇혀 있다. 악은 몸이 죽으면 붙어 있을 곳이 없으므로 결국 사라진다. 그러므로 악을 주인으로 섬기며 사는 사람은 악과 함께 사라진다. 사람에게 죽음이 있게 된 것은 악을 섬기며 악의 노예가 되어 살기 때문이다.

석가모니는 깨닫기 전에 카필라 왕국의 싯다르타 왕자였었다. 싯다르타는 어느 날 봄 소풍을 가다가 상여가 지나가는 것을 보고 놀랐다. 사람은 태어나면 죽는다는 것을 알았고, 자신도 결국 죽게 되리라는 것을 알았다. 살아온 세월을 생각해보니 긴 것 같지가 않다. 잠깐의 시간이 지난 것 같은데 벌써 이렇게 되었다. 그렇다면 남은 시간도 잠깐이다. 잠깐의 시간이 지나고 죽어서 사라진다는 것이 너무 싫었다. '죽지 않고 계속 사는 방법은 없을까?' 싯다르타는 그 방법을 찾기 위해 노력하다가 깨달음을 얻었다. 싯다르타가 찾아낸 방법은 문제의 원인을 찾아 제거하는 방법이었다. 죽는 원인은 태어났기 때문이다. 만약 태어나지 않았다면 죽음도 없을 것이다. 죽지 않는 방법은 태어나지 않는 것이다. 그러기 위해서는 출생의 원인을 알아서 그것을 제거하면 된다. 이처럼 출생의 원인을 찾던 싯다르타는 그 궁극적 원인이 무명無明이라는 사실을 알게 되었다. 무명이란 현명하지 못한 것, 즉 '무지함'을 뜻한다. 사람이 무지했기 때문에 '나'라는 헛것을 만들고 말았다. 하지만 무지하다는 것을 깨닫는 순간, 이미 그 상태에서 벗어난다. 무명에서 벗어난 사람은 태어나고 죽는 것이 자연현상일 뿐임을 알기 때문에 태어남도 없고 죽는 것도 없음을 안다. 이것이 바로 석가모니가 말하는 불생불멸의 진리이다.

석가모니에 의하면 '나'를 만든 것은 사람이 무지했기 때문이다. 사람이 무지하지 않았다면 '나'라는 허상을 만들지 않았다. '나'라는 허상을 만들지 않았다면 악을 만들지 않았을 것이고, 악을 만들지 않았다면 죽을 일이 없었다.

악을 만들지 않기 위해서는 '내 것 챙기는 생각'을 하지 않으면 된다. 그러나 '나'라는 허상이 만들어지고 나면 '내 것 챙기려는 생각'이 끊임없이 '나'에게 내 것을 챙기도록 유혹한다. 그 유혹은 끈질기다. 성경에서는 그 끈질긴 유혹을 뱀의 유혹으로 비유했다.

주 하나님이 동쪽에 있는 에덴에 동산을 일구시고, 지으신 사람을 거기에 두셨다. 주 하나님은 보기에 아름답고 먹기 좋은 열매를 맺는 온갖 나무를 땅에서 자라게 하시고, 동산 한가운데는 생명나무와 선과 악을 알게 하는 나무를 자라게 하셨다.(「창세기」 2장 8~9절)[9]

주 하나님이 사람을 데려다가 에덴동산에 두시고 그곳을 맡아서 돌보게 하셨다. 주 하나님이 사람에게 명하셨다. "동산에 있는 모든 나무의 열매는 네가 먹고 싶은 대로 먹어라. 그러나 선과 악을 알게 하는 나무의 열매만은 먹어서는 안 된다. 그것을 먹는 날에는 너는 반드시 죽을 것이다."(「창세기」 2장 15~17절)

하나님이 선과 악을 알게 하는 나무를 자라게 한 이유는 무엇일까? 또 선과 악을 알게 하는 나무의 열매만은 먹지 말라고 명령한 까닭은 무엇일까? 사람이 선과 악을 알게 하는 나무의 열매를 먹으면 죽는다고 했는데, 그것은 무슨 의미일까?

사람에게 감각기관이 있는 것은 먹을 것을 제대로 먹고, 쉴 곳을 찾아 제대로 쉬고, 잘 곳을 찾아 제대로 자기 위해서이다. 그렇게만 하면 된다. 감각기관을 삶을 충실하게 하는 데에만 사용하면 먹을 것과 쉴 곳과 잘 곳은 충분히 있다. 그러나 사람은 거기에 머물지 않았다. 감각기관으로 감각을 하다가 감각 주체인 '나'라는 것을 만들고, 감각한 내용을 기억하다가 기억 덩어리인 '나'를 만들었다. 그것이 실수였다. '나'라는 허상을 만들지 않았다면 내 것을 챙기는 생각을 하지 않았을 것이고, 악도 생기지 않았을 것이다. 악이 생기지 않으면 죽을 일이 없다. 사람이 죽게 된 것은 뛰어난 감각기관 때문이 아니라 감각기관을 잘못 활용했기 때문이다. 감각기관을 잘못 활용한 것은 사람이지 감각기관을 만든 자의 잘못이 아니다. 하느님이 우수한 감각기관을 준 것은 그만큼 삶에 충실하도록 하기 위해서였다. 감각기관으로 구별하게 한 것은 '나'를 만들도록 유도하기 위함이 아니었다.

선과 악을 알게 하는 열매를 먹지 말라고 한 것은 이를 설명한 것이다. 먹은 것은 사람의 잘못이지 하늘의 잘못이 아니다. 사람이 무지해서 실수했다.

사람의 이기심

하느님은 작품을 만들어내는 작가와 같다. 작가는 우수한 작품을 만들기만 하면 된다. 그 작품의 소유자가 작품을 훔치러 온 강도에게 희생될 수도 있다. 그렇지만 그 때문에 희생된 사람의 가족이 작가를 원망하면 안 된다. '위대한 작가이시여! 위대한 작품을 만들어주신 것은 감사합니다. 그러나 강도가 강탈하러 오지 않을 작품을 왜 만들어주시지 않으셨습니까?' 하고 항의하면 안 된다. 작가는 자기의 작품을 소장한 사람이 자기의 작품 때문에 희생이 될 것을 바라지 않는다. 그러나 강도가 탐내지 않을 수 있는 작품이면서 동시에 뛰어난 작품은 아무리 위대한 작가라도 만들 수 없다.

하느님이 인간이란 우수한 작품을 만든 것도 마찬가지다. 하느님은 인간에게 뛰어난 감각기관을 가지도록 만들었다. 부분적으로는 동물의 감각기관이 사람보다 우수한 경우가 있다. 개의 코는 사람의 코보다 냄새 맡는 능력이 우수하고, 토끼의 귀는 사람의 귀보다 청력이 우수하다. 그러나 모든 감각기관을 종합하면 사람의 감각기관이 가장 우수하다. 하느님이 우수한 감각기관을 만든 까닭은 감각을 잘하도록 하기 위해서였다. 그러나 사람은 감각기관으로 문제를 일으키고 말았다. 싯다르타의 표현을 빌리면 뛰어난 감각기관을 잘못 사용하여 '나'를 만들고 만 것이다.

남자와 그 아내가 둘 다 벌거벗고 있었으나 부끄러워하지 않았다.(「창세기」 2장 25절)

남자와 아내가 부끄러워하지 않았다는 말은 혼돈의 모습으로 존재하고 있었다는 말이다. 혼돈에게는 '나'도 없고, '너'도 없으므로 부끄러울 것이 없다. 그러다가 '나'라는 것이 생기면 동시에 '너'가 생기고 '그'가 생긴다. '나'가 생기면 '너'에게 부끄러운 일도 생기고, '그'에게 부끄러운 일도 생긴다. '나'가 만들어지면 내 것으로 만들고 싶은 것들이 생긴다. 돈, 권력, 명예 등이 내 것으로 만들고 싶은 것들이다. 성경에서는 그런 것을 먹음직스러운 과일에 비유했다.

뱀이 여자에게 말하였다. "너희는 절대로 죽지 않는다. 하나님은 너희가 그 나무의 열매를 먹으면 너희의 눈이 밝아지고 하나님처럼 되어서 선과 악을 알게 된다는 것을 아시고 그렇게 말씀하신 것이다." 여자가 그 나무의 열매를 보니 먹음직도 하고 보암직도

하였다. 그뿐 아니라, 사람을 슬기롭게 할 만큼 탐스럽기도 한 나무였다. 여자가 그 나무의 열매를 따서 먹고 함께 있는 남편에게도 주니, 그도 그것을 먹었다. 그러자 두 사람의 눈이 밝아져서 자기들이 벗은 몸인 것을 알고, 무화과나무 잎으로 치마를 엮어서 몸을 가렸다.(「창세기」 3장 4~6절)

사람이 '나'란 것을 만들고 나면 내 것을 챙기기 위해 자꾸 생각한다. 그 생각이 내 것을 챙기도록 끊임없이 유혹한다. 내 것 챙기는 계산은 뱀이 또아리를 틀고 있듯이, 뱅글뱅글 잔머리를 굴린다. 뱀은 외부에 있는 뱀이 아니다. 머릿속에서 잔머리를 굴리고 있는 내 것 챙기는 계산이 바로 이 뱀이다. 사람에게 '나'란 것이 생기면 '나'가 삶의 주인이 되고 싶어 한다. '나'가 삶의 주인이 되기 위해서는 하느님을 거부해야 한다. 하느님을 따르면 '나'가 삶의 주인이 될 수 없기 때문이다. 그러므로 사람들은 하느님을 부정하고 '나'가 주인이 되는 삶을 살기 위해 자기중심적인 생각을 한다. '나' 중심의 삶을 산다고 해서 죽는 존재가 되리라고는 생각하지 않는다.

에덴동산은 사람이 본래 모습을 잃지 않고 살고 있는 고향이다. 고향에서 본래 모습을 잃지 않고 살면 너와 나의 구별을 하지 않는다. 구별을 하지 않기 때문에 갈등이 없다. 그러나 구별하는 마음이 생기기 시작하면 출세하고 싶어서 고향을 떠난다. 출세란 경쟁이 치열한 타향에 가야 가능한 것이기 때문이다. 출세할 욕심에 눈이 먼 사람은 고향을 떠난 뒤에 받게 될 고통에 대해서는 생각하지 않는다. "너희는 절대로 죽지 않는다"라는 말은 타향을 떠나는 사람이 '고향을 떠나도 고통받을 일은 없다'고 자신을 타이르는 말과 같다. 자신을 타이르는 것은 자신의 생각이다. 사람은 남과 함께 살기 위한 공평한 생각을 하기도 하지만, 자기만을 위하는 이기적인 생각을 하기도 한다. 자신을 타이르는 이기적인 생각이 바로 뱀의 유혹이다. 고향을 떠나는 것은 남과 나를 구별하는 세상으로 떠나는 것이다.

남과 나를 구별하는 것은 감각기관의 감각 작용이 구별하는 방향으로 발달한다는 뜻이다. 감각 작용이 발달하여 '나'를 확실하게 만들어내면 그 '나'가 삶의 주인이었던 하느님을 밀어내고 대신 그 자리에 들어앉는다. "하나님처럼 된다"는 말은 '나'가 하나님이 있던 주인 자리에 들어앉는 것을 말한다. "선과 악을 알게 된다"는 말은 '내 것 챙기는 생각'을 통해 하느님의 지시를 어기는 것을 말한다. 하느님의 지시를 어기기 전에는 선도 없고 악도 없다. 오직 하나 하느님의 지시를 따르기만 할 뿐이었다. 그러나 사람이 하느님의 지시를 어긴 뒤에는 달라진다. 하느님의 지시를 어긴 뒤에도 계속 어기기만 하는 것은 아니다. 때로는 하느님의 지시를 따르기도 하고 때로는 어기기도 한다. 하느님의 지시를 어기는 것이 악이고 지시를 따르는 것이 선이다.

여자가 그 열매를 따서 먹고 함께 있는 남편에게도 주었다는 말은 인류 사회의 원래 모습이 여성 중심의 모계사회이었음을 암시한다. 삶이 자연이었을 때는 여자가 남자를 선택한다. 자연계에서는 암컷이 수컷을 선택한다. 암컷에게는 배란기가 있다. 배란기를 맞이한 암컷은 소수이지만, 수컷은 다수다. 짝을 맺을 때는 소수가 다수를 선택할 수밖에 없다. 수컷은 암컷에게 선택받기 위해 장식을 한다. 동물들 중에 수컷이 아름다운 이유가 여기에 있다. 사람도 예외가 아니었다. 여자가 남자를 선택하기 때문에 남자는 선택받기 위해 장식을 한다. 그것이 수염이다. 동물원에 넣어놓고 구경을 한다면 남자가 더 보기 좋을 것이다. 남자는 수염이 풍성하여 볼 것이 있지만, 여자에게는 그런 장식품이 없다. 여자는 선택하는 자이므로 장식할 필요가 없다. 고대에는 자녀의 성이 여자에게 속했다. 사람의 '성姓'이 '여자(女)'와 '낳다(生)'의 결합으로 되어 있는 것을 보면, 자녀의 성이 엄마를 따르는 것이었음을 알 수 있다. 성경에 하나님이 아담을 먼저 만들고 아담의 갈비뼈로 하와를 만들었다고 기록되어 있는 것은 그 성경이 이미 남성 중심의 사회가 되었을 때 기록된 것임을 증명하는 것이다.

'나'라는 것이 생기고 난 뒤에는 남과의 구별이 생기고 남에 대한 부끄러움이 생긴다. 그래서 무화과나무 잎으로 몸을 가렸다. '나'가 생기고 나면 '내 것'으로 챙기고 싶은 것이 많아진다. 그중에서 으뜸이 돈과 권력과 명예이다. 그것은 먹음직스러운 열매이다. 사람들에게 악이 생기고 나면 먹음직스러운 열매를 서로 먹기 위해 무한 경쟁에 돌입한다. 경쟁 체제로 돌입하면 힘센 남자가 약한 여자를 지배하게 되고, 여성 중심의 사회가 남성 중심의 사회로 바뀐다. 그 증거로 사람의 '성'이 '씨氏'로 바뀐다. 씨는 남자의 씨를 뜻한다.

주 하나님이 말씀하셨다. "보아라. 이 사람이 우리 가운데 하나처럼, 선과 악을 알게 되었다. 이제 그가 손을 내밀어서 생명나무의 열매까지 따서 먹고, 끝없이 살게 하여서는 안 된다." 그래서 주 하나님은 그를 에덴동산에서 내쫓으시고, 그가 흙에서 나왔으므로 흙을 갈게 하셨다. 그를 쫓아내신 다음에 에덴동산의 동쪽에 그룹들을 세우시고, 빙빙 도는 불칼을 두셔서 생명나무에 이르는 길을 지키게 하셨다.(「창세기」 3장 22~24절)

하느님이 선과 악을 알게 된 사람을 에덴동산에서 내쫓았다는 말은 상징적인 표현이다. 사람이 선과 악을 알고 악에 갇히는 순간, 남과 싸워서 이겨야 하는 고통을 감내해야 하고 늙어 죽어야 하는 절망에서 벗어날 수 없는 존재로 전락한다.

에덴동산과 에덴동산 아닌 곳이 따로 있지 않다. 악을 알게 되어 악한 마음으로 보면 이 세상이 고통의 세상이지만, 혼돈의 마음으로 보면 이 세상이 에덴동산이다. 에덴동산에서 내쫓았다는 말은 사람이 악에 갇히게 된 것을 의미한다. 흙을 갈게 하셨다는 말은 인류 사회가 농경사회로 진입했음을 암시한다. 인류 사회는 원래 농경사회가 아니었다. 열매와 짐승이 풍부했기 때문에 열매를 따 먹고 짐승들을 잡아먹기만 해도 살 수 있었다. 그러다가 빙하기를 맞이한 이후에 기후의 변화 등으로 인해 인류는 농경을 시작하게 되었다. 성경에서 하느님이 흙을 갈게 하신 것으로 기록한 것은 성경이 농경시대에 기록되었음을 암시한다.

혼돈에게는 생사가 없고 노동의 힘듦도 없다. 혼돈은 노동을 해도 그것이 노동이 아니라 자연이다. 그래서 힘든 일이 되지 않는다. 사람에게 죽음의 고통이 있고 노동의 힘듦이 있게 된 것은 혼돈을 잃었기 때문이다. 하느님은 모든 존재를 다 사랑하시기 때문에 사람들이 에덴동산에 오지 못하도록 불칼을 두어 생명에 이르는 길을 막을 리가 없다. 그런데도 그렇게 표현한 것은 사람이 혼자의 힘으로 본래 모습을 회복하기 어렵다는 것을 상징적으로 표현한 말이다. 공자도 혼자의 힘으로 진리를 얻었다고 하지 않았다. 배우지 않고 혼자의 힘으로 진리에 이르는 사람은 없다.

하나님께서 여자에게 이렇게 말씀하셨다.
"내가 너에게 임신하는 고통을 크게 더할 것이니, 너는 고통을 겪으며 자식을 나을 것이다. 네가 남편을 지배하려 해도 남편이 너를 다스릴 것이다."
이어서 남자에게는 이렇게 말씀하셨다.
"네가 아내의 말을 듣고서 내가 너에게 먹지 말라고 한 그 나무의 열매를 먹었으니, 이제 땅이 너 때문에 저주를 받을 것이다. 너는 죽는 날까지 수고를 하여야만 땅에서 나는 것을 먹을 수 있을 것이다. 땅은 너에게 가시덤불과 엉겅퀴를 낼 것이다. 너는 들에서 자라는 푸성귀를 먹을 것이다. 너는 흙에서 나왔으니, 흙으로 돌아갈 것이다. 그때까지 너는 얼굴에 땀을 흘려야 낟알을 먹을 수 있을 것이다. 너는 흙이니, 흙으로 돌아갈 것이다."

여자가 임신과 출산을 하지만 그것이 고통스러운 일이 아니다. 그것 또한 자연일 뿐이다. 자연으로 존재하는 모든 생명체는 끊임없이 움직이며 끊임없이 운동을 한다. 그 덕에 모든 암컷들은 출산이 수월하다. 그러나 사람에게 '나'라는 분별이 생기고 난 뒤에는 달라진다. 분별이 생긴 뒤에는 즐거운 일, 괴로운 일, 쉬운 일, 힘든 일, 돈

되는 일, 돈 안되는 일 등으로 나누어진다. 분별이 생긴 뒤로 사람들은 즐겁고 쉽고 기쁘고 돈 되는 것을 좋아하고, 괴롭고 어렵고 슬프고 돈 안되는 것을 싫어한다. 종일 가만히 앉아서 텔레비전만 보기도 한다. 운동을 하지 않는 이유는 그것이 돈이 되지 않기 때문이다. 운동부족이 되어 몸이 망가질수록 그만큼 출산의 고통이 커진다.

여자가 남자에게 지배받게 된 것은 경쟁 체제가 된 이후의 일이다. 경쟁 체제가 되기 전에는 지배·피지배라는 개념이 성립되지 않았다. 그때는 삶이 자연일 뿐 지배자도, 피지배자도 없었다. 사람이 경쟁 체제로 들어가면 달라진다. 힘센 자가 약한 자를 선택하게 되므로 남자가 여자를 선택하고 지배하게 된다. "네가 남편을 지배하려 해도 남편이 너를 다스릴 것이다"라는 말이 그것을 뜻한다.

힘든 일은 남자의 몫이다. 원래 사람이 일하는 것은 먹고살기 위해서 하는 것이 아니라 자연현상이었다. 그것은 숨 쉬는 것과 같다. 숨 쉬는 것은 살기 위한 수단이 아니라 자연현상일 뿐이다. 일하는 것도 이와 마찬가지다. 일하는 것은 자연현상이었지만, 분별심이 일어나면 달라진다. 사람이 모든 것을 분별하게 되면 자연현상은 모습을 감춘다. 사람이 하는 일에도 분별이 일어난다. 일을 하는 것은 먹고살기 위한 수단이 된다. 말하자면 '먹고사는 것'이 목적이 되고 '일'이 수단이 되는 것이다. 수단으로 하는 일은 수고스럽고 피곤하다. 수단 자체에는 의미가 없다. 의미는 목적에만 있다. 의미 없이 하는 일은 지겹고 피곤하다. 사람이 느끼는 수고로움은 이렇게 해서 생겨난다.

재주는 하느님이 준 선물이지만, 재주를 잘못 써서 악을 만들면 그 선물이 재앙으로 바뀐다. 재주가 악을 만드는 수단이 되면 재주가 뛰

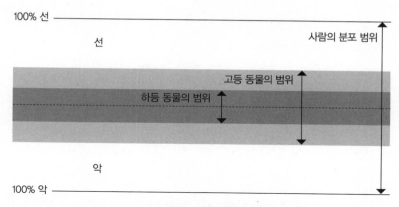

100% 선

선

고등 동물의 범위

하등 동물의 범위

사람의 분포 범위

악

100% 악

〈선악으로 본 사람과 짐승의 범위〉

어난 사람일수록 더 큰 악을 만들어낸다. 재주는 하느님의 마음을 충실하게 실현하는 데 도움이 되지만, 악을 만들어내기도 한다. 사람은 하느님의 마음을 백 퍼센트 가까이 실현할 수도 있고, 백 퍼센트에 가까운 악마가 될 수도 있다. 재주의 기준으로 보면 사람과 짐승의 차이는 현격하다. 사람의 아이큐는 짐승의 아이큐에 비교할 수 없을 정도로 높다. 그러나 악의 정도로 보면 사람이 짐승보다 훨씬 더 악할 수 있다. 재주가 많을수록 재주가 만들어내는 선악의 범위는 넓어진다.

내 것을 챙기는 생각

거의 모든 사람은 '나'라는 것을 가지고 있고, 내 것을 챙기는 생각을 하면서 살아간다. 그렇다면 거의 모든 사람이 다 악인惡人일 수밖에 없을까? 퇴계 선생은 그렇지 않다고 말한다. 사람이 '나'라는 것을 가지고 생각하고 헤아려서 하느님의 마음을 왜곡시키더라도 그것이 '내 것을 챙기는 생각'에 의한 것만 아니면 악이 아니라는 것이다.

퇴계 선생은 『성학십도聖學十圖』의 제6도인 「심통성정도心統性情圖」에서 다음과 같이 말한다.

일곱 개의 정은 기氣가 작용한 것이고, 이理는 타고 있기만 한 것이지만, 또한 선하지 않은 것이 없다. 그러나 만약 기가 잘못 작용하여 이의 의지를 묵살해버리면 하느님의 의지와 멀어져서 악이된다.

七者之情 氣發而理乘之 亦無有不善 若氣發不中而滅其理 則放而爲惡也

일곱 개의 정이란 기쁨, 화냄, 슬픔, 두려움, 사랑, 미움, 탐욕의 칠정七情을 말한다. 원래 『예기禮記』 「예운편禮運篇」에 나온 말인데, 주자학에서 중요하게 다루면서 철학적으로 중요한 주제 중의 하나가되었다. 일곱 개의 정은 '나'의 생각에 의해 하느님의 마음이 왜곡되어 나타나는 감정을 대변하는 말이 되었다. 그런 감정은 일곱 개뿐이 아니다. 수많은 감정으로 나타나지만 대표해서 일곱 개의 정으로표현했을 뿐이다. 칠정은 사단四端과 대비된다.

'나'의 생각이 개입하여 하느님의 마음을 왜곡시키는 것은 환관이임금의 명령을 왜곡시키는 것과 같고, 말이 기수의 마음을 듣지 않고 자기의 의도대로 달려가는 것과 같다. 그렇더라도 하느님 마음을왜곡시킨 것이 '내 것을 챙기는 생각'에 의한 것이 아니었다면 악이아니다.

깊은 밤에 자지 않는 것은 일단 하느님의 마음을 왜곡시킨 것이다. 하느님은 밤이 깊어지면 사람들에게 자라고 지시하기 때문이다.

하느님의 지시를 어기고 내 것을 챙기느라 자지 않는 것은 분명 하느님의 지시를 어긴 것이다. 그것은 악임이 틀림없다. 그러나 내 것을 챙기지 않으면서도 자지 않는 경우가 있다. 병들어 고통받고 있는 가족을 돌보느라 잠을 자지 못할 수도 있다. 자녀의 학비를 벌기 위해 일하느라 잠을 자지 못하는 때도 있다. 그럴 때 자지 않는 것은 내 것을 챙기기 위한 것이 아니다. 동생의 학비를 벌기 위해 일터에 가서 쉬지 않고 힘든 일을 하는 형이나 누나는 내 것을 챙기기 위해 그렇게 한 것이 아니다. 그런 행동들은 '알맞게 자고, 적당히 쉬면서 하라'는 하느님의 마음을 어긴 것이지만 악은 아니다.

하느님의 마음은 자녀를 돌보는 부모의 마음과 같다. 부모는 자녀 한 사람 한 사람에게 행복하게 살라고 지시한다. 부모의 마음은 어느 자녀도 불행해지기를 바라지 않는다. 부모의 뜻에 따라 행복하게 사는 자녀는 부모의 뜻에 충실히 따른 것이므로 효도한 것이다. 그런데 다른 형제들이 불행하다면 상황은 달라진다. 부모는 혼자만 행복하게 사는 자녀를 칭찬하기보다는 호통칠 것이다. 하느님은 모든 자녀를 다 행복하게 만들고 싶어서 행복하게 사는 자녀에게 불행한 다른 자녀를 도우라고 지시할 것이다. 이러한 하느님의 마음을 안다면 자기의 행복만을 추구하는 자녀는 하늘의 뜻을 충실히 따른 것이 아니다. 오히려 자기를 희생하고서라도 불행한 다른 형제를 돕는 것이 효도이다.

밤이 깊었을 때 자는 것만이 하느님의 뜻을 따르는 건 아니다. 밤이 되면 혼돈이나 갓난아이는 잠을 자겠지만 분별이 있어 '나'의 삶을 사는 사람은 그렇게 할 수 없다. 가족이 아프면 잘 수 없고, 자녀에게 어려움이 있을 때도 잘 수 없다. 밤에 잠을 자라는 것만이 하느님의 지시는 아니다. 주위에 고통받고 있는 사람이 있으면 희생하며 도우라는 것 또한 하느님의 지시이다. 따라서 가족이 아플 때 자지 않고 간호하는 것은 하느님의 뜻을 왜곡한 것이 아니라 대행한 것이다. 자녀의 어려움을 해결하기 위해 쉬지 않고 고생하는 것은 하느님의 뜻을 어긴 것이 아니라 그를 대신한 것이다. 사事는 일한다는 뜻이기도 하고, 섬긴다는 뜻이기도 하다. 하느님을 섬기는 것은 하느님이 해야 할 일을 대행하는 것이다. 잠을 자지 않고 가족을 간호한 것이나, 쉬지 않고 자녀를 위해 고생한 것은 하느님을 섬긴 것이다.

　일곱 개의 정은 기가 작용한 것이고 이는 타고 있기만 한 것이지만, 또한 선하지 않은 것이 없다는 퇴계 선생의 말은 부정되어야 했던 '나'를 다시 살리는 위대한 선언이다. 이때 주의해야 할 것이 있다. 가족을 위해 잠을 안 자고 간호하는 것이나 자녀를 위해 쉬지 않고 고생한 것이 참으로 '내 것을 챙기는 생각'이 개입되지 않은 것인지 확인할 필요가 있다. 지금 부모님께서 재산을 나에게 상속한다는 유언 한마디 없이 돌아가시면 나는 부모님의 상속을 못 받게 될 것이므로 어떻게 해서든 살려야 한다는 생각에 간호한 것이라면, 그것은 '내 것을 챙기기 위한 생각'이 작용한 결과이다. 그것은 선이 될 수 없다. 또한 자녀를 위해 희생하는 부모의 마음이 나중에 성공한 자녀에게 봉양받기 위한 것이었다면, 그것 역시 '내 것을 챙기기 위한 생각'의 결과이다. 그것 역시 선이 될 수 없다. 그래서 퇴계 선생은 '나'라는 것이 공적인 '나'인지, 사적인 '나'인지를 엄밀하게 구분해야 함을 강조한다.

'여予'와 '오吾'는 곧 '아我'이다. 자공이 말한 "다른 사람이 나에게 하기를 원하지 않는 것을 나 역시 다른 사람에게 하지 않고자 한다"라고 했을 때의 '아'는 '오'와 함께 모두 공적인 '아'이다. 공자가 "나라는 것이 없다"고 했을 때의 '아'는 사적인 '아'이다. 공자가 말한 "자신이 서고 싶으면 다른 사람을 세워주어야 한다"고 했을 때의 '기己'는 공적인 기이다. 안회의 질문에 "극기복례"라고 답했을 때의 기는 사적인 기이다.

西銘考證講義: 予字卽我也與, 子貢所謂不欲人之加諸我也, 吾亦欲無加諸人之我字, 吾字同皆公也, 而子絶四, 毋意毋必毋固毋我之我字私也, 夫子所謂己欲立, 而立人之己字公也, 而顔子克己復禮之己字私也.(『退溪先生文集』, 7권)

사람은 '나'라는 것을 가지고 살기 때문에 자신을 긍정하기 위해서는 '나'를 긍정하고 포용해야 한다. 그렇다고 '나'를 다 긍정할 수는 없다. '나'를 엄밀하게 분석해서 공적인 '나'를 확인하고 그것으로 살 때 삶이 긍정된다. 공적인 '나'는 하느님의 모습이고, 혼돈의 모습을 가진 '나'이다. '나'에게는 두 가지 '나'가 있다. 착각 덩어리인 '나'도 있고, 하느님의 모습인 '나'도 있다. 이 두 '나'를 잘 분별하여 착각 덩어리인 '나'를 극복하고 하느님의 모습인 '나'로 돌아가야 한다.

공적인 '나'와 사적인 '나'

공적인 '나'의 생각으로 한 행동 중에는 하느님의 마음을 왜곡한 것처럼 보이는 것도 있지만, 그것은 왜곡한 것이 아니라 확장한 것이다. 가족을 간호할 때 밤이 깊어져도 잠이 오지 않는 것은 하느님 마음을 왜곡해서가 아니라 충실히 실행한 때문이다. 잠이 오지 않는 감정이 하느님의 마음과 충돌하기 때문만은 아니다.

사적인 '나'가 완전히 사라지고 공적인 '나'만 남으면 '나'는 하느님과 하나가 된다. 하느님과 하나가 되면 남과 내가 하나가 된다. 그렇게 되면 '내 것 챙기는 삶'이 사라진다. 공적인 '나'는 남과 하나인 '나'이기 때문에 나의 삶은 남을 행복하게 하는 삶으로 일관한다. 그런 사람의 삶이 철저한 '이타행利他行'의 삶이다. 이타행의 삶을 사는 사람은 자야 할 때 자지 않고, 쉬어야 할 때도 쉬지 않기 때문에 몸이 상한다. 사람의 몸은 대체로 백이십 년 정도 살 수 있도록 만들어진 것이라 한다. 하느님의 뜻에 완전히 순응한 사람은 대게 그때까지 살 수 있다고 한다. 그러나 이타행의 삶을 사는 사람은 몸이 무리를 하므로 삶이 단축될 수도 있다. 석가모니의 몸이 여든까지 살았고, 공자의 몸이 일흔셋까지 살았던 이유가 그 때문이고, 예수가 십자가에 못 박힌 것도 그 때문이다.

사적인 '나'를 극복하는 일은 쉽지 않다. 지극한 정성으로 노력할 때 가능하다. 『중용』 제22장에 다음과 같은 기록이 있다.

오직 천하에서 지극히 정성스러운 자만이 자기의 본래 마음을 다 발휘할 수 있다. 자기의 본래 마음을 다 발휘할 수 있으면 다른 사람의 본래 마음도 다 발휘할 수 있고, 다른 사람의 본래 마음을 다 발휘할 수 있으면 만물의 본래 마음을 다 발휘할 수 있다. 만물의 본래 마음을 다 발휘할 수 있으면 만물을 낳고 기르는 하늘과

땅의 일을 도울 수 있다. 만물을 낳고 기르는 하늘과 땅의 일을
도울 수 있으면 하늘과 땅과 삼위일체가 된다.

唯天下至誠 爲能盡其性 能盡其性則能盡人之性 能盡人之性則能盡物
之性 能盡物之性則可以贊天地之化育 可以贊天地之化育則可以與天地
參矣

사적인 '나'를 완전히 극복한 사람은 본래 마음을 완전히 발휘할
수 있다. 그런 사람이 성인聖人이다. 하늘과 땅은 만물을 낳고 기르
지만 그 방법은 말로 깨우치거나 행동으로 인도하는 것이 아니다.
만물은 하늘의 지시를 느낌으로 받아들이기 때문에 느낌이 둔감한
자는 혼란을 겪는다. 성인은 그런 자들에게 말로 깨우치고 행동으
로 인도할 수 있다. 그렇게 하는 것이 하느님의 일을 돕는 것이다. 그
때문에 성인은 하느님과 짝이 된다고도 한다.

공적인 '나'는 하느님과 하나인 나이고, 혼돈에서 벗어나지 않는
나이다. 사람이 사적인 '나'를 완전히 극복하여 공적인 '나'로서만 살
아간다면 그는 혼돈에서 벗어난 것이 아니라 혼돈을 확장한 것이다.
혼돈이 하느님 모습으로 확장되고 다시 공아公我로 확장된다.

칠정은 두 가지로 분류할 수 있다. 나의 생각이 내 것을 챙기는
의도가 없이 개입하여 생겨난 칠정과 내 것을 챙기는 의도로 개입
하여 생겨난 칠정이 그것이다. 전자의 칠정은 선이고, 후자의 칠정
은 악이다. 악은 하늘 마음을 어기는 것이다. 하늘 마음은 사는 방
향으로 인도하는 것이므로, 삶에 충실하지 않은 것이 다 악이다. 악
을 행하는 것은 하느님의 뜻을 어기는 것이므로 하느님에게 죄를 짓

는 것이다. 죄를 지으면 벌을 받듯이 하늘에 죄를 지으면 천벌을 받는다. 천벌을 받은 결과는 고통으로 나타난다. 하느님의 마음은 삶으로 유도하는 마음이므로, 하느님에게 짓는 죄 중에서 가장 큰 죄는 자살이다.

악은 내 것 챙기는 생각에서 기인한 감정이다. 악은 탐욕이다. 욕심은 원래부터 있었던 것이 아니다. 욕심은 내 것을 챙기는 생각에 의해 슬며시 들어왔다. 마치 뱁새나 오목눈이 등의 작은 새의 둥지에 들어온 뻐꾸기 새끼 같은 존재이다. 작은 새가 둥지에 알을 낳으면 거기에 뻐꾸기가 날아와 알 하나를 낳는다. 뻐꾸기 알이 먼저 부화하여 작은 새의 알을 다 떨어뜨린다. 부화한 작은 새의 새끼까지 밀어서 떨어뜨린다. 다른 새끼를 모두 제거하고 혼자서 입을 벌리고 먹이를 달라고 재촉한다. 작은 새는 뻐꾸기 새끼를 자기 새끼로 착각하고 뻐꾸기 새끼를 기르기 위해 온갖 정성을 다한다. 뻐꾸기 새끼를 기르는 작은 새는 쉴 틈이 없다. 몸집이 훨씬 커진 뻐꾸기 새끼는 먹이를 더 많이 달라고 아우성치고 작은 새는 있는 힘을 다해 벌레를 잡아 준다. 하지만 그런 공로를 비웃듯, 다 자란 뻐꾸기 새끼는 뒤도 돌아보지 않고 날아가버린다.

욕심에 눈이 먼 사람도 뻐꾸기 새끼를 키우는 작은 새와 다르지 않다. 원래 없었던 욕심이 갑자기 들어와 본래 마음을 밀어내고, 대신 그 자리를 차지한 후 채워달라고 아우성친다. 사람들은 욕심을 채우기 위해 동분서주한다. 욕심은 채울수록 커지고, 욕심이 커질수록 본래 마음은 자리를 잃고 사라져 간다. 욕심을 채우는 삶은 뻐꾸기 새끼를 기르는 작은 새의 삶과 같다.

욕심은 채울수록 더 커지기 때문에 아무리 채워도 다 채울 수 없다. 일억 원을 모을 목표로 열심히 일해서 일억 원을 모았다면 행복할 것이다. 그러나 행복감을 느끼려는 순간, 욕심이 훌쩍 커져서 십억 원을 채우라고 아우성친다. 십억 원을 채우면 다시 백억 원을 채우라고 한다. 사람은 끝없이 커지는 욕심을 채우느라 동분서주하다가 쓰러지고 만다.

사람의 세 종류

욕심의 크기에 따라 사람의 종류를 크게 세 가지로 분류할 수 있다.

많은 사람이 천사의 모습으로 태어났다가 일반인으로 전락한 뒤 다시 악마로 변해간다. 장자는 이 과정을 다음과 같이 설명한다.

큰 지혜를 가진 사람은 착한 마음으로 살기 때문에 마음이 언제나 한가하고 느긋하지만, 작은 꾀를 가진 사람은 욕심으로 살기 때문에 깐깐하다. 착한 마음으로 하는 말은 담담하지만, 욕심으로 하는 말은 수다스럽다. 그런 사람이 잠을 잘 때는 꿈속에서도 마음이 복잡하다. 깨어 있을 때는 욕심을 채우느라 남들과 얽혀 날마다 마음을 다해 싸운다. 느릿느릿 싸우는 자도 있고, 음흉하게 싸우는 자도 있고, 치밀하게 싸우는 자도 있다. 남에게 질 때는 깜짝깜짝 놀라면서도 나중에 다가올 자기의 죽음에 대해서는 오히려 느긋하다. 남에게 공격의 말을 퍼부을 때 화살을 쏘듯 예리하게 쏘아대는 것은 자기의 주장을 관철하기 위해서이고, 수세에 몰렸을 때 맹세한 듯 입을 다무는 것은 지지 않기 위해서다. 이처럼 다툼이 치열해지면, 가을과 겨울에 온도가 뚝뚝 떨어지듯, 착한 마음이 날마다 자꾸자꾸 사라진다. 그러다가 결국 욕심의 늪에 빠져서 허우적거리게 된다. 그렇게 되면 착한 마음을 다시 회복하기 어렵다.

大知閑閑 小知閒閒 大言炎炎 小言詹詹 其寐也魂交 其覺也形開 與接爲搆 日以心鬪 縵者 窖者 密者 小恐惴惴 大恐縵縵 其發若機栝 其司是非之謂也 其留如詛盟 其守勝之謂也 其殺如秋冬 以言其日消也 其溺之所爲之 不可使復之也(『莊子』「齊物論」)

세상도 그렇다. 처음에는 천사들이 사는 천국이었다가 차츰 악마들이 사는 지옥으로 변해간다. 천사는 악이 없지만 전지전능한 분별력으로 모든 것을 분별한다. 천사에게는 마음이 하나밖에 없으므로 망설이거나 갈등할 일이 없다. 천사는 언제나 착한 일만 한다. 갈등할 일이 없기는 악마도 마찬가지다. 악마는 언제나 악한 일만 한다. 일반인은 그렇지 않다. 일반인은 두 마음이 있기 때문에 때로는 선을 행하고 때로는 악을 행한다. 악을 행한 뒤에는 선한 마음이 몹쓸 일을 했다고 반성하도록 유도한다. 선을 행했을 때는 악한 마음이 세상 물정 모르는 바보짓을 했다고 추궁한다.

악마는 천사를 이해하지 못한다. 천사가 착한 일을 하는 것을 내숭으로 판단한다. 악마는 욕심의 속성을 잘 알고 있고, 욕심을 채우는 방법도 잘 알고 있다. 악마에게는 욕심만 보인다. 일반인을 만난 악마는 일반인의 욕심 정도가 자기보다 한 수 아래라고 생각한

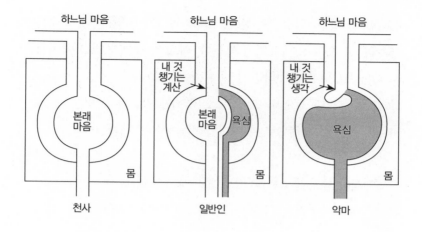

다. 악마는 일반인에게 욕심을 채워주겠다고 유혹하여 자신의 손아귀에 넣는다. 일반인이 악마의 손아귀에 들어가면 악마의 노예가 된다. 악마의 유혹은 도처에 있다. 악마는 영향력이 있는 유력한 사람들을 많이 노린다. 악마는 손아귀에 넣고 싶은 대상을 찾으면 욕심을 채워주겠다는 달콤한 말로 유혹하면서 다가간다. 올곧은 사람들이 그 대상에게 접근하지 못하도록 교묘한 수법으로 방해하면서 자신의 말만 듣도록 홀린다. 임금과 충신들을 이간질하여 그들이 만나지 못하도록 하면서 자신의 말만 듣도록 임금을 홀리는 환관들이 악마이고, 약자들을 감금해 온갖 몹쓸 짓을 일삼는 사람들이 악마이다. 진리를 팔아 신도들의 영혼을 파괴하는 사이비 종교의 교주도 악마이고, 학생들에게 자기의 말만 듣도록 홀리는 선생도 악마이다.

악마 같은 사람들은 악마를 잘 이해한다. 그들은 악마가 천사를 공격할 때 항상 악마 편을 든다. 그러다가 그 악마와 자기가 대결하게 되면 또 피투성이가 되어 싸운다. 세상은 악마가 점점 많아지면서 피비린내 나는 아수라장이 된다.

악마는 자기도 불행하지만 남도 불행하게 만든다. 악마는 살 가치가 없다. 『시경』 「용풍鄘風」에 악마를 비난하는 노래가 있다.

쥐에게도 살갗이 있는데, 사람에게 예모가 없네.
사람에게 예모가 없으면, 죽지 않고 뭐할 건가!

쥐에게도 치아가 있는데, 사람에게 바름이 없네.
사람에게 바름이 없으면, 죽지 않고 뭘 기다려.

쥐에게도 사지가 있는데, 사람에게 예절이 없네,
사람에게 예절이 없으면, 어찌 바로 죽지 않나.

위의 노래는 악마를 보면 처단하라는 뜻의 노래가 아니다. 악마로 변해가는 자기의 마음을 잘 들여다보고 악마가 되지 않도록 노력하라는 뜻이다. '왜 죽지 않는가?' 하고 꾸짖은 것은 악마 같은 사람에게 빨리 죽으라고 명령한 것이 아니다. 죽을 각오로 반성하라는 강력한 메시지이다.

악마를 처단하는 것은 당연하지만, 늘 문제가 되는 것은 누가 처단할 수 있는가 하는 문제이다. 악마를 가장 잘 알아보는 것은 악마이다. 악마를 처단해야 한다고 하면 악마들이 가장 먼저 나선다. 악마는 자기의 욕심을 채우기 위해서 선량한 사람들까지 악마로 몰아세워서 처단한다. 중세 때의 마녀사냥이 그랬다. 악마를 처단하는 문제를 섣불리 거론하면 엄청난 문제가 일어날 수 있다.

악마를 처단하는 것은 죄 없는 자만이 가능하다. 성경에는 다음과 같은 기록이 있다.

율법학자들과 바리새파 사람들이 간음하다가 잡힌 여자를 끌고 와서 가운데 세워놓고, 예수께 말하였다. "선생님, 이 여자가 간음하다가 현장에서 잡혔습니다. 모세는 율법에 이런 여자를 돌로 쳐서 죽이라고 우리에게 명령하였습니다. 그런데 선생님은 이 일을 놓고 뭐라고 하시겠습니까?" …… 예수께서 몸을 일으켜 그들에게 말씀하셨다. "너희 가운데서 죄가 없는 사람이 먼저 이 여자에게 돌을 던져라."(「요한복음」 8장 3~7절)

죄가 없는 사람만이 남의 죄를 꾸짖을 수 있다. 공자의 말도 다르지 않다.

공자께서 말씀하셨다. "오직 하느님 마음을 가진 자만이 사람을 좋아할 수도 있고, 사람을 미워할 수도 있다."
子曰 惟仁者 能好人 能惡人(『論語』 「里仁篇」)

욕심이 있는 사람은 자기의 욕심을 없애는 일에 전력투구하느라 남의 죄를 살필 여유가 없어야 한다. 자기의 욕심을 다 없애서 천사처럼 된 사람은 너그러운 마음으로 용서하기 때문에 함부로 죄 있는 사람을 처단하지 않는다. 수많은 사람을 불행하게 만드는 악마가 있어 도저히 제거하지 않을 수 없을 때, 죄 없는 사람이 어쩔 수 없이 나서는 것이다. 맹자의 논의는 이를 잘 설명한다. 맹자는 제나라의 선왕에게 다음과 같이 말한 적이 있다.

> 좌우에 있는 사람 모두가 죽여야 한다고 하더라도 듣지 말아야 하고, 여러 중신들 모두가 죽여야 한다고 하더라도 듣지 말아야 합니다. 온 나라 사람들 모두가 죽여야 한다고 한 뒤에 살펴보아서 죽일 수밖에 없음을 안 뒤에 죽여야 합니다.
> 左右皆曰 可殺勿聽 諸大夫皆曰 可殺勿聽 國人皆曰 可殺然後察之 見可殺焉然後殺之 故曰國人殺之也(『孟子』「梁惠王章句」下)

당시 제나라의 선왕은 하느님 마음을 가진 자가 아니었다. 그런 자가 함부로 죄 있는 자를 처단하면 큰 문제가 생긴다. 그러므로 선왕이 택할 수 있는 가장 좋은 방법은 온 나라 사람들 모두가 처단해야 한다는 마음으로 하나가 될 때 처단하는 것이다.

욕심

욕심을 추구하다가 욕심에 갇혀 헤어나지 못하면 욕심의 노예가 된다. 욕심은 몸에 갇혀 있는 것이므로 욕심에 갇혀서 욕심의 노예로 사는 사람은 몸과 함께 죽음을 맞이할 수밖에 없다. 사람에게는 몸과 마음이 있다. 둘 중에서 몸보다 마음이 더 중요하다. 영원한 마음으로 사는 사람은 영생하는 사람이고, 사멸하는 마음으로 사는 사람은 사멸하는 사람이다. 욕심에 갇혀서 사는 사람은 사멸한다. 예수의 다음의 말이 이를 증언한다.

> 너희는 아래에서 왔고, 나는 위에서 왔다. 너희는 이 세상에 속하여 있지만, 나는 이 세상에 속하여 있지 않다. 그래서 나는 너희가 너희의 죄 가운데서 죽을 것이라고 말하였다. 내가 그이라는 것을 너희가 믿지 않으면 너희는 너희의 죄 가운데서 죽을 것이다.(「요한복음」 8장 23~24절)

하느님의 마음으로 사는 사람은 하느님과 하나이다. 예수는 하느님의 마음으로 사는 사람이므로 위에서 온 사람이다. 하느님의 마음을 잃고 욕심에 갇혀서 사는 사람은 물질적인 인간이다. 물질은 땅에서 만들어진 땅의 요소이다. 물질적 욕심에 갇혀 있는 사람은 아래에서 온 사람이다. 욕심은 하느님의 지시를 어긴 죄의 결과물이다. 욕심에 갇혀 사는 사람은 몸과 함께 죽음을 맞이할 수밖에 없다. 죄 가운데서 죽는다는 것이 그 뜻이다.

하느님 마음으로 사는 사람은 영생하는 사람이고, 욕심으로 사는 사람은 사멸하는 사람이다. 영생은 욕심을 극복하고 본래 마음을 회복하는 데서 찾아진다. 본래 마음을 회복하는 것은 살아 있을 때 가능하다. 사람이 살아 있을 때는 악마 같은 사람에게도 하느님 마음이 완전히 사라지지는 않는다. 남아 있는 그 하느님 마음을 붙들고 욕심을 지울 수 있는 것은 살아 있을 때뿐이다. 살아서 하느님 마음을 회복하지 못하고 죽게 되면 영원히 기회가 오지 않는다. 살아 있을 때 욕심을 지우고 하느님 마음을 회복하면 그 순간이 천국에 가는 순간이다. 천국은 살아서 가는 곳이지 죽어서 가는 곳이 아니다. 예수는 다음과 같이 증언한다.

> 하나님은 죽은 사람의 하나님이 아니라 살아 있는 사람의 하나님이시다.(「마태복음」 22장 32절)

하느님 마음은 살아 있는 사람의 마음속에 들어 있다. 죽은 사람의 마음속에 들어 있는 것이 아니다. 따라서 하느님 마음을 회복하는 것은 살아 있을 때뿐이다. 살아서 하느님 마음을 회복한 사람은 몸이 죽어도 죽는 것이 아니다. 살아서 하느님 마음을 완전히 회복한 사람이 영생하는 사람이다. 영원히 죽지 않는 곳이 천국이다. 천국은 죽어서 가는 곳이 아니라 살아서 가는 곳이다. 살아서 하느님 마음을 회복하지 못한 사람은 천국에 갈 수 없다.

욕심을 완전히 걷어내고 하느님 마음을 회복하는 데는 시간이 걸린다. 그에 비해 죽음은 금방 다가온다. 우물쭈물할 시간이 없다. 살아서 하느님 마음을 회복하지 못하고 죽음을 맞이하면 천국을 갈 기회는 영원히 오지 않는다. 죽음을 맞이하는 날이 천국으로 갈지 못 갈지를 결정하는 마지막 심판이다. 그 심판의 날은 금방 다가온다. 우물쭈물하지 말고 열심히 노력하지 않으면 안 된다.

하느님 마음을 회복하는 것은 쉽지 않다. 사람들의 마음에 욕심이 자리 잡고 나면 사람들은 욕심을 채우는 방향으로 달려간다. 한 번 달리기 시작하면 가속도가 붙어 점점 더 빨라진다. 가던 길을 멈추고 하느님 마음을 회복하는 길로 되돌아오기는 참으로 어렵다. 많은 사람들이 욕심을 향해 함께 달릴 때는 더욱 그렇다. 사람들이 욕심을 향해 달려가는 길은 악마가 되는 길이다. 사람들이 악마가 되어갈수록 세상은 악마의 말이 가득 차게 된다. 세상이 악마들의 말로 가득하면 사람들은 천사의 말을 들을 기회가 없어진다. 사람들은 악마가 되는 길로 달려가고 세상은 악마들이 우글거리는 지옥으로 변한다. 맹자는 말한다.

사람들이 사악한 말에 속으면 사람의 본마음이 막혀버린다. 사람들의 본마음이 막혀버리면 짐승을 몰아서 사람을 먹게 하다가 사람들끼리 서로 사람을 잡아먹게 된다.
邪說 誣民 充塞仁義也 仁義充塞 則率獸食人 人將相食(『孟子』「滕文公章句」下)

이탈리아에 있는 콜로세움은 거대한 경기장으로, 사자들을 풀어 사람들과 싸우게 했다. 사람이 사자에게 져서 잡아먹힐 때 관중석에 있는 관중들은 열광한다. 관중들은 먹고 마시며 그런 광경을 즐겼다. 검투사끼리 싸우게 하기도 했다. 싸움에 진 검투사가 무참하게 죽는 장면을 볼 때도 관중들은 열광했다. 사람이 사람을 죽이는 전쟁이 쉬지 않고 일어난다. 중국의 춘추전국시대에도 그랬고, 유럽의 로마 초기에도 그랬다.

지옥으로 바뀐 세상을 살리는 길은 한 가지뿐이다. 악마처럼 사는 것은 불행한 것이고, 천사처럼 사는 것이 행복한 것이라는 것을 깨우친 위대한 구세주가 등장하여 사람들을 인도할 때 세상은 바뀐다.

참된 삶의 방법을 전해주는 가르침은 많다. 공자의 가르침도 그렇고 석가모니의 가르침도 그렇고 예수의 가르침도 그렇다. 모두 진리로 인도하는 가르침이다.

III

진리를 상실한 뒤의
삶은 어떠한가

진리를 상실하는 것은 하느님의 영향에서 벗어나는 것이다. 그것은 가출하여 부모의
슬하를 떠나는 것과 같다. 부모의 슬하를 떠난 아이는 처음에는 자유를 만끽한다.
부모의 간섭에서 벗어나 마음껏 자유를 누릴 수 있다. 부모의 슬하에 있을 때 누릴
수 없었던 욕심을 마음껏 누릴 수 있다. 행복감에 도취하기도 하지만, 그러나 시간이
지나면 심각한 문제에 봉착한다.

01

하느님 마음을 잃다

참된 삶의 방법을 가르쳐준 사람은 구세주이다. 구세주는 진리로 향하는 가르침으로 사람들을 천국으로 인도한다. 이 세상에 구세주보다 더 고마운 사람은 없다. 많은 사람들이 구세주의 가르침에 따라 행복해지고 세상에는 평화가 온다. 그러나 그 평화는 오래가기가 어렵다.

진리의 가르침을 따르는 사람들이 많아지면 종교 집단이 생겨나 번성한다. 종교 집단이 번성하면 여러 가지 사건들이 생기기 시작한다. 그중의 하나가 정치에 이용되는 것이다. 정치인들은 정치적 성공을 위해 종교 집단을 이용한다. 순발력이 있는 정치인은 종교적 가르침으로 정치를 하겠다고 선언을 하고, 그 덕에 많은 사람들의 지지를 받아 성공한다. 그렇게 성공한 정치인은 종교 집단에 대해 세금을 걷을 수 없고, 종교 집단이 새로운 시설을 만들 때는 지원금도 주어야 한다. 종교 시설은 생산 시설이 아니므로 그 유지비의 상당 부분을 국가 재정으로 충당해야 한다. 그 때문에 세금이 과중해져서 사람들로부터 반발을 사게 된다.

종교 집단에 권력과 명예와 부가 집중되면 종교 지도자는 타락하여 권력자로 변한다. 종교 지도자들은 종교의 가르침을 지배 이데올로기로 변질시켜 권력 유지의 수단으로 삼는다. 그들은 종교적 행사를 빌미로 비용을 걷어다가 일부만 행사 비용으로 쓰고 나머지는 착복한다. 그렇게 되면 사람들은 차츰 종교에 등을 돌린다.

권력과 명예와 부가 종교 집단에 집중되기 때문에 욕심을 가진 자들이 욕심을 채우기 위해 종교 집단에 합류한다. 그들은 온갖 수단과 방법을 다 동원하여 종교 지도자가 된다. 하느님은 욕심이 사라질 때 모습을 드러내므로, 욕심을 채우는 사람들에게는 모습을 드러내지 않는다. 종교 지도자들은 권력과 명예와 부를 유지하기 위해 하느님을 이용해야 하므로 하느님을 의식 속에 그려 넣고 받든다. 자기가 그려 넣은 하느님은 자기의 말만 들어주는 꼭두각시 같은 존재이다. 그것이 우상이다. 우상숭배는 종교 지도자들만 하는 것이 아니다. 욕심을 비우지 못한 사람들이 알고 있는 하느님은 거의가 머리에 그려 넣은 우상이다. 우상을 숭배하는 사람은 하느님의 이름으로 행동하기 때문에 못할 일이 없다. 무서운 전쟁을 일으켜 수많은 사람을 희생시켜도 미안한 마음을 갖지 않는다. 자기의 잘못에 대해 용서를 빌면 다 들어주는 하느님이기 때문에, 자기의 잘못에 대해서는 한없이 너그럽다. 우상을 숭배하는 종교인들이 잔인해져서 종교 전쟁을 일으키면 삶이 처참해진다.

종교적 가르침이 쉽지 않기 때문에 문제가 발생하기도 한다. 사람들은 오랜 기간에 걸쳐 차근차근 치료해주는 의사보다 단번에 낫게 해주겠다는 의사에게로 몰려가기 쉽다. 환자들이 잘못된 의사에게 사기를 당하는 이유가 그 때문이다. 금방 낫게 해주겠다고 큰소리치는 의사는 대부분 잘못된 의사이다. 그들 중에는 의사 면허를 가진 자도 있고, 의사가 아니면서 거짓 흉내를 내는 사이비 의사도 있다. 좋은 것을 금방 얻을 수 있는 것은 없다. 좋은 것을 만드는 데도 시간이 걸린다. 그런데도 사람들은 성급해서 금방 해결할 수 있는 것을 바란다. 진리도 마찬가지다. 천국을 쉽게 갈 수는 없다. 오랜 시간 동안 지극정성을 들이지 않으면 갈 수 없다. 그런데도 쉽고 편하게 진리에 도달하고 싶어 하는 사람들이 많다. 그런 사람들에게 쉽고 편하고 확실하게 천국으로 데려다주겠다고 유혹하는 사람들이 접근한다. 그런 사람은 종교 지도자 중에도 있고, 종교 지도자가 아니면서 흉내 내는 사이비도 있다. 성급한 사람들은 그들에게 속아 큰 피해를 본다.

르네상스

서구의 중세는 사람들이 예수의 가르침으로 살았던 시대였으나, 말기에 이르러 많은 폐단이 나타났다. 부패한 교황청이 재물을 모으기 위해 면죄부를 팔았다. 사람들이 사지 않으면 강압적으로 팔기도 했다. 타락한 종교인들이 마녀사냥을 자행하여 죄 없는 사람들을 마녀로 지목해 참혹하게 죽였다. 십자군 전쟁을 일으켜 이슬람교도들을 무참하게 공격하기도 했다. 종교 지도자들은 사람들의 자유로운 감정이나 과학적 판단도 자기들에게 불리한 것이라면 하느님의 이름으로 탄압했다. 중세를 암흑기라 부르는 것도 그 때문이다. 수많은 폐해가 일어나자 사람들이 반발하기 시작했다. 그 반발은 14~16세기에 걸쳐 일어난 르네상스 운동으로 나타났다. 중세의 폐해는 신의 잘못이 아니라, 신을 악용한 종교 지도자들의 잘못이었다. 너무나 큰 피해를 본 사람들은 종교 지도자에게만 반발한 것이 아니었다. 그 반발은 신에 대한 반발로 이어졌다. 사람들의 반발은 문화 예술 방면에서 먼저 나타났다. 르네상스는 이탈리아에서 시작되어 유럽 전역으로 퍼져나갔다.

르네상스 문화의 근본정신은 인문주의이다. 말하자면 신 중심에서 인간 중심으로 돌아가는 정신이다. 문학가들은 인간의 성 문제를 다루는 문학작품을 발표하기도 하고, 화가들은 육체의 아름다움을 표현하기도 하며, 자연의 모습을 있는 그대로 묘사하기도 했다.

르네상스 운동이 신의 속박에서 벗어나는 운동이라고 해도 신의 그림자를 단번에 지울 수는 없었다. 그것은 교회의 권위에 도전하는 것이 되어 바로 파멸하기 때문이다. 르네상스 운동의 초기에 등장하는 문학자나 화가들은 한편으로는 신을 찬양하면서, 다른 한편으로 서서히 신에게서 벗어나는 암호를 던지는 방법을 택한다.

코페르니쿠스와 갈릴레이의 과학적 지식은 교황청에 맞서는 계기가 되었고, 종교개혁은 교황의 세력을 약화시키는 결정적 계기가 되었다. 데카르트는 인간의 존재를 신으로부터 증명하는 방법에서 벗어나서 인간의 이성이 가진 생각하는 기능을 인간 존재를 증명하는 본질로 설명하면서 근대 철학의 길을 열었다. 데카르트의 철학은 칸

트와 니체를 거치면서 공고해졌다. 철학자가 하늘의 요소를 지운다고 해서 하늘이 지워지는 것은 아니다. 하늘에게서 벗어날 수 있는 것은 없다. 다만 인간의 의식 속에서 하늘이 없다고 생각할 뿐이다. 여전히 하늘의 뜻으로 살아가는 사람들이 있지만, 하늘을 지우는 철학이 그 사회를 이끌게 되면 사람들은 의식적으로 그 철학을 삶의 바탕으로 받아들인다.

인간의 감정이 가장 먼저 표출되는 것은 문화 예술이지만, 그 감정은 느낌의 세계에 머물기 때문에 사람들의 삶을 결정하는 판단 기준이 되기 어렵다. 그 감정들이 사람들이 이해할 수 있도록 이론으로 정리되면 그 이론은 비로소 사람의 판단 기준이 될 수 있다. 사람들의 삶을 결정하는 판단 기준이 되는 이론은 철학의 영역에 속한다.

서구 근세에 등장한 철학의 영향으로 사람에게서 하느님의 요소가 지워지면서 사람과 사람을 연결하는 연결고리가 사라졌다. 형제를 하나로 연결하는 존재가 부모이다. 형제에게서 부모라는 공통 요소가 사라지면 그들은 남남이 된다. 사람과 사람 사이를 연결하는 매개체도 하느님이다. 하느님의 요소가 사라지면 형제에게 부모라는 요소가 사라지는 것처럼 되어서 사람과 사람은 남남의 관계가 된다. 사람이 남남이 되면 서로 경쟁하고 투쟁하는 관계가 된다. 사람에게서 하느님의 요소가 제거되면 사람의 마음에는 욕심만 남는다. 욕심은 몸에 속해 있는 것이므로 사람의 마음은 몸에 속하는 물질로 이해된다. 사람의 욕심은 물질적 가치를 무한히 추구하기 때문에 사람의 욕심은 남과 경쟁하는 경쟁심이고, 남과 투쟁하는 투쟁심이다.

사람과 사람이 아무 관계가 없는 별개의 존재로 판단한다면, 다른 사람이 나와 완전히 다른 사람이라면 다른 사람이 나와 같은 사람이라는 것을 보장할 수 없다. 나에게 어떤 행동을 할지 알 수 없다. 갑자기 흉기로 나를 찔러 죽일 지도 모를 일이다. 그렇게 되면 사람이 두려워지고, 누군가를 만나는 것이 불안해진다.

사람과 사람이 아무 관계가 없는 것으로 판단될 때, 사람의 마음에 남게 되는 가장 강렬한 두 요소는 욕심과 불안이다. 욕심은 자기가 가지고 있는 마음이고, 불안은 남과의 관계에서 생기는 마음이다. 욕심은 채워야 하고 불안은 해소해야 한다. 불안한 사람이 탐나는 것을 가지고 있다면 두 요소를 동시에 해결하는 가장 확실한 방법은 죽이고 빼앗는 것이다. 남들을 죽이면 불안이 해소되고, 남들의 것을 빼앗으면 욕심을 채울 수 있다. 남들이 탐나는 것을 가지고 있으면서 크게 불안한 존재가 아니라면 그들을 식민지라는 이름으로 손아귀에 넣고 관찰하면서 그들의 것만 빼앗으면 된다. 남들이 탐나는 것을 가지고 있지는 않지만 불안하다면 빼앗지 않고 죽이기만 하면 된다.

위의 세 가지 방법은 가장 원초적이다. 그것은 사람들이 바라는 일차적인 방법이다. 위의 세 가지 방법을 취하기 위해서는 힘을 길러야 하고, 힘을 기르기 위해서는 집단을 만드는 것이 좋다. 강력한 집단을 만들어 힘을 모으기만 하면 그 힘으로 세 가지 방법을 취할 수 있기 때문이다. 강력한 집단을 만들어낸 전형적인 제도가 과거 근세의 영국, 프랑스 등지에서 등장한 절대왕정이다.

강력한 무기로 무장한 영국인들은 북아메리카에 가서 원주민을 거의 다 죽이고 그 땅을 차지했다. 1620년 9월 16일 영국의 청교도 백이 명이 잉글랜드 남서부 플리머스에서 메이플라워호를 타고 종교의 자유를 찾아 북아메리카로 떠났고, 그해 11월 21일 현재의 보스턴 근처에 있는 케이프코드 끝의 프로빈스타운 항구에 도착해 닻을 내렸다. 그들은 두 번째로 큰 이민단이었다. 첫 번째 이민단은 1607년에 건너가 제임스타운에 정착하였다. 원래의 목적지는 현재 뉴욕 시 인근에 있는 허드슨 강 하구였으므로, 메이플라워호는 항로를 이탈한 것이었다. 그들은 12월에 플리머스에 상륙하여 원주민에게 도움을 받아 식량을 구해 겨울을 났다. 그것을 기념하여 추수감사절 행사가 시작된 것이다. 그들은 겨울을 난 뒤 원주민을 죽여버렸다. 원주민을 죽인 것은 불안감 때문이었다. 그 뒤 영국인들은 북아메리카 전역에 사는 원주민을 거의 다 죽이고 그 땅을 차지했다. 오세아니아에 들어가서도 원주민을 거의 다 죽이고 그 땅을 차지했다. 스페인과 포르투갈은 남아메리카에 들어가 원주민을 대량 학살하고 그 땅을 차지했다.

이데올로기

사람들이 욕심에 갇혀 욕심을 채울 때도 하느님 마음이 완전히 사라지는 것은 아니다. 다만 작용을 하지 못하고 있을 뿐이다. 그러므로 죽이고 빼앗는 것은 하느님 마음이 사라지지 않았기 때문에 유쾌한 일이 아니다. 그런 마음을 해소하기 위해서 사람들은 죽이고 빼앗는 것을 정당화하는 이론을 만든다. 정복자들이 만드는 이론은 정복자들에게 편리하도록 만든다. 마치 중세 말기의 종교인들이 자기에게 편리하도록 하느님이라는 이름의 우상을 만드는 것과 같다. 17세기 유럽인들은 죽이고 **빼앗는** 것을 정당화하는 이론을 만들어 냈다. 그것이 이데올로기이다. 그것은 종교인들이 만들어내는 우상에 해당한다. 종교인들이 하느님을 우상으로 숭배함으로써 하느님의 이름으로 잔인무도한 일을 할 수 있는 것처럼, 이데올로기를 만들어낸 유럽의 정복자들은 그것을 무기로 무장하여 원주민들을 잔인무도하게 학살했다. 당시의 정복자들이 만들어낸 이데올로기가 사회진화론, 인종주의, 우생학 등이었다. 사회진화론은 다윈의 진화론을 바탕으로 해서 만들어낸 이데올로기이다. 코페르니쿠스와 갈릴레이의 영향으로 과학에 눈을 뜨기 시작한 사람들은 하느님의 율법대로 사는 것이 아니라 자연법칙에 따라서 살아야 한다고 자각하게 되었다. 다윈의 진화론에 영향을 받은 사람들이 파악한 자연법칙은 '생존경쟁', '약육강식', '적자생존', '자연도태' 등이었다. 자연계에서 생명체들이 살아가는 기본 방식은 강자가 약자를 사냥함으로써 생존하는 데 있다. 허버트 스펜서Herbert Spencer의 사회진화론은 '적자생존'이라는 말을 근거로 빈부 격차가 깊어지는 것을 사회 진화의 과정에서 발생하는 불가피한 현상으로 보고, 가난한 사람들을 돕는 것이 인류의 진보를 방해한다는 주장을 폈다. 스펜서의 사회진화론을 수입한 미국의 윌리엄 섬너William Graham Sumner는 노골적인 '부자 옹호론'을 폈다. 사회진화론을 수입한 일본의 후쿠자와 유키치福澤諭吉는 『문명론의 개략』이라는 저술을 통해 사회진화론을 국가 간의 생존경쟁에 적용했다.

유럽인들은 인종주의 이론을 만들어 백인이 우월하고 유색인은 열등하다는 결론을 도출했다. 그들은 우월한 자가 생존하고 열등한 자가 파멸하는 것이 자연법칙이기 때문에 사람도 그 자연법칙에 따라서 백인종이 유색인종을 지배해야 한다는 주장을 펼쳤다. 유색인종 중에서 유일하게 일본은 서구 문화를 받아들이면서 사회진화론에 큰 영향을 받은 지배 이데올로기로 무장하고 유럽인들의 정복주의에 합류했다. 사회진화론과 인종주의에서 내린 결론은 유럽인은 정복하는 사람이고, 아시아인은 정복당해야 하는 사람이다. 지배 이데올로기로 무장한 일본은 아시아에서 벗어나 유럽에 합류했다는, 이른바 '탈아입구론脫亞入歐論'을 폈다.

남북 아메리카와 오세아니아를 차지한 정복자들은 아프리카와 아시아를 식민지로 만드는 경쟁에 뛰어들었다. 아프리카는 환경이 열악하여 적당히 챙기기만 하고 방치했지만, 아시아에서는 대대적인 식민지 쟁탈전을 벌였다.

영국은 1600년대 초에 인도를 식민지로 확보한 뒤, 본격적으로 식민지 개척에 나섰다. 영국은 아시아, 중동, 아프리카, 오세아니아, 북아메리카 등 전 세계 백여 곳을 지배하는 대영제국을 건설했다. 프랑스도 아시아, 중동, 아프리카, 아메리카, 오세아니아 등지에서 스물일곱 개국의 식민지를 개척했다. 그 외에도 독일, 스페인, 포르투갈, 네덜란드, 러시아 등의 유럽 국가들이 식민지 개척에 뛰어들었고, 미국과 일본도 늦게나마 식민지 개척에 뛰어들었다.

영국의 프란시스 골턴Francis Galton이 창시한 우생학은 히틀러의 인종 이론과 결합하여 나치스 시대에 크게 확대되었다. 나치스 시대에 자행한 유대인 학살은 우생학을 받아들인 결과로 이해하기보다는 유대인을 학살하기 위한 명분으로 우생학을 이용한 것으로 봐야한다. 사회진화론이나 인종주의도 그렇게 이해해야 한다. 유럽이 사회진화론이나 인종주의에 근거하여 세계를 지배한 것이 아니라 세계를 지배하고 싶은 욕심을 채우기 위해 만들어낸 이론이다. 일단그런 이론들을 만들어낸 다음에는 그 이론에 탄력을 받으므로 욕심 채우기가 철저해지고 과감해진다.

사회진화론, 인종주의 이론 등으로 무장한 유럽인들은 국제 질서를 혼란에 빠뜨렸지만, 유럽 내부에서도 많은 문제를 일으켰다. 강자가 약자를 지배해야 한다는 이론으로 무장을 한 사람들은 빨리 강자가 되기 위해 강력한 집단을 만들어야 했다. 유럽인들은 절대왕정이라는 제도를 만들어 강력해진 힘으로 세계를 지배했고, 세계를지배하는 일이 어느 정도 마무리되자 내부에서도 문제가 발생했다. 강자가 약자를 지배해야 한다는 이론은 국가 내부에도 적용된다. 이미 강자가 된 왕정이 시민들을 탄압하는 세력이 되었다. 말하자면왕정이 강자가 되고 시민이 약자가 된 셈이다. 약자가 살아남는 방법은 강자의 노예처럼 되든지, 강자가 되어 기존의 강자를 무너뜨리는것이다. 왕정의 탄압에 시달리던 시민들은 단합해서 왕정을 무너뜨렸다. 특히 프랑스 시민혁명은 유럽의 왕정을 무너뜨리는 도화선이되었다.

유럽에서 산업사회가 발달하자 문제가 또 발생했다. 산업의 발달로 노동자계급이 대거 등장했는데, 그들은 약자였다. 자본가에게 착취를 당하는 노동자들의 비참한 현실을 직시한 철학자 마르크스는노동자가 자본가의 압제에서 벗어나는 이론을 만들었다. 그것은 노동자가 힘을 합해 자본가를 제거해야 한다는 혁명 이론이었다. 노동자가 강자가 되는 길은 연합해서 투쟁하는 것뿐이었다. 자본가와 정치 지배자들은 정치권력과 자본의 힘으로 약자들을 지배했고, 연합해서 힘을 기른 약자들은 투쟁을 통해 약자들이 지배하는 새로운 세상을 만들어갔다. 마르크스 철학으로 무장한 세력들은 러시아에서 성공을 거두었다. 러시아의 프롤레타리아 계급은 볼셰비키 혁명을 통해 정권을 장악한 후, 주위의 나라들을 합병해 소비에트연방을 만들어 세계 정복에 나섰다. 세계는 미국을 중심으로 하는 자유주의국가 진영과 소비에트연방을 중심으로 하는 공산주의 국가 진영으로 양분되었다.

유럽을 중심으로 한 식민지 경쟁이 계속되는 한편, 독일과 미국, 일본, 소련 등이 후발주자로 식민지 경쟁에 늦게 뛰어들었다. 그리고 독일과 이탈리아, 일본 등은 미국과 영국, 프랑스 등을 상대로 제2차 세계대전을 일으켰다.

제2차 세계대전이 종전된 뒤에는 미국과 소련을 중심으로 하는, 자유주의와 공산주의 세력이 첨예하게 대립했다. 자유주의와 공산주의의 철학적 바탕은 근본적으로 같은 것인데, 그것은 강자가 약자를 지배한다는 이론이다. 차이는 강자와 약자의 갈림길을 자유경쟁에 맡기는 것이 자유주의라면, 공산주의는 약자가 강자가 되어 기존의 강자를 제압하고 그들의 세상을 만들어야 한다고 주장한다. 두 진영은 보수주의와 진보주의, 우파와 좌파 등으로 분류되기도 한다.

우파의 이론이나 좌파의 이론은 사람의 마음을 욕심으로 보는 점에서 같은 근거를 가진다. 같은 근거에서 출발하지만, 강자의 편에서느냐 약자의 편에 서느냐의 차이뿐이다. 약자가 강자를 타도하기 위해 뭉치는 것은 약자일 때 한해서이다. 약자가 뭉쳐서 강자가 된 뒤에는 자기들끼리 다시 약육강식의 방식에 따라 새로운 투쟁이 일어나기 때문에 결국 분열하고 만다. 또 좌파의 이론에서는 자유경쟁을 지양하기 때문에 시장경제와의 경쟁에서 뒤처질 수밖에 없다. 이런 이유들 때문에 공산주의 정치체제는 와해될 수밖에 없는 운명이었다.

그렇다고 해서 자유주의가 제대로 된 제도라고는 할 수 없다. 자유주의의 체제 아래서는 약자들의 비극이 끝없이 계속된다. 강자들의 탄압과 약자들의 저항은 끝없이 계속되고 사회는 자꾸 혼란해진다. 사람들은 혼란을 방지하기 위한 수단으로 공존할 방법을 찾아냈다. 그것은 사회의 질서를 유지할 수 있도록 규칙과 법을 만들어다 함께 지키도록 강요하는 것이다. 규칙과 법을 지키는 것은 욕심을 절제하는 것이므로 지킬수록 스트레스가 쌓인다. 따라서 사람들로 하여금 규칙과 법을 지키도록 유도하기 위해서는 철저한 교육과 강도 높은 훈련이 필요하다.

욕심 중독

규칙과 법을 지키는 것이 욕심을 버리는 것은 아니다. 사람의 마음을 욕심으로 판단할 때, 욕심을 버리면 사람의 마음을 버리는 것이므로 말이 되지 않는다. 욕심은 채워야 하는 것이지만, 그것을 채우다가 다툼이 일어나고 사회가 혼란해지면 사람이 살 수 없다. 사람이 살기 위해서는 다투지 않고 욕심을 채우는 것이 최선이다. 말

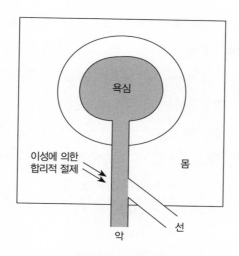

이성에 의한
합리적 절제

욕심

몸

악

선

〈현대인의 삶의 방법과 선악관〉

하자면 사람들이 목표로 삼는 것은 규칙과 법을 지키면서 욕심을
채우는 데 있다. 오늘날 사람들이 말하는 '페어플레이' 정신이 그것
이다. '페어'를 규칙을 지키는 것이라고 한다면 '플레이'는 욕심을 채
우는 것이라 할 수 있다. 욕심을 채우는 것 중에 가장 으뜸은 돈을
버는 것이고, 규칙을 지키는 것 중의 으뜸은 법을 지키는 것이다. 오
늘날 대학에서 경영학과 법학이 각광을 받고 있는 것은 이런 이유
때문이다. 현대인의 선악관도 여기에서 나온다.

  페어플레이 정신을 잘 설명한 대표적인 사람은 중국의 순자荀子와
독일의 철학자인 임마누엘 칸트이다. 그들이 말하는 바람직한 삶의
방법은 이성의 힘으로 욕심을 합리적으로 절제하여 선으로 향하도
록 하는 것이다. 합리적으로 절제할 수 있는 사람은 정상이지만, 욕
심이 커서 절제할 수 없는 사람은 비정상이다. 비정상 중에서 술에

취해 잠시 절제력이 떨어진 사람은 술이 깨면 정상으로 돌아오기 때문에 크게 문제 삼지는 않는다. 다만 이성의 힘이 모자라 애초부터 절제력이 모자라는 사람을 '심신박약자'라 하고, 욕심이 커서 절제력이 따라가지 못하는 사람을 '중독자'라 한다.

중독의 종류에는 마약중독, 카페인 중독, 니코틴중독, 알코올중독, 도박 중독, 게임 중독 등 여러 가지가 있다. 중독자는 욕심 속에 매몰되어 있는 사람이다. 욕심은 사람을 빠트리는 늪과 같다. 중독자는 욕심의 노예가 되어 끌려다닌다. 니코틴중독자는 주체적으로 담배를 즐기는 것이 아니라, 담배의 노예가 되어 담배에 끌려다니는 사람이고, 알코올중독자는 주체적으로 술을 즐기는 것이 아니라 술에 끌려다니는 사람이다.

현대인의 예술 정신과 미의식도 인간의 삶의 방법과 무관하지 않다. 그림을 그려도 규칙과 규정에 맞추고, 노래할 때도 박자와 음정에 맞추는 것을 원칙으로 한다. 나무를 기를 때에도 규칙에 맞게 자라도록 기르고, 꽃을 가꿀 때도 사람이 만든 이론에 맞추어 가꾼다.

죽이고 빼앗는 것은 욕심을 가진 사람의 원초적인 희망 사항이고, 규칙을 지키는 것은 죽이고 빼앗을 수 있는 확실성이 없을 때 어쩔 수 없어서 선택하는 것이다. 사람들이 개인적으로 있을 때는 죽이고 빼앗을 수 있는 힘이 없기 때문에 규칙을 잘 지킨다. 그러다가 강력한 집단 속에 들어가면 갑자기 돌변하여 공격적으로 변하는 이유가 여기에 있다. 국가는 사람들이 만들어낸 집단 중에서 가장 전형적인 집단이다. 사람들은 개인적으로 있을 때는 교양을 지키다가도 국가라는 집단 속에 들어가면 공격적인 사람으로 변하곤 한다.

이러한 현대인의 삶의 방식이 순조롭게 지속될 수는 없다. 사람들은 욕심을 절제할 수 있는 사람을 정상인으로 보지만, 사실은 욕심에 중독된 중독자이다. 본래 마음을 상실하고 욕심에 갇혀 있는 것 자체가 이미 정상이 아니라 욕심에 중독된 셈이다. 중독자는 중독된 상태가 잘못된 것이고, 불행한 것이며, 고통스러운 것이라는 사실을 모르고 있다. 마치 뱁새가 뻐꾸기 새끼를 기르는 것이 잘못된 것이고, 불행한 것이며, 고통스러운 것이라는 사실을 모르고 있는 것과 같다. 중독자는 중독된 상태를 정상인 것으로 고정하고 그 상태에서 삶의 방법을 추구한다. 마약중독자나 알코올중독자 등은 그렇지 않은 사람과 쉽게 구별되기 때문에 금방 비정상인임이 드러나지만, 대부분의 사람들은 거의 다 욕심에 중독되어 있기 때문에 쉽게 드러나지 않는다. 사람들은 욕심에 중독되어 있어도 대부분의 사람들이 다 그렇기에 중독된 줄도 모르고 지극히 정상인 것으로 착각한다. 마치 뱁새가 뻐꾸기 새끼 기르는 것을 정상이라고 착각하는 것과 같다. 뱁새는 뻐꾸기 새끼에게 먹일 벌레를 많이 잡으면 기쁘고 못 잡으면 슬프겠지만, 사실은 그 반대여야 한다. 벌레를 많이 잡는 것이 철천지원수를 살찌우는 불행한 일이고, 못 잡는 것이 철천지원수를 굶주리게 하는 것이므로 덜 억울한 것이다. 사람도 마찬가지다. 사람들은 욕심을 채우면 기뻐하고 그렇지 못하면 슬퍼하지만, 사실은 그 반대여야 한다. 욕심을 채우는 삶 자체가 이미 고통이다. 사람이 느끼는 행복감은 대부분이 고통 속에서 일어나는 착각이다. 마약에 중독되거나 알코올에 중독되는 것은 비정상 속의 비정상이다. 그것은 마치 꿈에서 또 꿈을 꾸는 것과 같다.

욕심에 중독된 사람은 욕심에 끌려다니는 욕심의 노예이다. 현대인들은 대부분 돈과 권력과 명예의 노예가 되어 있다. 노예에게는 자유가 없다. 그의 삶은 주인의 삶을 위해서만 존재한다. 돈의 노예가 된 사람은 돈이 삶의 목적이 된다. 돈을 위해서는 몸도 바친다. 권력도, 명예도 그렇다. 돈이나 권력이나 명예는 사람을 얽매는 굴레이다. 돈이나 권력이나 명예가 그 자체로 나쁜 것은 아니다. 오히려 사람이 사는 데 일정 수준 필요하다. 그러나 그런 것들에 중독되는 것이 잘못이다. 그런 것들을 목적으로 삼아 끌려가는 것이 문제이다. 바르게 살면 돈과 권력과 명예가 따라온다. 그렇게 되는 것이 정상이다. 정상으로 살면 돈과 권력과 명예는 행복으로 가는 좋은 수단이 된다.

욕심에 중독된 사람이 정상적인 삶을 회복하기는 참으로 어렵다. 니코틴중독자가 담배를 끊기 어려운 것에 비할 바가 아니다. 담배를 끊는 것도 쉽지는 않다. 담배를 피웠을 때의 폐해가 얼마나 큰지에 대해 정확하게 파악하고 회한의 눈물을 흘려야 겨우 극복할 수 있다. 욕심의 중독에서 벗어나는 것도 그렇다. 욕심에 중독되어 사는 것이 얼마나 처참한지 정확하게 파악하고 통한의 눈물을 흘려야 비로소 중독에서 벗어날 수 있다.

그렇다면 사람이 욕심에 중독되었을 때 나타나는 폐해는 어떤 것들이 있을까?

고통과 불행에 빠지다

하느님 마음을 제거하면 사람은 모두 개별적인 존재가 되는데, 이때
여러 가지 문제점들이 나타난다.

고독하다

개별적인 존재로 살면 다른 사람과 어울려 있어도 하나가 되지 못
한다. 아무리 많은 사람과 함께 있어도 결국 개인으로서 존재하는
것이기 때문에 사람들은 원초적으로 고독하다. 혼자 있으면 고독이
엄습해서 우울해진다. 고독하기에 사람들은 모이고 싶어 한다. 욕심
을 함께할 기회를 만들면 모이기가 좋다. 그래서 놀이 모임, 스포츠
모임, 계모임 등의 모임을 자꾸 만든다. 국가 단위의 운동경기를 할
때는 많은 사람이 모여서 자기 나라를 응원한다. 그러나 사람들이
여러 가지 모임들을 아무리 많이 만들어서 모여 있어도 원초적인 고

독은 해소되지 않는다. 헤어지는 순간 바로 허탈해진다. 모여 있을 때도 서로 경쟁하므로 헤어지고 난 뒤에 스트레스를 받기도 한다. 남자와 여자가 결혼해도 하나가 되는 것이 아니다. 개인과 개인이 한 집에 있는 것에 불과하다. 하나가 되지 못하기 때문에 한집에서 함께 살고 있어도 고독하다. 언제 헤어질지 예측할 수도 없다. 원초적인 고독에서 헤어나기 어렵다.

초라하다

사람이 개별적 존재로 살아가면 삶 자체가 초라해진다. 개인의 존재는 열 명이 있을 때는 십 분의 일이 되고, 백 명이 있을 때는 백 분의 일이 된다. 지구상에는 약 칠십억 명의 인구가 있기 때문에 개인의 존재는 칠십억 분의 일이다. 거의 제로에 가깝다. 인간의 존엄성은 어디에서도 찾을 수 없다. 한 사람을 죽이는 것은 제로에 가까운 것을 하나 제거하는 것에 불과하므로 사람을 죽이는 것이 대수롭지 않다. 살인자가 따로 있는 것이 아니라 누구라도 살인자로 돌변할 수 있다. 그 때문에 사회는 몹시 불안해진다.

얄팍하다

사람이 왜소하고 초라해지면 깊이가 없어 얄팍해진다. 마치 뿌리를 박지 못하고 물에 떠다니는 부평초 같다. 부평초는 바람만 불어도 흔들린다. 흔들리다 보면 자신감이 없다. 사람이 그렇다. 다른 사람의 말 한마디에도 심한 상처를 받는다. 값싼 옷을 입고 있는 사람은 그 옷을 훑어보는 다른 사람의 시선에도 충격을 받는다. 충격에서 벗어나는 방법 중 하나는 다른 사람과 같아지는 것이다. 다른 사람과 같은 옷을 입고 다른 사람과 같은 가방을 들고 다닌다. 명품이 인기를 끄는 이유가 여기에 있다.

흔들림을 방지하는 것 중 하나는 큰 것에 붙는 것이다. 연예인이나 스포츠맨 등의 팬이 되어 그들에게 달라붙는다. 스포츠팀의 팬이 되어 그들의 시합에 가서 열광하기도 한다.

긴장한다

사람들은 남남끼리 어울려 경쟁하면서 살아간다. 경쟁을 하면 긴장한다. 방심하는 순간 바로 도태되고 말기 때문이다. 긴장이 스트레스이다. 경쟁이 치열할수록 스트레스가 더 많이 쌓인다. 사람들이 경쟁 체제에서 사는 한 긴장에서 벗어날 수 없다.

피곤하다

긴장은 피로를 동반한다. 긴장이 지속될수록 피로가 누적된다. 경쟁하면서 살아가는 사람들은 늘 긴장하고 그 때문에 늘 피로하다. 정신적으로도, 육체적으로도 피로하다.

친구가 없어진다

경쟁이 치열할수록 사람들은 참된 친구를 사귀기 어렵다. 학교의 입학 동기나 회사의 입사 동기는 친구이지만, 겉으로만 친구일 뿐 실제로는 경쟁 상대이다. 친구가 경쟁자이기 때문에 나에게 좋은 일이 있으면 겉으로는 축하하지만 속으로는 배 아파한다. 나에게 나쁜 일이 있으면 겉으로는 위로하지만, 속으로는 기뻐한다. 친구의 말도 새겨보면 나를 저주하는 듯한 뼈 있는 내용이 들어 있다. 그래서 사람들은 친구와 어울리는 것을 차츰 싫어하게 된다.

사람들이 친구를 사귈 때도 그냥 사귀지 않고 경쟁력 있는 친구를 사귄다. 경쟁력 있는 사람을 찾기 위해서는 정보를 잘 알아야 한다. 정계나 재계에 막강한 영향력을 행사하는 삼촌을 둔 사람을 알았다면 그와 열심히 사귄다. 그런데 이틀 전에 그 삼촌이 돌아가셨다면 그 친구하고도 돌아선다. 더는 사귈 이유가 없기 때문이다. 오늘날 사람들의 친구 사귀는 방식은 이처럼 변모하고 있다. 개인과 개인의 사귐도 기업과 기업의 사귐도 국가와 국가의 사귐도 그러하다.

참된 사랑을 하기 어렵다

욕심에 갇혀 있는 사람은 연애할 때도 마음으로 하지 않는다. 욕심을 채울 수 있는 사람을 찾아서 연애를 해야 경쟁력이 있다. 십억 원이 들어 있는 통장을 가진 사람을 만나면 열심히 연애한다. 잘만되면 십억 원이 내 것이 될 수도 있기 때문이다. 연애하는 도중에 삼십억 원이 들어 있는 통장을 가진 사람을 만나면 사랑하던 사람을 버리고 빨리 그 사람과 연애한다. 우물쭈물하고 있으면 삼십억 원이 날아간다. 사랑하던 사람과 헤어질 때 미안한 마음을 갖거나 양심에 걸려 하는 사람은 경쟁력이 없다. '쿨' 하게 헤어져야 경쟁력 있는 사람이다. 이런 연애 방식이라면 연애를 하고 있어도 불안하다. 언제 헤어질지 모른다는 불안은 결혼한 후에도 계속된다. 사랑해서 결혼하고 가정을 가지고 살아도 사람은 외롭고 불안하다.

불쌍하다

욕심에 갇혀 욕심을 채우는 것으로 일관하는 사람은 뻐꾸기 새끼를 기르는 뱁새와 같은 존재이다. 그의 삶은 그 자체가 불쌍하다. 뱁새가 뻐꾸기 새끼에게 먹일 벌레를 잡느라 바쁘듯이, 사람들도 욕심을 채우느라 바쁘다. 뻐꾸기 새끼를 내다 버리고 자기의 새끼를 찾아야 함에도 그것을 잊어버리고 뻐꾸기 새끼만 기르는 뱁새처럼, 사람들은 자기의 본마음을 찾아야 함에도 그것을 잊어버리고 자기의 욕심 채우기에 급급하다. 사람들의 그런 모습이 참으로 불쌍하다. 맹자는 다음과 같이 말한다.

한마음이 사람의 본래 마음이고 의로움이 사람이 행해야 하는 길이다. 사람들은 그 길을 놓아두고 다니지 않으며, 그 마음을 방치하고 구할 줄을 모른다. 불쌍하다. 사람들은 기르던 닭과 개가 없어지면 찾을 줄 알지만, 자기의 마음이 없어졌는데도 찾을 줄을 모른다.

仁 人心也 義 人路也 舍其路而弗由 放其心而不知求 哀哉 人有雞犬放則知求之 有放心 而不知求(『孟子』「告子章句」上)

본래 마음을 잃고 욕심에 갇혀 사는 것은 그 자체로 이미 불행하다. 욕심에 갇혀 사는 사람이 노력하여 얻는 행복이란 참다운 행복이 아니다. 그것은 뻐꾸기 새끼를 기르는 뱁새가 뻐꾸기 새끼에게 줄 벌레를 잡았을 때 느끼는 행복과 같은 것이다. 그것을 알면 사람이 불쌍하다는 것을 안다. 장자는 다음과 같이 말한다.

한 번 몸을 받고 태어나 망가뜨리지 말고 저절로 다할 때까지 기다려야 하는데도, 남과 서로 공격하고 쓰러뜨리는 데 열중한다. 따라서 몸의 망가짐이 말이 달리듯이 빠르게 진행되는데도 멈추지 못하니 슬프지 아니한가! 평생을 끙끙거리며 애를 써도 성공하지 못하고, 피곤에 절어 나른한 상태로 쉬지 않고 일만 하면서 본래 모습으로 돌아가지 못하니, 불쌍하지 아니한가! 사람들이 그가 살아 있다 해도 가짜로 사는 것이니 사는 것이라 할 수 있겠는가! 그 몸이 늙고 죽으면 마음도 그와 함께 늙고 죽으니, 참으로 불쌍하지 아니한가!

一受其成形 不亡以待盡 與物相刃相靡 其行盡如馳 而莫之能止 不亦悲乎 終身役役而不見其成功 苶然疲役 而不知其所歸 可不哀邪 人謂之不死 奚益 其形化 其心與之然 可不謂大哀乎(『莊子』「齊物論」)

불행하다

욕심은 몸에 갇혀 있는 것이므로 사람이 욕심에 갇히면 몸과 함께 늙어야 하고 몸과 함께 죽어야 한다. 더욱이 오늘날 사람들은 모두 죽는다는 것을 불변의 진리처럼 배워왔다. 논리학에 삼단논법이 있다. '인간은 모두 죽는다. 소크라테스는 인간이다. 따라서 소크라테스는 죽는다'라고 판단하는 논법이 그것이다.

사람이 예외 없이 모두 죽는다면 죽음의 고통에서 벗어날 궁리를 하는 것은 아무 의미가 없다. 오늘날 대부분의 사람들이 그렇게 생각한다. 사람들은 자기의 죽음에서 벗어날 생각은 전혀 하지 않은 채, 남들과의 경쟁에서 이기기 위해 전력투구한다. 남들과의 경쟁에서 이기더라도 죽고 나면 의미가 없다. 인생은 그렇게 길지 않다. 지나온 시간이 길지 않았던 것처럼 남아 있는 시간도 그리 길지 않다. 그런데도 그런 생각을 하지 않고 경쟁에만 몰두하는 사람들을 보면 안타깝고 불쌍하다. 공자는 다음과 같이 말한다.

> 사람들은 모두 자기가 지혜롭다고 하지만, 그들을 몰아서 그물이나 덫이나 함정으로 넣는데도 피할 줄을 모른다.
>
> 人皆曰 予知 驅而納諸罟擭陷阱之中 而莫之知辟也(『中庸』 제7장)

그물과 덫과 함정은 짐승을 잡는 기구로, 거기에 걸려들면 죽는다. 사람을 그 속으로 몰아넣는다는 것은 죽음의 함정 속으로 몰아넣는다는 말이다. 세월이 사람을 죽음의 함정으로 쉬지 않고 몰아가고 있는데도 사람은 피할 줄을 모른다. 경쟁에서 이긴다 한들 죽음의 함정 속에 들어가면 아무 의미도 없지만 그것도 모르고 자기가 똑똑하다고 뽐내고 있으니, 불행한 일이다. 불교는 다음과 같은 깨우침을 전하고 있다.

> 나는 보았다, 진흙으로 만든 두 마리의 소가 다투면서 바다로 들어가는 것을. 그 뒤로 지금에 이르기까지 아무런 소식이 없다.
>
> 我見兩箇泥牛入海 直至如今無消息(『景德傳燈錄』 8권, 「龍山和尚章」)

진흙으로 만든 두 마리의 소는 열심히 다투지만, 바다로 들어가고 나면 모두 풀어져서 흩어진다. 바다에 들어가면 이긴 자나 진 자나 차이가 없다. 이긴 자도, 진 자도 흔적이 없다. 사람도 그렇다. 남들과의 경쟁에서 이기기 위해 열심히 다투고 있지만, 죽음의 바다에 들어간 뒤에는 이긴 자와 진 자의 차이가 없다. 둘 다 아무 흔적이 없이 사라진다. 죽음의 바다에 들어갈 날은 그렇게 많이 남지 않았다. 살아온 세월이 잠깐처럼 느껴지듯이 남은 시간도 잠깐이면 지나가고 말 것이다. 그런데도 사람들은 그것을 모르고 남과의 싸움에서 이기기 위해 전력투구한다. 불행한 일이다.

허무하다

사람들은 배고플 때는 열심히 노력하지만 배가 부르고 난 뒤에는 달라진다. 사람들은 배가 부르고 난 뒤에는 밥 먹을 궁리보다 다른 궁리를 한다. 평생을 먹고 남을 돈이 있는 사람은 먼 훗날을 위해 대비를 하고 계획을 세운다. 그러나 먼 훗날을 생각해보면 자기는 한 줌의 흙이다. 계획을 세우고 말고 할 것도 없다. 열심히 노력할 것도 없다. 허무한 자기의 일생을 실감하면 방탕하기도 한다. 알코올중독이 되는 사람이나 마약에 중독되는 사람 중에는 허무주의에 빠진 사람들이 상당히 많다. 그리고 이러한 허무주의는 쾌락주의로 진전된다.

03

욕심의 노예로 전락하다

사람들이 욕심에 갇히게 되면 욕심의 노예로 전락하여 많은 문제가
생겨난다.

인정이 메말라 간다

사람이 욕심에 갇히면 욕심의 노예가 되어 욕심을 채우느라 여유
가 없어진다. 욕심에 갇혀 있는 사람들은 각박해진다. 과거 사람들
에게 찾아볼 수 있었던 풍류나 멋을 찾기 어렵다. 사람들이 욕심 채
우기에 주력할수록 인정은 메말라 간다. 과거의 사람들은 지나가던
사람이 하룻밤 묵어가기를 청하면 얼른 모셔다가 먹이고 재워서 보
냈다. 그러나 지금은 그런 모습을 찾아보기 어렵다. 욕심에 갇혀 사
는 사람은 여유가 없다.

욕심에 갇혀 사는 사람은 욕심을 채울 수 있는 일이라면 무엇이

든 한다. 돈 몇 푼 받을 수 있는 일이라면 살인도 서슴지 않고 한다. 생사람을 납치해서 장기 매매를 하는 것도 다반사이다. 사회는 점점 포악해지고 사람들은 점점 악마로 변해간다.

가진 자의 횡포에서 벗어나기 어렵다

사람이 욕심에 갇히면 사람의 가치는 소유하고 있는 물질의 다과 多寡에 따라서 결정된다. 많이 가진 자가 우수한 사람이고 적게 가진 자가 열등한 사람이 된다. 욕심을 자유롭게 챙기게 되는 체제에서는 못 가진 자가 가진 자의 횡포에서 벗어나기 어렵다. 공산주의 세력이 사라지고 난 뒤로 가진 자의 횡포는 강도가 더 높아졌다. 약자는 아무리 노력해도 강자가 되기 어렵고, 약소국은 아무리 발버둥 쳐도 강대국이 되기 어렵다. 빈부의 격차가 점점 커져 양극으로 갈라지는 양극화 현상이 세계적으로 일어나고 있는 일반적인 현상이다.

욕구불만의 고통을 감당하기 어렵다

욕심에 갇혀 있는 사람은 욕심 채우는 것을 목적으로 삼는다. 욕심 채우기에 주력한 경우에는 삶의 결과가 욕심을 채운 경우와 못 채운 경우로 나누어진다. 욕심을 못 채운 것이 욕구불만이다. 욕심을 못 채운 사람은 바로 욕구불만의 충격에 빠진다. 반면에 욕심을 채운 사람은 행복해질 거라고 생각하지만, 사실은 그렇지 않다. 뱁새 둥지에서 자라고 있는 뻐꾸기 새끼가 먹이를 얻어먹을수록 커지는 것처럼, 욕심은 채울수록 점점 더 커진다.

일억 원을 모을 목적으로 적금 통장을 개설하고 열심히 일해서 일억 원을 모으면 행복해져야 하지만, 행복은 잠시뿐이다. 불쑥 커진 욕심은 십억 원을 채우라고 보챈다. 일억 원을 채운 사람은 구억 원을 못 채운 데 대한 욕구불만에 빠진다. 욕심의 노예가 된 그는 다시 십억 원을 채우기 위해 눈코 뜰 새 없이 일한다. 십억 원을 채우고 난 뒤에도 마찬가지다. 욕심은 다시 백억 원을 채우라고 보챈다. 욕심의 노예는 행복을 만끽할 여유도 없이 다시 백억 원을 채우기 위해 동분서주한다.

욕심을 채운 사람이 성공한 사람이고 행복한 사람인 것처럼 보인다. 하지만 실제로는 욕심을 채운 사람이 더 여유가 없고, 더 불만이 많을 수 있다. 욕심을 채우는 삶은 채운 경우나 못 채운 경우나 다 불행으로 끝난다. 뻐꾸기 새끼를 키우는 뱁새는 잘 키워도 불행하고 못 키워도 불행한 것과 같다. 행복은 오직 뻐꾸기 새끼를 내쫓고 자기의 새끼를 기르는 것에 있다. 사람도 마찬가지다. 행복은 오직 욕심을 없애고 본래 마음을 회복하는 데 있지만, 욕심의 노예는 그것을 알지 못한다.

욕구불만의 고통은 서서히 다가올 때도 있지만, 갑자기 다가올 때도 있다. 갑자기 다가오는 고통은 적응하기 어렵다. 가진 돈을 조금씩 잃어버릴 때는 차츰 적응할 수 있지만, 갑자기 많은 돈을 잃어버릴 때는 적응하기 어렵다. 갑자기 다가오는 고통을 견디지 못할 때 나타나는 극단적인 행동 중의 하나가 자살이다. 갑자기 많은 돈을 잃은 고통 때문에 자살하려는 사람이나, 갑자기 당한 실연의 고통 때문에 자살하려는 사람을 돕는 방법에는 어떤 것이 있을까?

고통은 욕심을 채우지 못한 데서 오는 것이고, 욕심은 의식 속에서 '내 것 챙기는 계산'을 했기 때문에 생긴다. 따라서 고통을 없애는 가장 빠른 방법은 욕심을 없애는 것이고, 욕심을 없애는 가장 빠른 방법은 의식을 흐릿하게 하여 기능을 약화시키는 것이다.

의식을 흐릿하게 하는 가장 빠른 방법 중의 하나는 술을 마시는 것이다. 술을 마셔서 의식이 흐릿해지면 '내 것 챙기는 계산'을 하지 못하게 되고, '내 것 챙기는 계산'을 하지 못하면 욕심이 사라져 고통에서 벗어날 수 있다. 술을 마셔서 마비된 고통은 술이 깬 뒤에 되살아난다. 그때는 잠을 자면 된다. 잠을 자면 의식이 작동하지 않으므로 욕심이 없어지고 고통도 함께 잠든다. 그러나 잠에서 깨면 고통도 함께 잠에서 깬다. 그러면 다시 술을 마시고, 술이 깨면 다시 자도록 유도한다. 이런 방법을 언제까지나 되풀이해야 하는 것은 아니다. 술에 취해 의식이 흐릿할 때나, 잠이 들어서 의식도 잠들어 있을 때는 하늘 마음이 고통을 잊으라고 지시한다. 고통스러운 사람이 푹 자고 나면 고통의 정도가 훨씬 줄어드는 이유가 그 때문이다.

모든 고통의 내부에는 근본적인 원인(因)과 외적 조건(緣)이 있다. 돈을 잃어버렸을 때의 고통에도 그렇고, 실연을 당했을 때의 고통에도 그렇다. 갑자기 돈을 잃어버렸을 때 고통받게 되는 내적 원인은 의식 속에 '돈은 좋은 것'이라는 고정관념을 집어넣은 것이고, 외적 조건은 돈을 가져간 사람이 있다는 것이다. 갑자기 실연을 당하여 고통받게 되는 내적 원인은 사랑하는 사람과 함께 평생토록 살 것이라는 고정관념을 집어넣었기 때문이고, 외적 조건은 사랑하는 사람이 떠났기 때문이다.

외적 조건이 일어나는 것은 남에게 달려 있지만, 의식 속에 고정관념을 집어넣은 것은 자기에게 달려 있다. 외적 조건을 해결하면 그 즉시 고통은 해결되지만, 그 조건은 언제나 다시 일어날 가능성이 있다. 그러므로 고통을 해결하는 근본 대책은 의식 속에 집어넣은 고정관념을 지워버리는 것이다. 술을 마시든지 잠을 자든지 해서 우선 고통을 완화시켜야 하지만, 근본적인 해결책은 의식 속에 집어넣은 고정관념을 지우는 것이다.

04

정상적 삶을 유지하기 어렵다

욕심을 사람의 마음으로 판단했을 때의 삶의 방식은 욕심을 채우되, 남과 충돌하지 않으면서 채우는 방식이었다. 그것은 남과 충돌하지 않으면서 욕심을 채울 수 있도록 이성의 힘으로 조절하는 것이었다. 그러나 이런 방식의 삶은 결국 한계를 맞이할 수밖에 없다. 욕심을 조절하는 것은 욕심을 억압하는 것이므로 기본적으로 스트레스로 나타난다. 마음껏 채우고 싶은 원초적인 욕구와 절제해야 하는 이성이 충돌을 일으키기 때문이다. 그것은 술을 계속 마시면서 흐트러지지 않도록 정신을 가다듬는 것과 같은 것이다. 술을 마시고 싶은 욕구와 정신을 가다듬는 것은 충돌하기 때문에 균형을 지키기가 어렵다. 욕심과 절제의 관계도 그렇다. 욕심을 채우고 싶은 것과 절제해야 하는 것은 충돌하기 때문에 균형을 유지하기 어렵다. 균형을 지키지 못하면 안정된 삶을 유지할 수 없다. 그런 사람들이 많아지면 그 사회는 혼란스러워진다.

인간이 욕심을 절제하지 못하게 되는 이유에는 여러 가지가 있다.

욕심을 채울 자신이 있을 때 절제력은 힘을 잃는다

사람이 욕심을 절제해야 하는 이유는 자기가 다치기 때문이다. 욕심을 절제하지 않고 무분별하게 채우면 남들과 충돌하여 자기도 다치게 되므로 이성의 힘으로 규칙과 법을 만들어 다 함께 지키도록 노력한다. 이런 방식은 자기의 힘이 막강해져서 욕심을 마음껏 채워도 다치지 않을 자신이 있을 때는 지키지 않는다.

국가와 국가 사이에 맺은 평화조약이나 불가침조약은 두 국가 사이에 힘의 균형이 팽팽하게 유지될 때만 효력이 있다. 한 국가의 힘이 월등히 커져서 평화조약이나 불가침조약을 지키지 않아도 아무런 피해를 입지 않을 자신이 있을 때는 지키지 않는다. 미국의 조지 부시George Walker Bush 전 대통령은 유엔에서 이라크 침공이 불가하다고 결정했음에도 침공을 감행했다. 당시의 미국은 유엔의 결정을 무시해도 좋을 만큼 자신이 있었다.

절제력은 욕심을 감당할 수 없을 때 힘을 잃는다

욕심은 채울수록 자꾸 커지기 때문에 절제력은 커지는 욕심을 감당할 수 없다. 절제력이 욕심을 감당하지 못하는 경우가 중독이다. 중독자란 욕심을 절제할 능력을 상실한 사람을 말한다. 욕심이 자꾸 커질수록 중독자는 늘어난다. 욕심에 중독되면 이성을 잃기 때문에 무슨 일을 저지를지 알 수가 없다. 지나가는 사람들을 무차별적으로 살해할 수도 있고, 자동차를 몰고 사람들 틈으로 질주하는 수도 있다. 영국의 훌리건들은 예법을 무시하고 난폭한 일을 마음대로 저지르기도 하고, 일본의 폭주족들은 오토바이를 타고 떼를 지어 달리며 길거리를 무법천지로 만들기도 한다.

규칙과 법이 욕심을 채우는 수단이 될 때 폭력의 무기가 된다

욕심에 갇힌 사람의 원초적인 목표는 욕심을 채우는 데 있다. 규칙과 법을 만들어 지키는 것은 욕심을 마음껏 채울 수 없기에 부득이하게 만들어낸 이차적인 목표이다. 이차적인 목표가 늘 일차적인 목표 달성을 위한 수단이 되는 데서 문제가 생긴다. 공존하기 위해 만든 규칙과 법이 욕심을 채우기 위한 수단으로 전락할 때는 오히려 세상을 더 혼란하게 하는 원인이 된다. 강자는 규칙과 법을 공평하게 만들지 않고 자신에게 유리하게 만들거나 자신에게 유리하게 해석하여 약자의 것을 빼앗는다. 약자가 강자에게 당하지 않기 위한 수단은 뭉치는 것뿐이다. 공산주의가 무너진 뒤에도 약자들은 노동조합 등의 형태를 만들어 단합된 힘으로 강자와 투쟁하지만, 그때의 투쟁 수단 역시 규칙과 법이다.

규칙과 법이 투쟁의 수단이 되면 세상의 혼란을 막을 길이 없다. 노자는 다음과 같이 말한 적이 있다.

도를 잃은 뒤에 덕이 중요해지고, 덕을 잃은 뒤에 인이 중요해지며, 인을 잃은 뒤에 의로움이 중요해지고, 의로움을 잃은 뒤에 예가 중시된다. 예라는 것은 본래 마음의 껍데기이며 어지러움의 우두머리이다.

失道而後德 失德而後仁 失仁而後義 失義而後禮 夫禮者 忠信之薄 而亂

之首(『老子』제38장)

혼돈의 상태에서는 모두가 하나이다. 일체의 구별 의식이 없었
다. 모두 자연의 모습으로 살았다. 그런 모습이 참이었다. 기독교에
서 말하는 아담과 하와가 그런 사람이었고, 장자가 말하는 진인眞人
이 그런 사람이었다. 그냥 그렇게 살면 되지만, 혼돈의 모습을 잃었
을 때 문제가 된다. 그럴 때 중요한 것은 혼돈의 모습을 되찾는 능력
이다. 그것이 덕이다. 덕만 있으면 혼돈의 모습을 되찾고 모든 문제
가 해결된다. 그러나 혼돈의 모습을 회복하는 능력을 상실했을 때
문제가 심각해진다. 이때 해결 방법은 마음속에 남아 있는 혼돈의
마음을 찾아서 붙잡는 것이다. 그 남아 있는 혼돈의 마음이 인이다.
혼돈의 마음을 잘 알 수 없을 때는 혼돈의 마음을 지킬 방법이라도
알면 된다. 그것이 의로움(義)이다. 혼돈의 마음을 지킬 방법도 모
를 때 선택할 수 있는 마지막 방법이 예법을 지키는 것이다. 예법은
행동으로 드러난 삶의 방식이고 모두가 공존할 수 있는 행동 방식이
다. 그런 의미에서 예법은 본래 마음을 담고 있는 그릇이기도 하다.
그러나 사람의 마음이 욕심으로 가득 차면 예법이라는 그릇이 담고
있던 본래 마음이 사라지고, 대신 그 자리에 욕심이 자리 잡는다.
욕심이 예법이라는 그릇에 담기고 난 뒤에는 예법은 욕심을 채우는
수단이 되고, 투쟁을 위한 수단이 된다.
　예법으로도 세상을 바로잡으려고 할수록 세상은 혼란의 도가니

로 빠져든다.

불법적 폭력으로 세상이 얼룩진다

법과 규정을 근거로 한 약자들의 투쟁은 제도 안에서의 투쟁이다. 제도권으로 들어가지 못하는 약자들은 법과 규정을 통해서 투쟁할 수 없다. 그런 사람들은 극단적인 자해를 통해서 호소하거나 불법적인 폭력을 통해 저항한다. 분신자살 같은 극단적인 행위를 통해서 호소하는 것은 전자이고, 각종의 테러를 통해 저항하는 것은 후자이다. 사람들의 욕심이 많아질수록 약자들의 저항이 많아지고 그 때문에 세상은 폭력으로 얼룩진다.

욕심이 많아질수록 사람들은 우울해진다

욕심을 채우려고 할수록 사람들은 남과 경쟁하고 투쟁한다. 그럴수록 경쟁에서 밀려난 사람들은 우울해지고 투쟁에서 패배한 사람들은 처참해진다. 모든 경쟁에서 다 이기는 사람은 없다. 모든 투쟁에서 다 승리하는 사람도 없다. 그래서 사람들은 모두가 우울해지고 처참해진다. 사람들이 극단적으로 우울해질 때 취하는 행동 중 극단적인 것이 자살이다. 유사 이래 오늘날처럼 자살률이 높은 시대는 없었다.

욕심을 채울 수 없을 때 포기하는 사람이 속출한다

욕심 채우기로 일관하는 사람들 중에는 욕심을 채울 수 있는 능력이 모자라는 사람이 있다. 욕심이 적으면 가진 것이 적어도 그럭

저럭 살 수 있지만, 욕심이 많아지면 가진 것이 적은 것을 견디지 못한다. 가진 것이 적어서 욕심이 그것을 용납하지 못할 때 택하는 극단적인 것 중의 하나가 포기이다. 모든 것을 포기하면 욕심을 채워야 하는 고통이 없어진다. 노숙자의 삶이 그러하다.

손해가 될 때는 절제력을 상실한다

사람이 욕심을 참고 절제하는 이유는 그래야 살 수 있기 때문이다. 만약 법과 규칙을 지키면서 절제하는 것이 그렇지 않을 때보다 손해라면 사람은 법과 규칙을 지키지 않는다. 법을 어기고 영업하는 것이 많은 돈을 벌 수 있는 경우라면 사람들은 법을 지키지 않을 것이다. 만약 법을 위반해서 낼 벌금보다 번 돈이 월등히 많다면 법으로 불법 영업을 막을 수 없다. 그렇게 되면 불법 영업이 성행하게 되고 사회는 혼란해진다.

자연보호와 환경보호의 한계

욕심 채우기로 일관된 사람은 자연을 오염시키고 환경을 파괴한다. 욕심에 갇혀 사는 사람은 욕심을 채울 수 있는 일이라면 무엇이든지 한다. 자연도 마구 오염시키고 환경도 무분별하게 파괴한다. 환경 파괴가 이대로 계속 진행되면 지구환경은 사람이 살 수 없는 환경으로 변모할지도 모른다. 환경 단체들은 지구환경을 보호하기 위한 운동을 대대적으로 전개한다. 그러나 결론적으로 말하면 환경 단체들의 환경보호 운동은 성공하기 어렵다. 환경보호 단체가 환경을 보호하는 목적도 사람이 사는 데 따르는 이익과 연관되기 때문이다. 환경 단체들의 논리를 따른다면 환경을 보호하는 것이 손해가 될 때는 보호하지 않을 것이다. 어떤 사장은 다음과 같이 생각할 수도 있다. '만약 공장 폐수를 방류하면 환경이 오염되어 먼 장래에는 사람이 살 수 없는 환경이 될지도 모르지만, 그것은 먼 훗날의 일이다. 폐수를 방류하지 않으면 당장 망할 수밖에 없다.' 이렇게 판단한다면 폐수를 방류하고 말 것이다. 이해득실을 따져서 환경을 보호하는 것은 시작에서부터 이미 실패할 수밖에 없는 숙명을 가지고 있다.

이상과 같은 문제점들이 도처에서 일어나게 되면 세상이 자꾸 혼란해져서 더는 살 수 없는 세상이 되고 만다. 그런데도 사람들은 세상을 바로잡을 방안으로 이성의 힘을 강조하고 절제력을 향상시킬 교육에 매달린다. 오늘날 세계적으로 시행하고 있는 인성 교육이 거의 그런 내용들이다. 술을 마시는 사람이 흐트러지지 않기 위해 정신을 차리는 것은 술을 적게 마셨을 때만 가능하다. 술을 너무 많이 마시면 모든 노력이 허사가 된다. 흐트러지지 않도록 정신을 차리는 근본 방식은 술을 마시지 않는 것뿐이다. 사람이 사는 것도 그렇다. 욕심을 자꾸 키우면서 이성의 힘으로 절제하는 것에는 한계가 있다. 세상을 안정시키는 근본적인 방법은 욕심을 버리고 본래 마음으로 돌아가는 것뿐이다. 맹자는 다음과 같이 말한다.

어느 날 맹자가 양나라의 혜왕을 만났을 때, 양나라 혜왕이 그에게 말했다. "영감님께서 천 리를 멀다 않고 와 주셨으니, 우리나라를 이롭게 해주실 무슨 방법이 있습니까?" 이에 맹자가 대답했다. "왕은 하필이면 이익을 말씀하십니까? 방법은 오직 한마음을 회복하는 것에 있을 뿐입니다. 왕이 '무엇으로 우리나라를 이롭게 할까?' 하고 생각하면, 대부들은 '무엇으로 우리 집안을 이롭게 할까?' 하고 생각할 것이며, 백성들은 '무엇으로 내 몸을 이롭게 할까?' 하고 생각할 것입니다. 그렇게 되면 윗사람과 아랫사람이 서로 이익을 다투어서 나라가 위태로워질 것입니다. …… 참으로 한마음을 찾지 않고 이익만을 좇는다면 빼앗지 않고는 만족하지 않을 것입니다. 한마음을 가지면 자녀가 부모를 버리는 일이 없을 것이고, 아랫사람이 윗사람을 해치는 일이 없을 것입니다. 그러므로 오직 한마음을 회복하는 것만이 방법입니다. 왕은 하필이면 이익을 말씀하십니까?"

孟子見梁惠王 王曰 叟不遠千里而來 亦將有以利吾國乎 孟子對曰 王何必曰利 亦有仁義而已矣 王曰何以利吾國 大夫曰何以利吾家 士庶人曰何以利吾身 上下交征利 而國危矣 …… 苟爲後義而先利 不奪不饜 未有仁而遺其親者也 未有義而後其君者也 王亦曰仁義而已矣 何必曰利(『孟子』「梁惠王章句」上)

오늘날 세상이 혼란한 것은 사람들이 욕심을 채우는 삶을 살기 때문이다. 욕심 채우는 삶이 자꾸 치열해지면 나라뿐 아니라 온 세상이 혼란해져 위태로워질 것이다. 사람들이 욕심 채우는 것을 정상으로 생각하는 한, 세상의 혼란은 멈추지 않을 것이다. 사람들이 욕심 채우기에 몰두하면서 사는 것은 정상이 아니다. 석가모니가 보면 불쌍한 중생이고, 공자가 보면 불행한 소인이다.

진리를 상실하고 욕심에 갇혀서 사는 것은 그 자체가 불쌍하고 슬프고 고통스러운 일이다. 행복은 오직 욕심에서 벗어날 때만 찾아온다. 욕심은 채울수록 커지기 때문에 욕심을 많이 채운 사람일수록 욕심을 버리기 어렵고, 진리를 회복하기도 어렵다. 예수는 다음과 같이 말한 적이 있다.

내가 진정으로 너희에게 말한다. 부자는 하늘 나라에 들어가기가 어렵다. 내가 다시 너희에게 말한다. 부자가 하나님의 나라에 들어가는 것보다 낙타가 바늘귀로 들어가는 것이 더 쉽다.(「마태복음」, 19장 23~24절)

부자들은 이미 욕심을 채운 사람이다. 욕심을 채우지 못한 사람은 욕심이 크지 않기 때문에 버리기가 쉽지만, 욕심을 채운 사람은 욕심이 크기 때문에 버리기가 어렵다. 욕심을 버리지 못하면 진리를 회복하기 어렵고, 천국으로 들어가기 어렵다. 부자가 천국 가기 어렵다는 말은 그래서 나온 말이다.

사람은 누구나 진리의 모습으로 태어났으나 자라면서 진리의 모습을 상실했다. 모든 불행은 진리를 잃었기 때문에 오는 불행이다. 사람은 불행한 상태로 인생을 마감하면 안 된다. 반드시 진리를 회복하여 행복하게 살아야 한다. 진리를 얻지 않아도 되는 사람은 없다. 진리를 얻는 것은 본래부터 가지고 있었던 하느님 마음을 회복하는 것이다. 하느님 마음을 회복하는 모든 방법을 통틀어 수신修身

이라 한다. 이 세상에 수신을 하지 않아도 되는 사람은 없다. 한 사람도 예외 없이 모두 수신하여 행복해져야 한다. 『대학』이란 책에서는 이를 다음과 같이 구체적으로 표현하고 있다.

천자에서부터 서인에 이르기까지 하나같이 모두가 수신을 근본으로 삼아야 한다.
自天子以至於庶人 壹是皆以修身爲本(『大學』經一章)

수신하지 않은 사람은 아무리 성공을 해도 잘된 것이 아니다. 수신의 목적은 본래부터 가지고 있었던 하느님 마음을 회복하는 것이다. 하느님 마음이 '인'이므로, 모든 사람의 목적은 인을 얻는 것이어야 한다. 예외가 있어서는 안 된다. 공자는 다음과 같이 말한다.

오직 인을 회복하는 것을 목적으로 삼을 때만 잘못될 것이 없다.
苟至於仁矣 無惡也(『論語』「里仁篇」)

오늘날 많은 사람들이 인을 회복하는 일을 내버려두고 욕심 채우는 일에 매진한다. 행복으로 달려가는 것이 아니라, 행복을 등지고 달리면서 행복과 멀어져 가고 있다. 『시경』에 〈산골바람〉이라는 제목의 시가 있다.

산골바람 산들산들 불어오더니
어느덧 구름 끼고 비가 내린다.

어려울 땐 마음 합쳐 애써왔는데
이제 와서 화를 내면 어찌합니까?
순무 뽑고 무 뽑아 먹을 때에는
맛없는 아랫부분 탓하지 마오.
그때 맺은 그 언약을 어기지 말고
죽는 날까지 우리 사랑 변하지 말자.

집 나와 가는 길이 이리 더딘가.
후련하게 못 떠나는 질긴 이 인연
멀리까지 배웅도 아니해주고
박정하게 집 안에서 나를 보내네.
그 누가 씀바귀가 쓰다고 했나
나에게는 냉이처럼 달콤한 것을
그이는 새살림에 마음이 빠져
형제처럼 오순도순 지내고 있네.

경수가 위수 만나 더욱 흐려도
가 쪽엔 맑은 곳도 없지는 않아
그이는 새살림에 마음이 빠져
이제 나를 달갑게 아니 여기네.
내가 만든 어살에는 가까이 가지 마오.
내가 쳐놓은 그 통발은 들추면 안 돼.
하기야 집에서 쫓겨난 이 몸

뒷일을 걱정해서 무엇하리오.

깊은 물에 다가가 건널 때에는
뗏목 타고 배를 타고 건넜었지요.
얕은 물에 다가가 건널 때에는
옷을 벗고 헤엄쳐서 건넜었지요.
있는 것 없는 것 아니 가리고
온갖 궂은일을 도맡았지요.
이웃에 어려운 일 있을 때에는
있는 힘 안 아끼고 도왔었지요.

따뜻한 위로 한 번 해주지 않고
도리어 원수 보듯 나를 대하네.
헌신짝 버리듯이 나를 버리니
다른 사람들까지 나를 무시해.
옛날에 없는 살림 헤쳐나갈 땐
힘을 합쳐 모진 고생 다했었건만
이제 겨우 살림살이 넉넉해지자
독벌레 바라보듯 나를 대하네.

맛있는 김장 김치 담가놓아도
겨울 한 철 나고 말면 그만인 것을
그이는 새살림에 마음이 빠져

어렵고 힘든 일만 나에게 시켜
사납고 무서워진 그대 모습은
이다지도 나에게 모질어졌네.
옛날에 시집올 때 나를 감싸던
그 사랑 어이하고 나를 버리나.[10]

여인이 가난한 집에 시집가서 죽을 고생을 하면서 돈을 모았다.
그러나 여인이 모은 그 돈은 남편의 돈이 된다. 여인은 고생을 너
무 많이 해서 얼굴이 삭았다. 돈이 많은 남편은 젊은 여인과 살림
을 차리고 여인을 내쫓았다. 여인이 쫓겨나면서 노래를 불렀다. 공
자가 이 노래를 『시경』에 실은 이유는 무엇일까? 우선은 세상 남
자들을 깨우치는 것이다. 이 시는 남자들의 철면피한 행동을 꾸
짖는 효과가 있다. 그러나 여인도 잘한 것이 아니다. 몸과 돈을 비
교하면 몸이 더 중요한데, 여인은 돈을 버느라 몸을 망가뜨렸다.
이는 여인의 실수이다. 이 외에도 여인은 또 다른 실수를 했다. 한
마음을 챙기는 수신을 하지 않은 것이다. 만약 수신해서 군자가
되었다면, 부처님처럼 되었다면 쫓겨난다고 해서 슬플 일이 없다.
오히려 남편을 불쌍한 중생으로 여기고 동정할 것이다. 세상에서
받게 되는 모든 고통의 원인은 수신하지 않았기 때문이다.

사람들이 수신하지 않게 된 데에는 원인이 있다. 사람들 스스로
하느님 마음을 걷어낸 것이 가장 큰 실수이다. 하느님 마음을 걷어
낸 뒤에 사람들은 생존경쟁과 약육강식의 자연법칙을 찾아냈고 그

것을 삶의 방법으로 여겼다. 또 한 번 실수한 것이다. 자연계의 삶의 방식은 약육강식처럼 보이지만 사실은 서로 도우면서 사는 데 있다. 『중용』 30장에 다음과 같은 말이 있다.

만물이 어울려 자라면서 서로 해치지 않는다.
萬物並育而不相害

사자가 사슴을 잡아먹는 것은 일견 약육강식으로 보이지만 사실은 그렇지 않다. 사슴들이 살기에 초원의 풀이 부족하면 사슴들은 영양실조가 되어 다 죽을 운명에 처한다. 그럴 때 적당한 수의 사슴만 남겨놓고 나머지를 사자가 잡아먹는다. 부분적으로만 보면 약육강식의 원리가 옳은 것처럼 보이지만, 전체적으로 보면 그렇지 않다. 사슴 전체의 삶에서 보면 사자는 고마운 존재이다. 사자는 사슴의 생존을 도와주고 있는 것이다. 사자는 결코 사슴을 다 잡아먹는 법이 없다. 강한 사자가 약한 사자를 잡아먹는 법도 없다. 그런데 사람은 약육강식이 일어나는 단면만 보고 그것을 사람의 삶에 적용시켜, 강한 사람이 약한 사람을 죽이는 원리로 삼았다. 오늘날 사람들이 만들어낸 삶의 방식은 자연법칙을 '생존경쟁', '약육강식'으로 규정하는 잘못된 가설을 바탕으로 하고 있다. 정치학, 법학, 경제학, 경영학, 교육학 등의 인문사회과학의 이론들도 잘못된 가설에 근거하고 있다. 그러므로 그 이론들은 부분적으로는 옳게 보이지만, 근본적으로는 옳지 않기 때문에 한계를 맞이한다. 한 이론이 한계에 다다르면 그것을 극복하는 새로운 이론이 나오고, 새로 나온 이론이 또

한계에 다다르면 또다시 새로운 이론이 나온다. 사람들은 이러한 과정을 발전이라고 하지만, 사실은 발전이 아니다. 잘못된 가설로 인해서 생기는 문제점이 되풀이되는 것일 뿐이다.

이는 과일나무를 가꾸는 경우에도 해당이 된다. 과일나무에 벌레 A가 침범하면 과일나무를 가꾸는 사람이 벌레 A를 퇴치하는 농약 A'를 개발하여 벌레 A를 퇴치한다. 농약 A'는 벌레 A를 퇴치하는 데 큰 역할을 했다. 그러나 다음에 벌레 B가 침범하면 A'는 효력이 없다. 다시 농약 B'를 개발해야 한다. 이런 방식으로 농약 C', 농약 D'… 등으로 계속 개발해야 한다. 이는 발전이 아니다. 근본적인 실수에서 오는 잘못의 연속이다. 과일나무를 가꾸는 사람의 실수는 뿌리를 가꾸지 않은 것이다. 뿌리가 완전히 망가지면 어떤 농약도 효과가 없을 때가 온다. 오늘날 사람들의 삶의 방식도 그렇다. 잘못된 가설로 인한 실수를 되풀이하고 있다.

그 결과 세상은 아비규환의 지옥으로 변해가고 사람들의 욕심은 눈덩이처럼 커지게 되었다. 불행한 일이다. 이러한 불행에서 벗어나는 근본적인 방법은 오직 하나, 수신뿐이다. 수신은 과일나무의 뿌리를 가꾸는 것에 해당한다.

IV

진리를 어떻게
회복할 것인가

모든 것이 고통이다. 생로병사가 고통이고, 그리운 이를 만나지 못해 고통이고, 미운 이를 만나서 고통이다. 모든 고통에는 원인이 있다. 고통의 원인을 제거하면 고통은 사라진다. 고통을 없애는 데는 방법이 있다.

01
고통의 근원 없애기

사람이 산다는 것은 밀려오는 고통을 극복해가는 과정이다. 고통을 극복하면 행복감을 느낀다. 행복감의 양은 고통의 양과 같다. 고통을 극복하면 고통의 양만큼 행복해진다. 밥 한 끼를 먹었을 때의 행복감은 밥 한 끼를 굶었을 때의 고통과 같은 양이다.

　고통에는 여러 층이 있다. 작은 고통도 있고 큰 고통도 있다. 작은 고통을 당하고 있을 때는 그것이 가장 큰 고통처럼 느껴지지만, 더 큰 고통을 당하면 작은 고통은 고통 축에 들어가지도 않는다. 밥 한 끼를 굶을 때의 고통은 실연의 고통에 비하면 고통 축에 들어가지 않는다. 밥을 굶으면 난동을 부리던 사람이 실연의 고통을 당하면 주는 밥도 먹지 않는 것은 그 때문이다. 손가락 하나가 잘려나가면 큰 고통을 느끼지만, 팔이 잘려나간 고통에 비하면 그것은 고통 축에 들어가지 않는다. 팔이 잘려나갔을 때의 고통은 큰 고통이지만,

병이 들어 죽게 되었을 때의 고통에 비하면 그것은 고통 축에 들어가지 않는다. 행복도 마찬가지다. 작은 고통을 해결했을 때의 행복은 큰 고통을 해결했을 때의 행복감에 비하면 행복 축에 들어가지 않는다.

그러므로 작은 고통을 해결하느라 평생을 소모하는 것은 지혜롭지 못하다. 큰 고통을 해결하여 큰 행복을 얻어야 지혜롭다. 그렇다고 큰 행복만을 추구하다가 당장의 고통을 해결하지 못하는 것은 지혜롭지 못하다. 바람직한 것은 당장의 고통을 어느 정도 해결하면 거기에 머물지 말고 바로 큰 행복을 얻는 방향으로 전환해야 한다.

우리는 열심히 살았다. 열심히 살지 않으면 남과의 경쟁에서 살아남을 수 없기에 열심히 살았다. 그 덕에 학교도 다녔고 돈도 벌었다. 앞으로도 이렇게 산다면 어떻게 될 것인가? 영원히 이렇게 살 수는 없을 것이다. 언젠가 마지막 순간을 맞이할 것이다. 그때를 예측해보면 어떨까? 평생 살아온 동안 성공적으로 산 것에 대해 만족하면서 죽을 수 있을까? 아니면 허망할 것인가?

평생 모은 돈은 죽는 순간 의미 없이 사라지고 말 것이다. 그런 돈을 벌기 위해 한 평생을 다 바쳤다는 생각이 든다면 어떨까? 아마도 몹시 후회스러울 것이다. 잘못 살았다는 생각이 들지도 모른다. 다시 살고 싶을지도 모른다. 그러나 인생은 두 번 살 수가 없다. 그러므로 지금 잘 생각해봐야 한다. 후회하게 될 인생을 살 수는 없다. 앞으로의 인생길을 지금까지 살아온 것처럼 갈 수는 없다. 레일 위를 달려온 기차라면 같은 레일 위를 달릴 수 없다. 그렇다면 어느 길로 달려가야 할 것인가? 그것은 알 수가 없다. 알 수는 없지만 지금까지와 같은 방식으로는 살 수 없다. 그런데도 많은 사람들이 지금까지와 같은 방식으로 매일을 사는 것은 무엇 때문인가? 아마도 남은 시간이 까마득하게 많다고 여기기 때문일 것이다.

그러나 지나온 시간을 생각해보면 절대 그렇지 않다. 지나온 시간은 이십 년도 한 달처럼 느껴질 것이고, 삼십 년이나 사십 년도 그렇게 느껴질 것이다. 그렇다면 남은 시간도 마찬가지다. 삼십 년이나 오십 년을 더 산다 해도 한 달이나 두 달 정도 남은 것처럼 빠르게 지나고 말 것이다. 그런 생각을 하면 불치병에 걸린 사람이 의사에게 살 수 있는 날이 두 달 정도 남았다는 말을 들은 것과 같은 심정이 될 것이다. 그런 심정으로는 지금까지와 같은 방식으로 살 수 없다. 지금까지의 삶의 방식에서 벗어나 방황할 수밖에 없다. 인생의 의미를 찾을 수 없어서 방황하는 것은 매우 중요하므로 그것을 철학적 방황이라 이름 붙여도 좋겠다.

중국 당나라 때의 이고李翱(770~841년)도 철학적 방황을 했다.

내가 살아온 햇수는 이십구 년이다. 열아홉 살 때를 생각해보면 아침에 있었던 일 같고, 아홉 살 때를 생각해봐도 또한 아침에 있었던 일 같다. 사람의 수명은 아무리 길어도 칠십, 팔십, 구십 년에 지나지 않는다. 백 년을 사는 것은 드물다. 백 살이 되었을 때에 아홉 살 때를 돌아본다면 내가 오늘 지난 일을 생각하는 것과 차이가 크게 있을 것인가! 그 또한 아침에 있었던 일과 차이가 있겠는가! 그렇다면 사람이 살아서 백 년을 누린다 하더라도 우레와 번개가 치는 것과 같고 바람이 회오리쳐서 도는 것과 같은 것임을 알 수 있다. 하물며 천 사람 백 사람 가운데 한 사람도 백 살을 살 수 없음에야!

吾之生二十有九年矣 思十九年時 如朝日也 思九年時 亦如朝日也 人之 受命 其長者 不過七十八十九十年 百年者則稀矣 當百年之時 而視乎九年 時也 與吾此日之思於前也 遠近其能大相懸耶 其又能遠於朝日之時耶 然 則人之生也 雖享百年 若雷電之驚相激也 若風之飄而旋也 可知耳矣 況 千百人 而無一及百年者哉(『李文公集』 2권, 「復性書」 下)

이고는 인생의 덧없음에 고뇌하며 방황하고 있었다. 방황은 아픔이다. 삶의 의미를 찾지 못해 헤매는 것은 아픔일 수밖에 없다. 아픈 사람이 의사의 말에 귀를 기울이듯, 마음이 아픈 사람은 아픈 마음을 달래주는 사람에게 귀를 기울일 수밖에 없다. 마음이 아파 헤매던 사람은 "배우고 때맞게 익히니 기쁘지 아니한가!"라는 공자의 말을 들으면 귀가 번쩍 뜨인다. "모든 것이 고통이다"라고 한 석가모니의 말을 들어도 귀가 뜨인다. "수고하고 무거운 짐 진 자들아, 다 내게로 오라. 내가 너희를 쉬게 하리라"라는 예수의 말을 들어도 귀가 뜨인다.

공자도 심각하게 방황했던 사람이다. 석가모니도, 예수도 그랬다. 심각한 방황 끝에 일체의 아픔을 극복한 사람들이다. 마음이 아파 헤매는 사람에게는 그들을 만나 그들의 말을 듣는 것보다 더 좋은 일이 없다. 이때 주의해야 할 것이 있다. 불치병에 걸린 사람이 간절하듯, 마음이 아픈 사람도 간절하다. 간절하기에 사기꾼에게 걸리기 쉽다. 돈을 사기 치는 사기꾼은 시간이 조금만 흐르면 탄로 나지만,

마음을 사기 치는 사람은 늦게 탄로 나기 때문에 분간하기 어렵다. 사기를 당하지 않는 최선의 방법은 이천 년, 삼천 년이 지나도 계속 이어지는 가르침을 따르면 된다. 경전의 내용이 그런 가르침이다. 경전의 내용을 기준으로 판단하면 사기를 당하지 않을 수 있다.

공자는 학문을 강조했고, 석가모니는 깨달음을 강조했으며, 예수는 믿음을 강조했다. 진리로 가는 길이 이처럼 다른 까닭은 환경이 다르기 때문이다. 공자가 살았던 지역은 기후가 온난하고 정착 생활을 할 수 있으며 시간적인 여유도 있는 곳이었다. 그리고 예로부터 진리의 가르침이 전해오고 있었다. 그런 곳에서는 한 곳에서 차분하게 배우는 것이 가장 효과적이다. 공자가 학문을 강조한 까닭은 이 때문이다.

날씨가 더워서 움직이는 것도 싫을 정도로 짜증이 나는 곳에서는 학문을 해서 진리에 이르는 것이 힘들다. 나무 밑에 앉아서 차분히 생각하다가 깨달음을 얻는 것이 가장 효과적일 것이다. 석가모니는 그렇게 해서 깨달았다. 불교에서 깨달음을 강조하는 이유가 그 때문이다. 농경 생활을 할 수 없을 정도로 척박한 곳에서 양 떼를 몰고 풀이 있는 곳으로 끊임없이 이동해야 하는 사람들에게는 학문을 통해서 진리를 얻는다는 게 어려운 일이다. 가만히 앉아서 깨달음을 얻는다는 것도 역시 어렵다. 그런 환경에서 사는 사람들에게는 선지자의 말을 믿고 따르는 길밖에 없다. 예수가 믿음을 강조한 것은 그 때문이다.

진리에 이르는 각각의 방법에는 장단점이 있다. 학문의 방법은 차분히 학문에 종사하는 사람은 누구나 진리에 도달할 수 있다는 장점이 있다. 하지만 시간이 많이 걸리는 것이 단점이다. 깨달음을 통해서 진리를 얻는 방법은 편리하고 간단한 것이 장점이지만, 깨닫지 못하는 사람을 인도하기 어렵다는 단점이 있다. 믿음을 통해서 진리에 이르는 방법은 독실하게 믿기만 하면 곧바로 진리에 이를 수 있는 것이 장점이지만, 믿지 않는 사람을 구할 방법이 없다는 것이 단점이다.

02

학문, 깨달음, 믿음

학문

공자는 『논어』의 첫 구절에서 다음과 같이 말했다.

배우고 때맞게 익히니 기쁘지 아니한가!

學而時習之 不亦說乎(『論語』「學而篇」)

공자가 말하는 배움의 내용은 오늘날 사람들이 학교에서 배우는 내용과는 다르다. 공자가 말하는 배움의 내용은 진리이다. 진리를 배우는 학문을 다른 학문과 구별하여 '대학大學'이라 한다. 공자가 말하는 배움이란 대학이다.

공자는 기원전 551년 중국 춘추시대 노나라에서 아버지 숙량흘叔梁紇과 어머니 안징재顏徵在 사이에 태어났다. 이름은 구丘이고 자字

는 중니仲尼이다. 숙량흘과 안징재는 정상적인 부부 사이가 아니었다. 숙량흘에게는 본부인이 있었다. 일흔 가량 되었을 때 열여섯 가량의 안징재와 만나 공자를 낳았다. 안징재는 공자를 임신했을 때 이구산尼丘山에서 백일 동안 기도를 드렸다. 안징재는 공자를 위해 기도하는 여인이었다. 공자는 세 살 때 아버지가 돌아가시자 홀어머니인 안징재와 함께 모진 고생을 했다. 어렸을 때 온갖 천한 일을 다 했다. 그 덕분에 살림살이도 조금씩 나아졌다.

공자에게도 사춘기가 찾아왔다. 이미 십오 년가량을 살았고, 육체적으로는 거의 성인成人이 되었지만, 정신적으로는 성인이 되지 못했다. 사춘기란 정신적으로도 성인이 되기 위해 몸부림치는 때이다. 사춘기가 되었을 때 가장 강력하게 다가오는 물음은 바로 이것이다. '나는 누구인가? 산다는 것이 무엇인가?'

열다섯이 된 공자는 자기가 살아온 세월을 돌아보았다. 고생하며 살아온 세월이었지만 그것은 한순간이었다. 그렇다면 남은 일생도 한순간일 것이다. 세월은 쉬지 않고 흐른다. 잠시도 쉬지 않고 흐르는 물처럼 한순간도 멈추는 일이 없다. 공자는 어느 날 물가에서 흐르는 물을 보고 탄식한 적이 있다.

모든 것은 이 물처럼 흐른다. 조금도 쉬지 않고 밤낮으로 흘러간다.

子在川上曰 逝者如斯夫 不舍晝夜(『論語』「子罕篇」)

사람의 일생도 저 물처럼 쉬지 않고 흘러간다. 지금 이 순간에도

178

계속 흘러간다. 흐르고 흐르다가 도달하는 곳은 죽음이라는 바다이다. 바다에 들어가는 일, 그것은 조만간 다가온다. 그리 먼 훗날의 일이 아니다. 그 바다에 도달하면 잘난 사람과 못난 사람이 차이가 없다. 이긴 사람이나 진 사람이나 매한가지다. 똑똑한 사람이나 어리석은 사람이나 다를 게 없다. 그런데도 사람들은 그 바다에 들어가는 일은 생각하지도 않은 채, 남들과 싸워 이길 궁리만 한다. 자기가 남들보다 똑똑하다고 뽐내기 바쁘다. 그런 것이 무슨 의미가 있을까? 공자는 이를 깨달았다. 조만간 다가오는 죽음의 바다, 살아생전에 이루어놓은 것이 모두 물거품이 되고 말 그 바다, 그 바다가 눈앞에 와 있다. 사람들에게는 그 바다가 까마득한 먼 훗날에 다가오는 것으로 느껴질지 모르지만, 지난 십오 년이란 세월이 순간처럼 느껴진 공자에게는 그것이 눈앞의 일로 다가왔다. 공자는 절박했다.

절박하게 방황하던 공자는 어느 날 자기처럼 방황하다가 해답을 찾은 사람을 만났다. 바로 요堯와 순舜이었다. 방황 끝에 해답을 찾은 사람은 방황하는 사람에게 구세주로 다가온다. 부모님은 그립다. 나를 낳아주고 길러주었을 뿐 아니라, 나를 위해 자기의 목숨도 내줄 그런 존재이기 때문에 그렇다. 그리운 사람은 부모만이 아니다. 나를 죽음에서 건져주는 사람을 만나도 마찬가지다. 그런 사람은 부모처럼 그립고 부모처럼 고맙다.

그리운 사람을 그리워만 하고 있어서는 의미가 없다. 그들과 만나고 그들처럼 되어야 의미가 있다. 공자가 그들을 만나고 그들처럼 되는 방법은 배움을 통해서였다. 공자의 배움은 두 달밖에 남지 않은 절박한 환자가 약을 구하는 것과 같은 것이었다. 세상에 그보다 더

기쁜 일은 없다. 공자는 자기보다 배움을 더 좋아하는 사람을 본 적이 없다고 술회한 적이 있다.[11]

공자는 열다섯 살에 배움의 길로 들어섰다. 세상의 어떤 것도 이보다 더 기쁠 수는 없다. 공자가 말하는 배움은 다른 사람이 말하는 배움과 내용이 다르다. 다른 사람이 말하는 배움이란 남을 이기기 위한 지식 쌓기가 대부분이지만, 공자가 말하는 배움은 그런 것이 아니었다. 많은 사람을 이긴 사람도 늙어 죽기는 마찬가지다. 그런 사람에게 참다운 행복은 없다. 참다운 행복은 늙어 죽는 길에서 벗어날 때 찾아온다. 공자가 말하는 배움은 참다운 행복을 찾는 길이다. 그 길은 자기를 바로잡는 데서부터 시작된다.

배움의 목표는 옛 성인처럼 되는 것이다. 옛 성인은 하느님 마음으로 산 사람이다. 사람의 마음에는 두 마음이 있다. 하느님 마음과 욕심이 그것이다. 욕심은 원래 없었다. 원래는 하늘 마음뿐이었으나, 욕심이 들어와 하늘 마음을 밀어낸 것이다. 사람들의 모든 고통은 욕심에 지배를 받기 때문에 생겨난다. 욕심을 없애고 하늘 마음을 회복하기만 하면 모든 고통은 일시에 사라진다. 배움이란 다른 것이 아니다. 욕심을 없애고 하늘 마음을 회복하는 것뿐이다. 욕심을 없애는 방법은 여러 가지가 있지만, 예를 지키는 것이 중요한 방법 중 하나이다. 예를 지키면 욕심이 줄어든다. 공자는 예를 배우고 예를 지켰다. 그러기를 십오 년, 공자는 서른 살이 되었을 때 예에 맞게 살 수 있게 되었다. 공자가 '서른이 되어서 섰다(三十而立)'고 한 것은 예를 실천하는 삶에 서 있었다는 말이다.

예를 실천할수록 욕심은 작아진다. 욕심은 아교처럼 끈적끈적하다. 욕심은 집착하는 마음이다. 욕심이 줄어들어 하느님 마음보다 작아질 정도가 되면 심하게 집착한다. 정치권력에 대한 집착, 재물에 대한 집착, 명예에 대한 집착 등은 다 욕심에서 기인한다. 공자에게도 욕심이 남아 있었다. 그 욕심이 공자에게 온갖 유혹을 했지만, 공자는 유혹에 넘어가지 않고 학문을 계속했다. 학문은 알코올중독자가 금주하는 것과 같다. 알코올중독자가 금주할 때는 심한 유혹을 받는다. 그 유혹을 이기지 못하고 다시 술을 마시면 그간의 노력이 허사가 되는 것처럼, 학문도 욕심의 유혹을 뿌리치지 못하면 학문을 이룰 수 없다. 유혹을 뿌리치고 또 뿌리쳐서 욕심이 더는 유혹할 힘이 없어질 때가 되어야 비로소 성공의 길에 들어선다. 공자는 마흔이 되었을 때 유혹에 휘말리지 않을 수 있게 되었다. 욕심에 유혹받지 않게 되면 학문에 탄력이 붙는다. 공자의 학문은 나날이 성숙해갔다.

공자는 쉰 살이 되었을 때 천명을 알았다. 천명이란 하늘의 지시이다. 하늘은 사람을 살리기 위해 잠시도 쉬지 않고 지시한다. 밥 먹을 때가 되면 '밥 먹어라'라고 지시하고 피곤하면 '쉬어라'라고 지시한다. 그것은 귀로 들리는 것이 아니라 느낌으로 전달된다. 사람이 사는 것은 하늘의 지시를 따르기 때문이다. 그렇지만 사람이 하늘의 지시를 따르는 것은 일부분이다. 대부분은 욕심에 가려서 따르지 못한다. 학문이란 욕심을 줄여서 하늘의 지시를 따르는 부분을 넓혀가는 과정이다. 이는 외국어를 공부하는 과정과도 같다. 처음 외국어를 공부한 사람이 외국어 방송을 들으면 몇 마디 단어는 알아듣지만, 대부분의 말을 듣지 못한다. 그러나 공부를 계속하면 차츰 알아듣는 단어가 많아지다가 어느 날 귀가 뚫린다. 귀가 뚫리기 전에는 알아듣는 단어가 많아도 외국어를 한다는 말을 하지 못하지만, 귀가 뚫리고 난 뒤에는 외국어를 한다고 할 수 있다. 하늘의 지시를 알아듣는 과정도 이와 같다. 하늘 마음이 자꾸 커지다가 욕심을 능가하는 순간이 온다. 그때가 천명을 안다고 말할 수 있는 때다. 공자는 쉰 살이 되었을 때 천명을 알았다. 진리를 얻는 순간이고 득도하는 순간이다. 이 순간은 기쁘기 한량없다. 외국어를 배우다가 귀가 뚫리는 순간을 맞았을 때도 기쁘지만, 진리를 얻을 때의 기쁨과는 비교도 되지 않는다.

외국어를 공부하다가 귀가 뚫렸다고 해서 공부가 완성된 것은 아니다. 그때부터는 모르는 단어가 계속 나온다. 귀가 뚫리기 전에는 아는 단어의 수를 늘려가지만 귀가 뚫리고 난 뒤에는 모르는 단어의 수를 줄여나간다. 공부를 계속하여 모르는 단어가 거의 없어지면, 그때는 외국어가 마치 우리말처럼 술술 들린다. 하늘의 지시도 마찬가지다. 천명을 알고 난 뒤에도 욕심의 소리가 계속 섞여 들어오기 때문에 그것을 분별하기 위해 귀를 곤두세워야 한다. 하늘의 소리는 잘 듣고 실천해야 하지만, 욕심의 소리는 듣지 않고 참아야 한다. 이런 과정을 계속하다가 욕심이 거의 없어지면 하늘의 소리만 술술 들리게 된다. 공자는 예순이 되었을 때 그렇게 되었다.

하늘의 지시가 술술 들리면 다른 사람의 말도 술술 들린다. 내 마음에서 나온 소리가 하늘 마음의 소리인지 욕심의 소리인지 분별이 되지 않을 때는 다른 사람의 말을 들어도 그것이 하늘 마음에서 나온 말인지, 욕심에서 나온 말인지 구별되지 않는다. 아무리 귀를 곤

두세워도 알 수 없다. 그래서 증거를 확인하기도 하고 앞뒤 문맥을 따져보기도 한다. 그러나 하늘의 지시가 술술 들리게 되면 다른 사람의 말을 들어도 그것이 어떤 마음에서 나온 것인지 바로 알 수 있다. 귀를 곤두세울 일이 없어진다.

욕심이 조금이라도 남아 있으면 아무리 귀에 술술 들린다고 해도 학문이 완성된 것은 아니다. 보통의 사람에게는 자유가 없다. 사람이 무엇이든 마음대로 해도 좋다면 세상은 혼란해질 것이다. 큰 자루를 가지고 은행에 가서 현금을 담아 가는 사람도 있을 것이고, 대통령이 앉는 자리에 앉아 큰소리치는 사람도 있을 것이다. 그러나 그런 것을 할 수 없다. 하고 싶어도 참지 않으면 안 된다. 그러나 욕심이 하나도 남아 있지 않다면 다르다. 은행의 돈을 가지고 싶은 마음도, 대통령의 자리에 앉아보고 싶은 마음도 생기지 않는다. 그러므로 마음 내키는 대로 행동해도 문제될 것이 없다. 절대 자유란 그런 것이다. 공자는 일흔이 되었을 때 "마음이 하고 싶은 대로 따라 해도 법도에 어긋나지 않았다"라고 술회했다. 공자는 일흔 살에 학문을 완성했고 완전한 자유를 얻었다. 공자는 최고의 행복을 얻었다. 최고의 행복을 얻는 공자는 다른 사람도 행복으로 인도해야 했다. 그 방법이 바로 학문이다.

깨달음

공자가 배움을 강조한 것과 달리 석가모니는 깨달음을 강조한다. 석가모니의 성은 '고타마'이고 이름은 '싯다르타'이다. 후에 깨달음을 얻어 석가모니라 불리게 되었다. '석가모니'란 깨달은 자란 뜻으로,

한자로 '불타佛陀'가 되었고 우리말로 부처님이 되었다. 석가모니를 '붓다'라고도 부른다. '석가'는 석가모니가 속했던 부족의 이름이고, '모니'는 성자를 의미하는 말이다. 사찰이나 신도들 사이에서는 진리의 체현자體現者라는 의미로 '여래如來'라고 불리기도 한다. 석가모니의 존칭으로 '세존世尊' 또는 '석존釋尊' 등이 있다.

석가모니는 기원전 563년 무렵에 인도 북부에 있었던 카필라 왕국의 슈도다나 왕과 왕비 마야 부인 사이에서 태어났다. 그의 출생 연도에 대해서는 기원전 624년과 463년 등의 이설이 많아 어느 것이 옳은지 알기 어렵다.

어린 싯다르타는 궁궐에서 아무 걱정 없이 잘 자랐다. 그러던 어느 날 싯다르타는 스승과 함께 백성들이 사는 성 밖으로 나가는 일이 있었다. 그때 싯다르타는 처음으로 큰 충격을 받았다. 처참하게 살아가는 백성들의 모습을 보았다. 늙은이와 병든 이도 보았다. 죽은 이가 상여에 실려 가는 것도 보았다. 상여를 본 싯다르타가 물었다.

"저것은 무엇인가요?"

"상여입니다."

"상여란 무엇인가요?"

"죽은 자를 화장터로 싣고 가는 것입니다."

"사람은 죽는 것인가요?"

"늙으면 죽습니다."

"저도 죽는 것인가요?"

"왕자님께서도 늙으면 죽습니다."

싯다르타는 심한 충격을 받았다. 그때까지 싯다르타는 죽는다는 것을 알지 못했다. 사람이 사는 것은 잠깐이다. 사람은 잠깐 살다가 죽어 없어진다. 늙고 병들어 죽어 없어지는 것이 사람이다. 고통스럽다, 늙는 것도, 병드는 것도. 그리고 죽어 없어지는 것은 더욱 고통스럽다. 그날 이후 싯다르타는 '어떻게 하면 이 고통에서 벗어날 수 있을까?' 하고 깊은 생각에 빠지게 되었다. 싯다르타는 열여섯 살이 되어 '야소다라'라는 여인을 맞아 결혼했고 아들도 낳았다. 그러나 싯다르타의 시름은 점점 깊어갔다. 잠깐 살다가 사라지고 마는 인생, 아무리 영광스러운 일도 잠시 뒤에 사라지고 마는 물거품 같은 것임을 실감한 싯다르타는 의미 있는 일을 찾을 수 없었다.

그런데 당시에 의미 있는 삶을 산다고 알려진 사람들이 있었다. 여섯 스승으로 알려진 육사六師들이 그들이었다. 여섯 스승은 각자 지혜로운 삶의 방법을 가르치고 있다고 했다. ①자이나교의 창시자인 니간타 나타푸타, ②유물론자인 아지타 케사캄발린, ③회의론자 또는 불가지론자不可知論者인 산자야 베라티풋타, ④도덕부정론자인 푸라나 카사파, ⑤결정론자인 마칼리 고살라, ⑥불멸론자인 파구타 카차야나가 그들이었다. 어떻게 살아야 할지 몰라 헤매고 있었던 싯다르타는 그들에게 관심을 두지 않을 수 없었다. 그들은 살아야 하는 참다운 삶의 의미를 알고 있을지도 몰랐다. 그들의 가르침을 '육사외도'라 한다. 외도外道는 불교의 진리를 내도內道라고 하는 것과 구별하여 붙인 이름이다. 싯다르타는 그들의 가르침에 귀를 기울였다. 그러나 싯다르타는 그들에게서 해답을 얻지 못했다. 그들이 말하는 지혜로운 삶의 내용은 다 달랐지만, 모두가 죽음의 고통을 풀지는 못했다.

니간타 나타푸타는 계율을 엄격히 지킬 것과 고행할 것을 강조한다. 그는 죽은 뒤에도 윤회의 사슬에서 벗어나지 못하는 경우와 윤회의 사슬을 끊고 극락에 가는 경우로 분류한다. 그는 윤회의 사슬을 끊기 위해 미세한 업의 물질이 영혼에 부착하는 것을 막아야 한다고 주장한다. 그는 업을 끊을 수 있는 중요한 방법으로 '불살생'과 '무소유'를 강조한다. 그의 가르침을 따르는 자들은 땅바닥에 있는 벌레를 밟지 않기 위해 빗자루로 길을 쓴 뒤에 다니기도 하고, 맨발로 다니기도 한다. 공기 중의 미생물이 코로 들어와 죽는 것을 방지하기 위해 마스크를 쓰고 다니기도 한다. 무소유를 실천하기 위해 옷을 입지 않고 다니기도 한다.

아지타 케사캄발린은 유물론자였다. 사람이 사는 것은 지, 수, 화, 풍風이 결합해 있는 것이고, 죽는 것은 지, 수, 화, 풍이 해체되는 것일 뿐이다. 그는 내세라는 것을 부정한다.

산자야 베라티풋타는 회의론자였다. 그는 불가지론을 주장한다. 내세가 있는지, 영혼이 있는지, 선행하면 복을 받고 악행을 하면 화를 받는다는 인과응보설 또한 알 수 없는 것으로 주장한다.

푸라나 카사파는 도덕을 부정하는 사람이었다. 그는 죽으면 아무것도 없다고 주장한다. 인과응보론도 부정한다. 살생이나 도둑질, 간음, 거짓말 등이 악이 아니고, 보시하는 것, 제사를 지내는 것, 진실하게 사는 것도 선행이 아니라고 주장한다. 그는 죽으면 아무것도 없으므로 죽을 때까지 최대한 우유를 외상으로 사 먹고 죽는 것이 현명하다고 주장하기도 한다.

마칼리 고살라는 결정론자였다. 그는 사람이 자유의지로 사는 것이 아니라, 처음부터 주어져 있는 숙명에 따라 결정된 길로 갈 뿐이라고 주장한다.

파구타 카차야나는 불멸론자였다. 지, 수, 화, 풍, 고, 낙, 영혼의 일곱 요소는 불멸하는 독립적인 존재라고 주장한다. 사람을 칼로 베어도 칼은 일곱 요소 사이를 통과하는 것일 뿐, 사람을 죽이는 것이 아니라고 주장한다.

싯다르타가 육사외도의 가르침들에서 해답을 얻을 수 없었던 것은 그 가르침들은 죽음의 문제를 풀지 못했기 때문이다. 죽으면 모든 것이 없어진다는 가르침도 있었다. 죽으면 선업을 쌓은 사람은 극락으로 가고, 악업을 쌓은 사람은 지옥으로 간다는 가르침도 있었다. 싯다르타는 죽는다는 것 자체를 받아들일 수 없기에 어떤 가르침도 받아들일 수 없었다. 죽음이 싫다. 고통 중에서도 죽어서 없어진다는 고통은 도저히 견딜 수가 없었다. 싯다르타는 그 고통을 해결하고 싶었다. 그는 보리수나무 밑에 앉아 생각에 잠겼다. '죽지 않는 방법은 없을까?'

생각 끝에 그는 죽지 않는 방법을 찾았다. 모든 것에는 원인이 있다. 그 원인 중에는 근본적인 원인이 있고 외적 조건이 있다. 근본적인 원인은 인因이고 외적 조건은 연緣이다. 사람이 죽는 데도 인과 연이 있다. 사람이 죽는 것은 여러 가지 원인이 있다. 굶어도 죽고, 병이 들어도 죽는다. 흉기에 찔려 죽기도 하고, 사고가 나서 죽기도 한다. 그런 것은 모두 '연'이다. 사고를 당해서 죽은 사람은 사고를 당하지 않았으면 죽지 않았을 것이지만, 그는 다른 이유로 또 죽게 되어 있다. 연을 해결하는 것으로는 완전한 해결이 될 수 없다. 완전한 해결은 근본 원인인 인을 해결했을 때만 가능하다. 사람이 죽게 된 근본 원인은 태어났기 때문이다. 사람이 태어난 이상 어떤 것이 연이 되든 죽게 마련이다. 죽음을 완전히 해결하는 방법은 인을 제거하면 된다. 인을 제거하면 죽음이라는 현상 자체가 사라진다. 싯다르타는 모든 문제의 근본적인 해결책은 근본 원인인 인을 제거하는 것임을 알았다. 태어나지 않으면 죽음도 없다. 죽음을 해결하는 문제는 이제 태어남을 해결하는 문제로 바뀌었다. 어떻게 하면 태어나지 않을 수 있을까? 태어난 것에도 인이 있을 것이다. 그 인은 무엇일까? 사람은 갑자기 태어나는 것이 아니다. 어머니 배 속에서 열 달이나 있다. 배 속에서 열 달 동안 있지 않았다면 태어나지 않았을 것이다. 그것이 근본 원인이다. 열 달간 배 속에 있지 않기만 하면 된다.

사람이 열 달간 배 속에 있게 된 데도 근본 원인이 있다. 그 원인을 찾아 제거해야 한다. 사람이 열 달간 배 속에 있게 된 근본 원인은 무엇일까? 그것은 집착 때문이다. 집착이 생기면 가지고 싶은 욕구가 일어난다. 내가 가지고 있는 모든 것은 가지고 싶은 집착이 있어서 가지게 된 것이다.

배 속에 아이를 가지는 것도 아이를 가지고 싶은 집착의 결과이다. 그 집착만 없었다면 아이를 배 속에 가지지 않았을 것이다. 그렇다면 집착은 왜 생겼을까? 집착이 일어난 근본 원인은 어디서 생기는 것일까? 그것은 사랑 때문이다.

사랑은 애착이다. 애착이 생기면 가지고 싶은 집착이 생긴다. 물건도 그렇다. 사랑스러운 물건이 있으면 애착이 생기고, 애착이 생기면 가지고 싶어진다. 돈도 사랑스러우면 가지고 싶은 집착이 생기고,

권력도 애착이 생기면 가지고 싶어진다. 명예도 그렇고 직업도 그렇다. 애착이 생기는 것은 다 가지고 싶어진다. 사람과 사람 사이의 사랑도 그렇다. 남자가 여자를 사랑하고 여자가 남자를 사랑하면 애착이 생긴다. 애착이 생기면 둘만 있고 싶어지고, 둘만 있으면 둘만의 아이를 가지고 싶어진다. 사람이 어머니 배 속에 들어간 것은 사랑에서 비롯된 집착 때문이다. 이제 문제는 사랑으로 귀결된다. 사랑이 일어나지 않았다면 아무 문제가 일어나지 않았을 것이다. 그렇다면 사랑이 왜 생겼을까? 사람이 아무렇게나 사랑하지는 않는다. 느낌이 있어야 사랑을 한다. 모든 사랑을 가능하게 하는 것은 느낌이 일어났기 때문이다.

느낌은 왜 일어나는가? 느낌이 일어나지 않았다면 사랑은 일어나지 않는다. 사람은 느낌으로 살아간다. 어떤 사람을 만날 때도 느낌이 일어난다. 사랑하는 느낌도 일어나지만, 미워하는 느낌도 일어난다. 어떤 사람을 사랑한 까닭은 그 사람에 대한 느낌이 일어났기 때문이다. 그 사람에 대한 느낌만 일어나지 않았다면 사랑하지 않았을 것이고, 사랑하지 않았다면 아무 일도 일어나지 않았을 것이다. 그러나 그 사람에 대한 느낌을 일으키지 않았다 하더라도 다른 사람에 대한 느낌이 또 일어날 수 있다. 실연을 당해 괴로워하는 사람이 있다. 그가 그 실연의 아픔을 견디는 하나의 방법은 그 사람에 대한 느낌을 열심히 지우는 것이다. 그 사람에 대한 느낌이 없어질 때 실연의 아픔은 없어진다. 그렇다고 해서 실연의 아픔이 영원히 사라지는 것은 아니다. 한 사람에 대한 느낌을 다 지워도 다른 사람을 만날 때 느낌은 또 일어나게 되어 있다. 다른 사람을 만나 느낌이 일어나고 사랑을 하게 되면 실연의 아픔이 또 일어날 수 있다. 그렇다면 실연의 아픔이 영원히 생기지 않게 하는 방법은 없을까? 느낌은 만남에서 일어난다. 만남이 있는 한 느낌이 일어나는 것을 막을 방법은 없다. 사람이 애착을 가지게 된 것도 그렇고 집착을 하게 된 것도 그렇다. 사람이 사람을 만나면 느낌이 일어나고 그 느낌 때문에 사랑을 하게 된다. 집착은 그 때문에 생긴 것이다.

사람과 사람의 만남이 불가피한 것이라면 문제는 해결되지 않는다. 어떤 사람을 만나 사랑한 것이 눈물의 씨가 되었다고 슬퍼하는 사람은 그 사람과의 만남을 후회할 것이지만, 그런 후회를 아무리 해도 아픔이 해결되지 않는다. 그 사람을 만나지 않았다면 다른 사람을 만났을 것이고, 다른 사람과 사랑을 하게 되어 또 눈물의 씨앗이 되었을 것이다. 근본 문제는 만남 자체에서 벗어나는 방법을 찾는 것이다. 싯다르타는 생각했다. 만남이 성립되지 않기 위해서는 만남이 성립되는 근본 원인을 찾아야 한다. 싯다르타는 골똘히 생각하다가 그 근본 원인을 찾았다. 그것은 감각기관이 작동했기 때문이다.

만남은 감각기관이 작동하여 눈으로 얼굴을 보고, 귀로 음성을 듣고 코로 냄새를 맡을 때 이루어진다. 감각기관이 작동하지 않으면 아무리 만나도 만남은 이루어지지 않는다. 만남이 이루어지지 않기 위해서는 감각기관이 작동하지 않게 하면 된다. 사람이 감각기관을 작동시키지 않고 살 수 있을까? 사람의 온갖 고통이 감각기관의 감각 때문이라고 생각하기도 어렵지만, 감각기관을 작동시키지 않아야 한다는 발상을 하는 것도 참으로 어렵다. 그러나 싯다르타는 달랐다. 그는 고통의 원인을 찾다가 여기에 이르렀다. 그는 모든 고통의 원인이 감각기관의 작동 때문이라는 것을 알았다. 감각기관의 감각 작용이 고통의 원인이 되는 것은 무엇 때문인가? 감각 작용이 고통의 원인이라면 그 감각 작용을 멈추는 방법은 무엇일까? 싯다르타는 생각하고 또 생각했다. 그러다가 싯다르타는 알았다. 감각 작용이 일어나는 원인은 나에게 '나'라는 몸과 '나'라는 마음이 있기 때문이었다.

나에게 몸과 마음이 있기 때문에 감각 작용이 일어난다. 만약 '내 몸'이라는 것이 없고 '내 마음'이라는 것이 없다면 내 눈에 비치는 어떤 것을 보아도 그냥 바라볼 뿐, 어떤 느낌이 일어나지는 않는다. '나'라는 것이 없으면 어떤 사람이 나를 때리려고 해도 그냥 달아나기만 할 뿐, '나를 때리려고 하는 나쁜 놈'이라는 느낌은 일어나지 않는다. 누가 나에게 욕하는 소리를 들어도 그냥 피하기만 할 뿐, '나에게 감히 저런 욕을 하는 버릇없는 놈'이라는 느낌은 일어나지 않는다. 누가 내 얼굴을 보고 못생겼다고 비난해도, 이 얼굴을 내 얼굴로 여기지 않으면 그를 싫어하는 느낌은 일어나지 않는다. 모든 사람은 감각을 한다. 감각을 하지 않는 사람은 없다. 모두가 감각을 하지만, '나'라는 것이 없다면 아무리 감각을 해도 느낌을 동반하지는 않는다. 감각을 해서 느낌이 생기는 것은 '나'라는 것이 있고, '내 마음'과 '내 몸'이라는 것이 있기 때문이다. '나'라는 것이 왜 생겼을까? '나'라는 것이 없으면 내 것도 없고, 내 몸도 없으며 내 마음도 없다. 모든 고통은 '나'라는 것에서 비롯된다.

'나'라는 것이 생긴 근본 원인은 무엇일까? 그것을 찾아서 제거하지 않으면 안 된다. 싯다르타는 생각하고 또 생각했다. 골똘히 생각하다가 싯다르타는 원인을 찾았다. '나'라는 것은 의식이 만들어낸 것이다. 의식이 없었다면 '나'는 없다. 감각을 하면서 어렴풋이 '감각 주체'라는 것을 의식하게 되었다. 보고 있을 때는 보는 주체가 있고, 들을 때는 듣는 주체가 있다. 그 보고 듣는 주체를 '나'라는 것으로 착각하기 시작했다. 또 사람은 감각을 하면서 경험하고, 그 경험한 내용을 기억이라는 형태로 저장한다. 그리고 저장한 기억 덩어리를 다시 '나'라는 것으로 착각하면서 어렴풋하던 '나'가 확고해진다. 여기서 보면 '나'라는 것은 의식에서 만들어진 것임이 틀림없다.

나에게 의식이 없었다면 '나'는 만들어지지 않았을 것이고, '나'라는 것이 만들어지지 않았다면 나의 모든 고통은 없었을 것이다. '나'는 왜 만들어진 것일까? 그것은 나의 의식이 만들어냈다. 어머니 배 속에 있는 아이에게는 의식이 없고, 갓난아이에게도 의식이 없다. 의식이 없기에 '나'라는 것도 없고, '너'라는 것도 없다. '나'라는 것이 없으므로 늙는 내가 없고, 병드는 내가 없고 죽는 내가 없다. 모든 것은 '나'라는 것에서 비롯된다. '나'라는 것은 의식이 만들어냈지만, 의식은 원래 없었던 것이므로 의식이 하는 일은 참이 아니다. 의식이 참이 아니므로 의식이 만들어낸 '나'라는 것도 참이 아니다. 의식과 '나'라는 것을 만들어낸 후로, 나는 의식을 가지고 나의 삶을 살게 되었지만 그것은 모두 허상이다. 의식은 저절로 생긴 것이 아니다. 내가 의식을 집어넣었기 때문에 만들어진 것이다.

몸은 카메라에 비유된다. 몸에 의식을 집어넣은 것은 카메라에 필름을 집어넣은 것과 같다. 사람의 감각기관은 카메라의 셔터와 같고, 감각기관이 감각 작용을 하는 것은 카메라의 셔터를 누르는 것과 같다. 카메라의 셔터를 눌렀을 때 사진이 찍히는 것은 카메라에 필름을 넣었기 때문이다. 카메라에 필름을 넣지 않았다면 아무리 셔터를 눌러도 사진은 찍히지 않는다. 사진은 모두 가짜다. 실제의 모습을 사진으로 찍을 수는 없다. 실재하는 모든 것은 정지하고 있는 것이 없다. 모든 것은 쉬지 않고 움직인다. 아무리 가만히 앉아 있어도 계속 늙어간다. 멈추어 있는 것은 없다. 그러나 사진은 움직이는 것을 찍을 수 없다. 달리는 말을 찍어도 멈추어 있는 장면만 찍는다. 무비카메라로 찍으면 움직이는 것이 찍히는 것처럼 생각하지만 그렇지 않다. 정지된 장면을 여러 장 찍어서 빠르게 돌리는 것이다. 빠르게 돌리면 사람들은 그것이 움직이는 것으로 착각한다. 의식이 사물을 인식하는 것도 그렇다. 사람이 보고 들은 것을 의식 속에 기억하지만, 의식은 카메라의 필름처럼 항상 정지하고 있는 것을 그려 넣는다. 모든 사진이 가짜이듯이, 사람이 의식하고 있는 모든 것도 가짜다. 사람이 의식을 만들고, 의식 속에 나를 만들어 나의 삶을 사는 것은 가짜다. 사람이 가짜의 삶을 살게 된 근본 원인은 의식을 집어넣었기 때문이다. 생각을 거듭하던 싯다르타는 이를 알았다.

사람이 왜 의식을 집어넣었을까? 의식을 집어넣지 않았더라면 의식 없이 보고, 듣고, 먹었을 것이다. 그랬더라면 아무런 문제가 일어나지 않았을 것이다. 고향 사람들끼리는 인정이 많다. 서로 싸우지도 않는다. 사람이 고향에서 살았을 때는 각박하게 싸우는 일도 없었고 외로움에 시달리는 일도 없었다. 그러므로 고향에 머물러 사는 게 좋았다. 그런데 왜 사람들이 고향을 버리고 타향으로 왔을까? 타향살이하면서 온갖 스트레스에 시달리다가 문득 깨달을 때도 있다. '내가 바보였다. 고향에 머물러 살면 좋았을 것을 바보여서 고향을 버렸다.' 사람이 의식을 집어넣은 것도 이와 같다.

고향을 본래 모습이라고 한다면 타향은 본래 모습을 잃은 것이다. 본래 모습을 버린 것을 카메라에 필름을 넣은 것에 비유할 수 있다. 필름을 넣었기 때문에 사진이라는 가짜를 만들고, 가짜를 만든 뒤에는 그 가짜에게 끌려다닌다. 젊었을 때의 사진을 볼 때면 지금의 늙은 모습이 슬퍼지기도 한다. 젊을 때의 사진을 보지 않았다면 지금의 자기 모습이 늙은 모습이 아니다. 의식 속에 그려져 있는 자기는 언제나 젊고 예쁠 때의 모습이다. 그런 모습은 지금은 사라지고 없다. 그래서 사람은 지금의 모습을 볼 때마다 슬프다. 의식을 넣지 않았고, 의식 속에 자기의 모습을 그려 넣지 않았다면 슬픔도 없다. 의식은 가짜이고, 의식 속에 그려 넣은 '나'도 가짜이다. 사람의 모든 고통은 그 가짜를 넣었기 때문에 생겨난 것이다. 그렇다면 사람은 왜 의식을 넣었을까? 싯다르타는 깨달았다. 현명하지 못했기 때문이다.

무명無明, 싯다르타가 찾아낸 근본 원인은 무명이다. 현명하지 못했다는 말은 멍청했다는 것을 뜻한다. 무지했기 때문에 의식을 집어넣었다. 이제 '내가 왜 무지했을까?'라는 근본 원인을 찾지 않아도 된다. 무지했다는 것을 깨닫는 순간 무릎을 탁 친다. 무지했다는 것을 깨닫기만 하면 된다. 무지했다는 것을 깨닫는 순간, 무명에서 벗어나기 때문이다. 무명에서 벗어나면 무명의 원인을 찾을 필요가 없다.

무명을 깨닫고 무명에서 벗어나면 의식이 일어나지 않는다. 의식이 일어나지 않기 때문에 눈으로 볼 때도 의식 없이 보고, 들을 때도 의식 없이 듣는다. 의식 없이 보는 것은 보는 것이 아니고, 의식 없이 듣는 것은 듣는 것이 아니다. 그냥 자연이다. 의식이 '나'를 만들어내지 않기 때문에 나는 내가 아니고 자연이다. '나'라는 것이 없으면 '너'라는 것이 없다. '너'라는 것이 없으면 내가 너를 만나도 만나는 것이 아니다. 내가 너와 함께 있는 것도 만난 것이 아니라 그냥 자연이다. 남자와 여자가 만나는 것도 만나는 것이 아니라 자연이다. 남자와 여자가 만나서 느낌이 생겨도 느낌이 생기는 것이 아니라 자연이다. 사랑해도 사랑하는 것이 아니라 자연이다. 사랑해서 아이를 가져도 아이를 가지는 것이 아니라 자연이다. 아이를 낳아도 아이를 낳은 것이 아니라 자연이다. 사람이 태어나는 것이 태어나는 것이 아니라 자연이다. 죽는 것도 죽는 것이 아니라 자연이다. 원효대사가 아이를 낳아도 아이를 낳은 것이 아니라 자연이다. 무명을 깨달은 뒤에는 일체의 사건이 사라진다. 모든 것은 자연일 뿐이다. 무명을 깨달은 싯다르타는 일체의 고통에서 벗어났다.

스물아홉 살쯤에 시작한 싯다르타의 노력은 육 년이 지나 서른다섯 살쯤 되었을 때 무명을 깨달음으로써 결실을 맺었다. 싯다르타의 몸은 일어날 수 없을 정도로 쇠약해져 있었다. 싯다르타는 수자타가 준 우유죽을 먹고 겨우 일어났다. 수자타가 우유죽을 끓일 때 손으로 저으니 '만卍' 자와 같은 문양이 나타났다. 그 뒤로 이 글자가 불교의 상징이 되었다.

싯다르타는 자기가 무명했다는 사실을 깨달아 부처님이 되었다.

부처님은 무명에서 벗어나지 못하고 헤매는 중생들을 그냥 볼 수 없었다. 부처님은 그들을 인도하지 않으면 안 되었다. 사람은 자기가 터득한 방식대로 남을 가르친다. 자기가 터득하지 않은 방식대로 가르칠 수는 없다. 부처님이 깨달음의 방식으로 사람들을 인도한 까닭은 자신이 깨달음을 통해서 진리를 얻었기 때문이다.

믿음

예수가 사람들을 진리로 인도하는 방법은 믿음이었다. 예수(기원전 7~2년~기원후 26~36년)라는 이름은 '하느님이 구원해주신다'는 뜻을 담고 있다. 예수에 따라붙는 '그리스도'라는 호칭은 구세주라는 뜻이다. 예수가 태어난 날이 언제인지는 여러 가지 설이 있지만 확실한 것은 없다. 예수는 공자보다도 더 불행하게 태어났다. 예수는 아버지가 누군지 모른 채 어머니 마리아에게서 태어났다. 어머니 마리아와 요셉이 약혼했을 때 마리아는 이미 임신한 상태였다. 어떻게 된 영문인지 캐묻는 요셉에게 마리아는 하나님이 주신 선물이라고 답할 수밖에 없었다. 후대의 일부 기독교인들에게 예수는 하나님의 성령으로 동정녀 마리아에 의해 태어난 것으로 미화되고 있다. 예수는 파멸로 치닫고 있었던 당시의 사람들을 구제한 구세주였기 때문에 많은 사람이 따랐다. 많은 사람이 따르는 사람은 상품 가치가 있다. 상품 가치가 뛰어난 사람이 나타나면 그를 이용하여 욕심을 채우려는 나쁜 사람들이 생긴다. 나쁜 사람들이 그를 이용하여 욕심을 채울 때 쓰는 전형적인 수법이 그들을 신격화시키는 것이다. 신격화시켜놓으면 상품 가치도 올라가지만, 반항하는 사람들을 제거하는 데도 편리해진다. 부처님을 팔아서 욕심을 채운 사람들은 부처님이 어머니 마야 부인의 옆구리로 나왔다고 미화한다. 공자를 팔아서 욕심을 채운 한나라 때의 권력자들은 공자를 신으로 만들어놓고, 자신에게 저항하는 사람들을 '신성모독'이라는 죄목으로 처형했다.

많이 아파해본 사람이 아픈 사람을 치료할 수 있다. 예수가 불행하게 태어나 아픔의 어린 시절을 보낸 것이 세상 사람들을 구제할 수 있는 거름이 된 것이다. 예수는 베들레헴의 마구간에서 태어나 나사렛에서 성장한 것으로 알려져 있다. 예수의 어린 시절에 대해서는 알려진 바가 거의 없다. 아마도 아버지 요셉에게 차별을 받았을 것으로 짐작된다. 요셉은 예수의 동생들인 자기의 아들과 예수를 차별했을 것이고, 예수는 그런 환경에서 많은 정신적 고통을 겪었을 것이다. 어린 예수는 마음이 아플수록 진짜 아버지를 찾고 싶었을 것이다.

아버지를 찾는 근본적인 방법에는 두 가지가 있지만, 둘 다 하나님으로 귀결된다. 아버지는 나를 낳아주신 생명의 근원이다. 아버지를 찾고 싶은 것은 생명의 근원을 찾고 싶은 것과 같다. 내 생명의 근원은 아버지이고 아버지의 생명의 근원은 아버지의 아버지, 즉 할아버지이다. 이런 방식으로 한없이 거슬러 올라가다가 만나는 것은 생명의 최초의 근원자인 하나님이다. 따라서 최초의 아버지는 하나님이다.

생명의 근원으로서의 아버지는 또 다른 방법으로 찾을 수 있다. 육체적인 아버지가 나를 낳았다고 생각하기 쉽지만, 사실은 그렇지 않다. 육체적인 아버지는 나를 낳을 수 있는 능력이 없다. 손가락 다섯 개를 만들 능력도, 발가락 다섯 개를 만들 능력도 없다. 얼굴에 눈, 코, 귀, 입을 만들어 붙일 수 있는 능력도, 뇌와 오장육부를 만들 수 있는 능력도 없다. 이 몸이 만들어진 것은 자연법칙에 따라 저절로 만들어진 것이다. 아버지와 어머니가 결합하는 행위도 자연법칙일 뿐이다. 아버지와 어머니가 결합하는 것도 자연현상이고 아이가 태어나고 자라는 것도 자연현상이다. 자연현상이 일어나는 것은 자연법칙이다. 자연법칙을 자연법칙으로만 알면 안 된다. 자연법칙이 하나님의 작용이다. 노자는 다음과 같이 말한 적이 있다.

사람은 땅의 법칙을 따르고, 땅은 하늘의 법칙을 따르고, 하늘은 도를 따르고, 도는 자연의 법칙을 따른다.
人法地 地法天 天法道 道法自然(「老子」 제25장)

사람이 존재하는 것은 하나님의 뜻이고 자연의 법칙이다. 내가 태어난 것도 그렇다. 내가 태어난 것은 하나님의 뜻이었고 자연의 법칙이었다. 진짜 아버지를 간절하게 찾고 있었던 예수는 이를 깨달았던 것으로 보인다. 그런 정황이 「누가복음」에 기록되어 있다.

예수의 부모는 해마다 유월절에 예루살렘에 갔다. 예수가 열두 살이 되는 해에도 그들은 절기 관습을 따라 유월절을 지키러 그곳에 갔다. 그런데 그들이 절기를 마치고 돌아올 때, 소년 예수는 예루살렘에 그대로 머물러 있었다. 그의 부모는 그것을 모르고 일행 가운데 있으려니 생각하고 하룻길을 갔다. 그리고 비로소 그들의 친척들과 친지들 가운데서 그를 찾다가 찾지 못하였으므로, 그들은 예수를 찾으려고 예루살렘으로 되돌아갔다. 사흘 뒤에야 그들은 성전에서 예수를 찾았는데, 그는 선생들 가운데 앉아서 그들의 말을 듣거나 그들에게 묻기도 했다. 그의 말을 듣고 있던 사람들은 모두 그의 슬기와 대답에 경탄했다. 그의 부모는 예수를 보며 놀라워했다. 어머니가 예수에게 "애야, 이게 무슨 일이냐? 네 아버지와 내가 너를 찾느라고 얼마나 애를 태웠는지 모른다" 하고 말했다. 그러자 예수가 부모에게 말하기를 "어찌하여 나를 찾으셨습니까? 내가 내 아버지의 집에 있어야 할 줄을 알지 못하셨습니까?" 하였다. 그러나 부모는 예수가 자기들에게 한 그 말이 무슨 뜻인지를 깨닫지 못하였다.(「누가복음」 2장 41절~50절)

그 뒤 예수는 나사렛에서 요셉의 목수 일을 도우며 자랐던 것으로 추정된다. 예수는 어느 정도 성장한 후에 나사렛을 떠나 출가했다. 출가한 이후의 일은 잘 알려지지 않았으나, 틀림없이 진리 탐구에 전념했을 것이다. 예수는 세례자 요한에게 세례를 받은 후에 홀로 광야에 가서 사십 일 동안 금식했다. 진리에 들어가는 마지막 관문을 통과하는 순간이었다. 그때 예수가 악마에게 세 가지의 유혹을 받았다고 「마태복음」 4장에 기록되어 있다. 세 가지 유혹은 돌들을 빵으로 만드는 것, 높은 곳에서 뛰어내리는 것과 같은 초능력을 발휘하는 것, 온 세상을 다 가지는 것 등이었다.

진리를 얻는 것은 욕심을 지우고 원래부터 가지고 있었던 하느님 마음을 회복하는 것이다. 하느님 마음은 자연의 생명이고 우주적 생명이다. 그 마음은 삶으로 향하게 하는 전지전능한 능력을 가지고 있다. 그 능력은 느낌으로 전달되지만, 욕심이 가로막으면 그 느낌이 가로막힌다. 진리를 얻기 위해 욕심을 없애면 엄청난 능력을 회복하게 된다. 마음만 먹으면 초능력을 발휘하여 돈도 벌 수 있고, 권력과 명예도 얻을 수 있다. 사람이 진리에 거의 도달했을 때는 이런 능력들이 나타난다. 그때 큰 고비가 온다. 진리를 얻는다는 것은 욕심이 사라지는 것을 의미한다. 진리를 얻으려는 순간이 되면 마지막 남아 있는 욕심이 사력을 다해 안간힘을 쓰면서 발악한다. 욕심은 순순히 물러나는 법이 없다. 인간의 욕심은 초능력을 발휘하고 싶어 하고, 돈도 벌고 싶어 하며, 권력과 명예도 얻고 싶어 한다. 악마는 밖에 있는 것이 아니다. 마음속에 들어 있는 욕심 덩어리가 악마이다. 사람의 마음속에서는 하느님 마음과 욕심 덩어리인 악마가 사람의 행동을 주도하기 위해 치열하게 다툰다.

　사람이 하느님 마음을 회복하여 초능력이 돌아오면 악마는 최후의 발악을 한다. 하느님 마음은 위대한 능력을 발휘할 수 있지만, 그 능력을 자기 것을 챙기는 데는 쓰지 않는다. 그런데 하느님 마음을 가진 사람에게 아직 욕심이 남아 있다면 그 욕심이 위대한 능력으로 자기 것을 챙기도록 유혹을 한다. 이것이 악마의 유혹이다. 악마의 유혹은 마음 밖에서 일어나는 유혹이 아니라 마음 안에서 일어나는 유혹이다.

　예수도 진리를 얻는 순간에 악마에게 유혹을 받는다. 악마는 예수에게 큰 부자가 되라고 유혹한다. 예수는 능력을 가졌기 때문에 마음만 먹으면 부자가 될 수 있다. 그러나 그것은 하느님 마음이 원하는 것이 아니다. 악마가 예수에게 돌들을 빵으로 만들라고 유혹한 것은 부자가 되라고 유혹한 것이다. 예수가 그 유혹에 넘어갔다면 사이비 교주가 되고 말았을 것이다. 부자가 되는 것이 다 나쁜 것은 아니다. 하느님 마음으로 부자가 되면 나쁘지 않다. 하느님 마음으로 부자가 된 사람은 그 돈을 가난하고 불쌍한 사람을 위해 쓴다. 그런 사람이 부자가 되는 것을 사람들은 환영한다.

악마는 또 예수에게 높은 곳에서 뛰어내려보라고 유혹했다. 욕심이 많은 사람은 욕심을 채우기 위해 능력을 중요하게 생각하지만, 하느님 마음을 따르는 사람은 하느님 마음을 따르기만 할 뿐 능력을 의식하지 않는다. 악마는 예수에게 능력을 확인하고 그 능력으로 욕심을 채우도록 유혹했다. 예수가 자기의 능력을 시험해보는 것은 하느님 마음을 시험해보는 것이고, 하느님 마음을 시험하는 것은 악마의 유혹에 넘어가는 것이다. 예수가 악마의 유혹에 넘어갔다면 역시 사이비 교주가 되었을 것이다. 악마는 이제 마지막으로 유혹한다. 사람의 욕심 중에 가장 끈질긴 것은 권력욕과 명예욕이다. 사람들은 권력과 명예를 위해서는 아끼던 돈도 내놓는다. 악마는 예수에게 온 세상을 지배하는 권력과 최고의 명예를 누리라고 유혹한다. 예수가 그 유혹에 넘어갔다면 역시 사이비 교주가 되었을 것이다.

많은 사람이 진리를 얻으려는 순간, 악마의 유혹에 넘어가고 만다. 수많은 사이비 교주들이 악마로 변하는 것은 그 때문이다. 사이비 교주들은 처음에 진리의 근처에 접근하여 상당한 능력을 터득한 사람들이다. 상당한 능력을 얻었을 때 마음속에 있는 악마가 집요하게 유혹한다. 그 유혹을 뿌리치고 계속 정진하면 진리를 얻을 수 있지만, 악마의 유혹에 넘어가 부와 권력과 명예를 추구하면, 사이비 교주가 되어 세상을 어지럽히고 백성들을 홀리는 악의 화신으로 변한다. 예수는 악마의 유혹에 넘어가지 않았다. 악마의 유혹에 넘어가지 않으면 악마는 떠나고 하느님 마음이 돌아온다. 하느님 마음이 곧 천사이다.

하느님 마음이 된 사람은 모든 사람과 하나가 된다. 부모를 잊어버린 형제들은 각각 남남인 줄 알지만, 부모를 찾은 아들은 나머지 형제들이 남이 아닌 줄을 아는 것과 같다. 모든 사람과 하나가 된 예수는 남의 아픔이 자기의 아픔이므로 당시의 아픈 사람들을 깨우치지 않을 수 없었다. 예수가 사람들을 깨우쳐 진리로 인도하는 방법은 믿음이었다. 사람들이 양 떼를 몰고 초원을 떠돌아야 하는 열악한 환경에서 살고 있었기 때문에, 한자리에 앉아서 차분하게 공부할 수도 없었고, 가만히 나무 밑에 앉아서 깨달을 수도 없었다. 열악한 환경에서 사는 사람들이 진리에 도달하는 방법은 진리로 인도하는 사람을 믿고 따르는 것밖에 없다.

예수가 사람들을 진리로 인도할 때, 가장 먼저 할 일은 그들에게 자신의 말과 하나님의 존재를 믿도록 유도하는 것이었다. 하지만 그것은 쉽지 않았다. 예수가 사람들에게 아무리 자신의 말을 믿으라고 해도 그들은 믿지 않았다. 그래서 할 수 없이 예수가 사용한 방법이 바로 기적이다. 예수는 기적을 행하고 싶어서 행한 것이 아니다. "너희는 기적이나 기이한 일들을 보지 않고는 결코 믿으려고 하지 않는다"(「요한복음」 4장 48절)라고 한 그의 말에서 지적한 것처럼, 당시의 사람들이 기적을 보지 않고는 도무지 믿으려 하지 않았기 때문이었다.

예수가 기적을 행한 것은 자신의 위력을 보여주어 믿음으로 유도하려는 궁여지책이었다. 예수는 수많은 기적을 행했다. 병든 자를 고쳐주기도 하고 죽은 자를 살려주기도 했다. 그렇게 기적을 행했음에도 사람들은 여전히 잘 믿지 않았다. 「요한복음」에 있는 다음의 말이 이를 증언한다.

> 예수께서 그렇게 많은 기적을 그들 앞에 행하셨으나, 그들은 예수를 믿지 않았다.(「요한복음」 12장 37절)

믿지 않는 사람들에게 예수는 절규에 가까운 호소를 했다.

> 내가 곧 길이요, 진리요, 생명이다. 나로 말미암지 않고서는 아무도 아버지께로 올 사람이 없다.(「요한복음」 14장 6절)

믿지 않는 사람을 해결할 방법은 없다. 예수는 안타까웠다. 그는 마지막 결단을 하면서 결연한 선언을 한다.

> 내가 진정으로, 진정으로 너희에게 말한다. 믿는 사람에게는 영생이 있다. 나는 생명의 빵이다. 너희의 조상은 광야에서 만나Manna를 먹었어도 죽었다. 그러나 하늘로부터 내려오는 빵은 이러하니, 누구든지 그것을 먹으면 죽지 않는다. 나는 하늘로부터 내려온 살아 있는 빵이다. 이 빵을 먹는 사람은 누구나 영원히 살 것이다. 내가 줄 빵은 나의 살이다. 그것은 세상에 생명을 준다.(「요한복음」

이 말에는 두 가지 뜻이 함축되어 있다. 예수는 영원한 생명으로 인도하는 빵의 역할을 하는 사람이란 뜻과 자기의 몸을 희생해서라도 사람들을 구제하겠다는 뜻이 그것이다. 이 두 뜻이 하나로 함축된 것이 "내가 줄 빵은 나의 살이다"라는 말이다. 이 말은 예수의 살을 먹으면 영생을 얻는다는 뜻이 아니다. 피와 살을 다 버리고 목숨을 버려서라도 사람들을 영생으로 인도하겠다는 예수의 사랑의 표현이다. 그러나 이 말을 들은 유대인들이 그 의미를 깨닫지 못하자 그는 강도를 한층 더 높여서 선언한다.

내가 진정으로, 진정으로 너희에게 말한다. 너희가 인자의 살을 먹지 않고, 또 인자의 피를 마시지 않으면 너희 속에는 생명이 없다. 내 살을 먹고 내 피를 마시는 사람에게는 영생이 있을 것이요, 마지막 날에 내가 그를 살릴 것이다. 내 살은 참된 양식이요, 내 피는 참된 음료이다. 내 살을 먹고 내 피를 마시는 사람은 내 안에 있고, 나도 그 사람 안에 있다. 살아 계신 아버지께서 나를 보내셨고, 내가 아버지로 말미암아 사는 것과 같이, 나를 먹는 사람도 나로 말미암아 살 것이다. 이것은 하늘로부터 내려온 빵이다. 이것은 너희의 조상이 먹고서도 죽은 그런 것과는 같지 않다. 이 빵을 먹는 사람은 영원히 살 것이다.(「요한복음」 6장 53~58절)

예수는 여기서 희생할 뜻을 결연히 선언했다. 예수의 희생을 헛되이 하지 않는 것은 희생의 의미를 받아들이는 데 있다. 그것은 '예수의 피를 마시고 예수의 살을 먹는 것'이다.

예수의 희생은 죽음을 맞이함으로써 절정에 달한다. 남을 감동시키는 효과를 내는 데에는 목숨을 바치는 것보다 더 큰 것이 없다. 많은 소설가나 극작가들이 감동의 효과를 극대화하려고 할 때 택하는 방법이 바로 주인공을 죽이는 것이다. 하나님이 극작가라면 예수는 주인공이다. 극작가와 주인공은 한마음이다. 주인공은 극작가의 의도대로 연기한다. 하나님은 사람들을 믿음으로 인도하는 마지막 수단으로 예수를 죽인다. 예수가 죽음을 선택한 것은 하나님의 뜻이면서 동시의 자신의 뜻이다. 자신의 뜻으로 결정하면서도 자신에게 마지막 남아 있는 실낱같은 욕심에 순간적으로 흔들림을 당하지만, 금방 하나님의 뜻으로 돌아간다.

지금 내 마음이 괴로우니 내가 무슨 말을 하여야 할까? "아버지, 이때를 벗어나게 하여 주십시오" 하고 말할까? 아니다. 내가 바로 이 일을 위하여 이때에 왔다. "아버지, 아버지의 이름을 영광되게 하여 주십시오."(「요한복음」 12장 27~28절)

하나님의 마음으로 돌아간 예수는 역시 이 길만이 많은 사람을 구제하는 길임을 확신하고 마지막 결정을 내린다.

내가 땅에서 들려 올라갈 때, 나는 모든 사람을 나에게로 끌어올 것이다.(「요한복음」 12장 32절)

여기서 들려 올라간다는 말은 십자가에 들려 올라간다는 말이자 육신이 죽임을 당한다는 말이다. 그 말을 들은 무리가 "우리는 율법에서 그리스도는 영원히 살아 계시다는 것을 배웠습니다. 그런데 어떻게 당신은 인자가 들려야 한다고 말씀하십니까? 인자가 누구입니까?"[12]라고 묻는 말에서 바로 말해주고 있다. 그러므로 이 말의 뜻은 '십자가에 들려 올라가 죽음으로써 모든 사람을 감동시켜 그들을 믿음으로 인도하게 될 것'이라는 의미이다. 예수의 죽음을 통해 그에 대한 믿음은 급속도로 퍼져나갔다.

아프지 않은 사람은 의사를 찾지 않는다. 아프지 않은 사람은 정상인으로 살지만, 그러다가 아프게 되면 자기가 비정상인 줄을 알고 의사를 찾는다. 의사에게 진단을 받고 자기가 정상이 아님을 알면 그때 자기의 잘못을 후회한다. 건강을 지키지 않은 것을 후회하고, 술을 과다하게 마신 것을 후회하며, 담배를 지나치게 피운 것을 후회한다. 아파서 후회하는 사람에게는 건강한 사람이 되는 목표가 생긴다. 후회와 목표는 동시적이다. 후회를 많이 하는 사람일수록 목표를 향하는 열정이 강렬하다. 목표가 확고할수록 목표에 도달하지 않고는 견디지 못한다.

진리로 향하는 것도 이와 같다. 마음이 아플수록, 자신의 잘못에 대해 반성을 거듭할수록 진리를 얻고자 하는 목표가 확고해진다. 불교에서는 반성을 참회라 하고, 기독교에서는 회개라 한다. 목표를 확고하게 세우는 것이 입지立志인데, 기도, 서원誓願, 염불 등은 입지의 한 방법들이다.

03

반성과 입지

반성, 참회, 회개

사람들은 오랫동안 살아오면서 자기 자신을 삶의 기준으로 삼아왔다. 눈으로 보는 것도 자기가 보는 것이기 때문에 보는 기준이 자기였고, 귀로 듣는 것도 자기가 듣는 것이기 때문에 듣는 기준이 자기였다. 어떤 것을 판단하는 것도 판단하는 기준이 자기였다. 자기보다 큰 사람을 보고 크다고 느끼는 것도 자기가 기준이 되기 때문이고, 자기보다 작은 사람을 보고 작다고 느끼는 것도 자기가 기준이 되기 때문이다. 평균 키라는 개념이 생겨서 평균 키를 기준으로 자기의 키를 판단하게 되는 때도 있기는 하다. 그러나 가치판단에 대해서는 평균이라는 것이 없다. 어떤 사람을 착하다고 판단하는 것은 자기보다 착하다는 것이고, 악하다고 판단하는 것은 자기보다 악하다는 것이다. 사람들은 자기가 기준이기 때문에 습관적으로 자기를 정상으로 판단하는 경향이 있다. 자기보다 착한 사람을 보면 '저렇게 착해빠져서 어떻게 세상을 살 수 있을까?' 하고 염려하고, 자기보다 악한 사람을 보면 '세상이 혼란하게 된 것은 저런 사람 때문이다'라고 비난한다. 자기가 가치판단의 기준이 되면 반성하는 일이 없다. 반성은 비정상인 사람이 해야 할 것이다. 자기보다 착한 사람은 너무 착해서 반성해야 하고, 자기보다 악한 사람은 너무 악해서 반성해야 한다.

그러나 아파해본 사람은 다르다. 너무 아파서 견딜 수 없는 사람은 아픔에서 빨리 벗어나고 싶다. 아플수록 자기가 비정상인 줄을 안다. 사람은 자기가 비정상인 줄 알 때 반성을 한다. 반성하는 것은 정상이 아니기 때문이므로, 반성하는 사람이 목표로 삼는 것은 정상인이다. 사람은 본래 마음을 가지고 있어야 정상이다. 본래 마음은 모두가 다 함께 가지고 있는 하느님 마음이다. 하느님 마음은 모두가 함께 가지고 있으므로 한마음이다. 사람은 하느님 마음을 가지고 태어났으므로 하느님 마음으로 사는 것이 정상이다. 하느님 마음으로 사는 사람이 성인聖人이므로 사람 중에는 성인이 정상적으로 사는 사람이다. 그러므로 사람들은 하느님 마음으로 살지 않는 것을 반성해야 하고, 성인처럼 살지 못하는 것을 반성해야 한다.

기준이 되는 사람을 인극人極이라 한다. 인극은 성인이다. 성인은 양심에 부끄럽지 않은 사람이다. 성인은 하늘 마음으로 사는 사람이다. 늘 성인을 기준으로 판단할 때 양심에 따라서 살아야 한다는 판단이 나온다. 자기는 늘 부끄럽고 문제 많은 사람이 된다. 성인에게 부끄럽고, 양심에 부끄럽고, 하늘에 부끄럽다.

성인이 정상이기 때문에 성인이 아닌 사람은 삶 그 자체로 모두 반성의 대상이 된다. 공자의 제자인 증자는 매일 다음과 같이 반성했다.

나는 매일 여러 번 내 몸을 반성한다. 남을 위해 일을 추진하면서 진실한 마음으로 하지 않았는가! 친구와 미더운 마음으로 사귀지 않았는가! 선생님께서 전해주신 내용을 복습하지 않았는가!

吾日三省吾身 爲人謀而不忠乎 與朋友交而不信乎 傳不習乎(『論語』「學而篇」)

남을 남으로 여기는 것은 욕심에서 나온 판단이다. 본래 마음은 모든 사람이 다 같이 가지고 있는 한마음이다. 한마음은 속에 있는 진실한 마음이다. 진실하지 않은 마음으로 남의 일을 추진했다면 그것은 욕심으로 추진한 것이다. 반성해야 한다. 한마음은 변하지 않는 미더운 마음이다. 미덥지 않은 마음으로 친구와 사귀고 있다면 그것은 욕심으로 사귀는 것이다. 반성해야 한다. 선생님께서 가르쳐주신 것은 하느님 마음을 회복하는 것이었다. 그 가르침은 쉬지 않고 익혀야 한다. 만약 게으름을 피웠다면 반성해야 한다. 자기의 삶이 욕심에서 나온 것이면 모두 반성해야 한다. 일할 때도 반성해야 하고, 사람을 만날 때도 반성해야 한다. 공부할 때도 성적을 잘 받기 위한 욕심으로 공부하는 것이 아닌지 반성해야 하고, 일할 때도 돈을 벌기 위한 욕심으로 일하는 것이 아닌지 반성해야 한다. 직업을 선택할 때도 욕심이 개입하지 않는지 반성해야 하고, 대표자를 선출

하거나 대표자로 나설 때도 욕심이 개입하지 않는지 반성해야 한다.

사람의 몸에는 마음이 올라타 있다. 몸이 혼자 있는 경우는 없다. 그것은 자동차에 운전자가 올라타 있는 것과 같다. 움직일 때도 올라타 있고 움직이지 않을 때도 올라타 있다. 사람의 몸에 올라타 있는 운전자는 둘이다. 몸이라는 자동차는 하느님 마음이 운전할 때도 있고, 욕심이 운전할 때도 있다. 사람이 움직이지 않을 때는 고요히 마음을 들여다보고 욕심이 일어나는 것이 느껴지면 그것을 막아야 한다. 움직일 때는 움직일 때마다 움직임을 주도하는 마음을 들여다보고 욕심이 조종하고 있으면 그 욕심을 내보내고 하느님 마음으로 바꾸어야 한다.

사람과의 관계에서도 마음은 늘 움직인다. 그때마다 어떤 마음인지 살펴서 욕심이 나타나면 억제해야 하고 하느님 마음이 나타나면 따라야 한다. 반성해야 할 것은 자기 자신의 잘못에 대한 것과 남과의 관계에서 생기는 잘못에 대한 것으로 나눌 수 있다.

먼저, 나 자신의 잘못에 대한 반성부터 알아보자.

① '나'는 욕심 덩어리이고 악마다

• '나'라는 것은 하느님 마음을 쫓아내고 그 자리에 대신 들어와 주인 행세를 하는 악마가 아닌가? 나는 지금 욕심 덩어리의 노예가 되어 있지 않은가? 나는 욕심을 채우기 위해 바쁘게 돌아다니고 있지 않은가?

• 남이 나보다 앞서 가면 샘이 나서 늘 배가 아픈 것이 아닌가? 남이 잘못되는 현장을 보면 고소해하면서 구경거리나 되는 듯이

그것을 보고 있지 않은가?

• 나의 욕심을 채우기 위해 남을 헐뜯거나 비난하고 있지는 않은가?

• 남 앞에서 내가 대단하다는 것을 은근히 과시하면서 살고 있지는 않은가?

• 속으로는 비열한 생각을 하면서 겉으로 군자인 체하면서 살고 있지는 않은가?

• 남몰래 비겁한 짓을 서슴지 않으면서 착한 척 위장하면서 살고 있지는 않은가?

• 나의 훌륭함을 과시하고자 남에게 봉사하고 있지 않은가?

• 나의 만족감을 채우기 위해 남에게 봉사하는 것은 아닌가?

② 나의 삶은 죄로 연속되는 삶이다

욕심은 내 것을 챙기는 마음이므로, 욕심으로 사는 것 자체가 남에게 상처를 준다. 욕심 챙기는 마음으로 사람을 대하면 나의 욕심을 채워줄 수 있는 사람은 나쁜 사람임에도 좋게 보이고, 나의 욕심을 채워줄 수 없는 사람은 좋은 사람임에도 안 좋게 보인다. 공자는 다음과 같이 말한 적이 있다.

오직 어진 사람만이 사람을 좋아할 수 있고, 사람을 미워할 수 있다.

唯仁者 能好人 能惡人(『論語』「里仁篇」)

욕심을 가진 사람이 사람을 좋아하는 것은 좋아해야 할 사람을 좋아하는 것이 아니고, 욕심을 가진 사람이 사람을 미워하는 것은 미워해야 할 사람을 미워하는 것이 아니다. 욕심으로 판단하면 모든 것을 있는 그대로 보지 못하고 왜곡시킨다. 우리는 사람들과 어울려서 살아왔다. 지금까지 그냥 어울려서 살아왔다면, 이제는 사람들과 어울리면서 상처를 주지 않았는지 반성해야 한다.

- 나는 살아오면서 나에게 필요한 사람에게만 잘 대하고, 그렇지 않은 사람에게는 무심하게 대한 것은 아닌가?
- 나는 가난하고 못난 사람을 대할 때, 무시하는 태도를 취하고 있지 않은가?
- 나는 높은 관직에 있거나 부유한 사람에게 호감을 사기 위해 노력하고 있지 않은가?
- 나는 사람을 대할 때, 그 사람이 가진 능력이나 재력이나 권력을 중심으로 판단하고 있지 않은가?

③ 모든 것은 내 탓이다

세상에서 일어나는 모든 문제는 '나'에게서 비롯된다. 나는 원래 '나'가 아니라 혼돈이었다. 내가 혼돈이었을 때는 아무 문제도 일어나지 않았다. 혼돈을 '나'로 만든 것은 나 자신이다. '나'라는 것을 만들면 '너'라는 것이 만들어져서 '나'와 '너'는 경쟁하게 된다. 모든 문제는 여기에서 일어난다. '나'라는 것을 만든 것은 나였기 때문에 모든 문제가 일어나게 된 근본 원인은 나에게 있다.

그런데도 사람들은 남과의 경쟁에서 이기기 위해 자기를 옳게 여기고 남을 그르게 여긴다. 이런 습관 때문에 사람들은 문제가 일어날 때마다 그 원인을 남의 탓으로 돌린다. 공자는 다음과 같이 말한다.

군자는 원인을 자기에게서 찾고, 소인은 남에게서 찾는다.
君子 求諸己 小人 求諸人(『論語』「衛靈公篇」)

문제의 원인을 남의 탓으로 돌리는 사람은 문제를 해결할 수 없다. 모든 문제에는 근본 원인과 외적 조건이 결합되어서 일어난다. 도둑을 맞는 경우에도 그렇다. 내가 도둑을 맞게 된 근본 원인은 내가 물건을 허술하게 두었기 때문이고, 외적 조건은 도둑이 들어왔기 때문이다. 탐나는 물건을 허술하게 보관하고 있는 사람은 도둑을 맞게 되어 있다. 갑이라는 도둑에게 도둑맞았을 때 그를 처벌하는 것으로 문제가 끝나는 것이 아니다. 을이 또 나타나서 도둑질을 할 것이고, 을을 처벌하면 병이 또 나타나서 도둑질을 할 것이다. 그러므로 도둑맞은 사람이 갑, 을, 병의 탓으로만 돌린다면 문제는 결코 해결되지 않는다. 도둑을 맞게 된 근본 원인이 자신에게서 비롯된 것임을 알고, 탐나는 물건을 제대로 보관할 때 문제는 해결된다. 이렇게 보면 도둑맞은 사람은 갑, 을, 병에게 오히려 미안해해야 한다. 자기가 물건을 잘 간수했더라면 갑, 을, 병은 도둑이 되지 않고 정상인으로 살 수 있었을 것이다. 그들을 도둑으로 만든 것은 자기의 허술함 때문이다. 그러므로 도둑을 맞은 사람은 문제의 원인을 자신의 탓으로 돌려야 함은 물론이고, 도둑에게 미안한 마음까지 가져야 한다.

이제 사람과의 관계에서 생기는 잘못에 대한 반성을 알아보자.

① 부모에 대한 반성

사람이 제일 먼저 만나는 사람은 부모다. 사람은 부모에게서 태어나고 부모의 슬하에서 자란다. 부모는 나를 위해 자신을 희생하신다. 내가 위태로울 때는 목숨을 바쳐서라도 나를 구해주시는 분이다. 세상에는 그런 사람이 없다. 사랑을 받는 것이 행복이고, 미움을 받는 것이 불행이다. 사랑 중에 부모의 사랑만큼 숭고한 사랑을 찾아보기 어렵다. 따라서 부모의 사랑을 받는 것보다 더 큰 행복이 없다. 맹자는 부모 형제와 함께 사는 것을 제일 큰 행복으로 여겼다. 그런 행복에 비하면 임금이 되는 것은 행복 축에 들어가지도 않는다고 했다.

군자에게 세 가지 행복이 있다. 천하의 임금이 되는 것은 행복에 들어가지 않는다. 부모가 다 계시고 형제가 무탈한 것이 첫 번째 행복이고, 하늘을 우러러 부끄럽지 않고 사람에게 부끄럽지 않은 것이 두 번째 행복이며, 천하의 영재를 얻어 교육하는 것이 세 번째 행복이다. 군자에게 세 가지 행복이 있다. 천하의 임금이 되는 것은 행복에 들어가지 않는다.
孟子曰 君子有三樂 而王天下不與存焉 父母俱存 兄弟無故 一樂也 仰不愧於天 俯不怍於人 二樂也 得天下英才 而敎育之 三樂也 君子有三樂 而王天下 不與存焉(『孟子』「盡心章句」上)

지금까지 살아오면서 부모에게 끔찍한 사랑을 받았다. 이렇게 큰 행복을 주시는 부모님을 늘 기쁘게 해드려야 한다. 그런 부모님을 기쁘게 해드리기는커녕 걱정을 끼쳐드리고 있는 것은 아닌가? 반성해야 할 것이 많다.

눈을 감고 어릴 때부터 부모님과 나 사이에 있었던 일들을 곰곰이 생각해보자.

- 부모님에게도 욕심이 있기 때문에 때로는 잔소리를 하실 때도 있다. 그렇지만 그 잔소리는 부모의 숭고한 사랑에 비하면 태평양 바다에 떠 있는 티끌같이 미미한 것이다. 그런데도 그 잔소리가 듣기 싫어 짜증 낸 적은 없었는가?
- 우리 집이 부잣집이 아니라는 이유로 부모님을 원망한 적은 없었는가?
- 세대 차가 난다고 해서 부모님을 무시한 적은 없었는가?
- 무식하다는 이유로 부모님을 무시한 적은 없었는가?
- 부탁을 들어주지 않는다고 해서 부모님을 원망한 적은 없었는가?

② 자녀에 대한 반성

세상에서 가장 귀한 사람이 자녀다. 귀하기 때문에 오히려 부모들은 자녀에게 과도한 욕심을 부리기도 하고, 자녀의 마음을 상하게도 한다. 자녀에 대한 욕심이 많기에 자녀의 부족한 점을 보면 혹독하게 꾸짖기도 한다. 행복 중에 가장 큰 행복은 부모와 자녀가 한마음이 되는 것이다. 부모의 사랑을 듬뿍 받는 것보다 더 큰 행복이 없고,

자녀의 효도를 듬뿍 받는 것보다 더 큰 행복이 없다. 부모와 자녀 사이가 멀어지는 것보다 더 큰 불행은 없다. 맹자는 부모가 자녀를 직접 가르치지 않는다고 했다. 자녀를 가르치다가 혹시 화를 내는 일이 있으면 자녀와의 사이가 멀어질 가능성이 있기 때문이다.

부모는 자녀와 한마음이 되는 사람이다. 특히 어머니는 더욱 그렇다. 어머니를 '자당慈堂'이라 하는데, 자慈는 '그 마음'이란 뜻이므로, 자당은 자녀의 마음이 되어주는 사람이다. 자녀를 기를 때 자녀의 마음이 되어주지 못하고 부모의 욕심으로 자녀의 마음을 아프게 한 일은 없는지 반성해야 한다.

- 옛날에는 태교를 중시했다. "스승의 십 년 가르침이 어머니 열 달 태교보다 못하고, 어머니 열 달 태교가 수태하는 날의 아버지 정성만 못하다"[13]라고 했다. 수태하는 날의 아버지 마음 상태와 열 달 간의 어머니 정성이 자녀의 마음 상태나 성격을 형성하는 데 어떤 영향을 미치는지에 대한 정확한 연구결과는 아직 나와 있지 않지만, 태교의 중요성은 과학적으로도 이미 증명된 바 있다. 그러므로 자녀에게 문제점이 발견될 때, 자녀를 꾸짖기 전에 그것이 수태할 때와 임신 중에 정성을 다하지 않은 결과가 아닌지 반성해야 한다.
- 내 자녀가 다른 집의 자녀들보다 머리가 둔한 것에 대해 자녀를 탓하기보다 자기의 잘못을 뉘우쳐야 한다. 재주는 몸을 구성하고 있는 물질의 우열에 따라 결정되지만, 재주가 늘 고정된 것은 아니다. 맑은 공기와 맑은 물을 마시고 깨끗한 음식을 먹으며 착한 생

각을 하면 재주는 향상되지만, 오염된 공기와 오염된 물을 마시고 불량한 음식을 먹으며 나쁜 생각을 하면 재주는 계속 저하된다. 재주가 향상되었을 때 자녀를 낳으면 재주 있는 자녀가 태어나지만, 재주가 저하되었을 때 자녀를 낳으면 재주가 없는 자녀가 태어난다. 그러므로 자녀의 재주 없음은 부모 탓이다. 그런데도 자기반성은 하지 않고 자녀를 못마땅하게 여기는 것은 잘못이다.

• 부모는 자녀에게 하늘과 같은 존재다. 자녀는 부모에게 모든 것을 믿고 의지한다. 그런 자녀에게 하늘 같은 모습을 보여주지 못하고, 오히려 꾸짖고 야단쳐서 자녀를 괴롭히고 있었던 것은 아닐까?

• 자녀는 밖에 있을 때 스트레스가 많이 쌓인다. 친구들과 경쟁하느라 늘 긴장한다. 때로는 친구들에게 따돌림을 당해 심한 우울증에 시달리기도 한다. 그런 자녀가 스트레스를 풀 장소는 가정밖에 없다. 자녀가 어느 날 집에 와서 가방을 아무 데나 던져놓고 양말을 여기저기에 벗어놓고 곧바로 자기 방으로 들어갈 때가 있다. 이런 행동은 밖에서 있었던 스트레스를 푸는 방식이다. 자녀의 그런 심정을 알았다면 마음껏 스트레스를 풀도록 받아주어야 하지만, 그것을 참지 못하고 자녀를 호되게 꾸짖고 있는 것은 아닌가?

• 좋지 않은 성적표를 가지고 집에 오는 자녀는 거의 죽을 맛이다. 그런 자녀에게 성적이 왜 이렇게 나쁘냐고 다그치면서 호통을 치지 않았는가? 그렇게 하는 것은 죽을 맛으로 돌아오는 자녀를 더 죽여놓는 결과가 된다. 죽을 맛으로 돌아오는 자녀를 더 죽여

놓는 것은 부모가 아니라 저승사자다. 자녀의 마음과 하나가 되는 부모는 자녀를 야단치지 않는다. 야단을 치는 대신 자녀의 어깨를 두드리며 위로할 것이다. 사람의 행복이나 성공은 어릴 때의 성적 순으로 다가오는 것이 아니다. 이런 점들을 잘 설명하며 자녀를 위로하는 것이 부모의 도리이다.

• 자녀가 친구들과 싸우다가 얻어맞고 멍든 몸으로 울면서 돌아왔을 때, 속이 상해 "너는 손도 없느냐? 바보같이 왜 맞고 다니느냐?" 하고 꾸짖지 않았는가? 얻어맞고 싶은 자녀는 없다. 아무리 애를 써도 이기지 못해 얻어맞은 것이다. 남에게 얻어맞는 것은 죽을 맛이다. 죽을 맛으로 돌아오는 자녀를 야단치면 자녀의 기를 더 죽이는 결과가 된다. 부모가 아니라 저승사자다. 반성할 일이다.

• 인스턴트 음식을 좋아하는 자녀를 꾸짖은 적은 없는가? 사람들은 어릴 때 먹은 음식의 맛이 기준이 된다. 어릴 때 인스턴트식품을 먹고 자란 아이는 평생 인스턴트식품을 좋아하게 되어 있다. 자녀가 인스턴트식품을 좋아한다면 아마도 자녀가 어릴 때 밖에서 놀다가 온 부모가 급한 김에 인스턴트식품을 배달해서 먹였을 가능성이 크다. 자녀의 음식 습관은 부모의 영향을 받는다. 그러므로 자녀에게 좋지 않은 음식 습관이 있다면 부모가 반성해야 한다. 자기가 반성해야 함에도 자녀만 꾸짖는 것은 잘못이다.

• 사설 학원에 갔다 와서 지쳐 있는 자녀에게 한 군데 더 갔다 오라고 다그친 적은 없는가? 지쳐죽겠다는 자녀에게 한 군데 더 갔다 오라고 하는 부모는 자녀를 한 번 더 죽이는 저승사자이다.

• 밤에 졸려죽겠다는 자녀에게 조금만 더 공부하라고 다그치지 않았는가? 졸려죽겠다는 자녀에게 자지 말고 더 공부하라고 하는 부모는 자녀를 더 죽여놓는 저승사자이다. 최근에 부모에게 덤벼드는 자녀가 많다고 말하지만, 그렇지 않다. 자녀가 부모에게 덤벼드는 것은 자기가 살기 위해 저승사자에게 항거하는 것이다.

성적이 좋은 학생이라야 나중에 훌륭한 사람이 되는 것은 아니다. 성적보다 착한 마음씨를 가지는 것이 더 중요하다. 어릴 때 공부하느라 지쳐버리면 공부를 지속할 수 없다. 『주역』의 '건괘乾卦'에는 '물에 잠겨 있어야 하는 용이니 힘을 쓰지 말아야 한다'[14]라고 명시되어 있다. 마라톤 선수가 초반에 너무 힘을 쓰면 중반 이후에 힘이 빠져 더 달리지 못하고 기권하는 것처럼, 어릴 때 너무 힘을 써서 공부하다가 지쳐버리면 공부를 지속하지 못하고 포기하고 만다. 그러므로 공부 초기에는 지치지 않도록 신경을 써야 한다. 그래야 청년이 되었을 때 힘이 남아서 공부에 집중할 수 있다.

• 사람은 자기가 하고 싶은 일을 직업으로 갖는 것이 좋다. 자녀의 직업도 그러하다. 자녀가 직업을 선택할 때, 자녀가 하고 싶은 것을 하도록 유도하지 않고 부모의 욕심을 채우는 방향으로 강요하고 있지 않은가? 부모가 자기의 욕심을 채우기 위해 자녀에게 요구하는 것은 잘못이다. 자녀의 마음이 되어 자녀가 행복할 수 있는 것을 찾아야 한다.

• 자녀가 거짓말하는 것을 보았을 때 심하게 꾸짖지 않았는가? 자녀가 거짓말을 하는 것은 대부분 부모에게 배웠기 때문이다. 부

모는 자녀가 듣는 데서 수시로 거짓말을 한다. 자녀가 전화를 받으면 "엄마는 집에 안 계신다"라고 하라고 거짓말을 시키기도 한다. 따라가려고 우는 자녀에게 '침 맞으러 간다'며 거짓말하기도 한다. 이런 거짓말이 자녀에게 거짓말하도록 가르친다. 만약 자녀가 거짓말을 한다면 꾸짖지 말고 스스로 반성해야 하고, 다시는 거짓말하지 않도록 해야 한다.

• 자녀에게 침착성과 집중력은 매우 중요하다. 침착성과 집중력이 없는 자녀는 나중에 성장하여 능력을 발휘할 수 없다. 그래서 산만한 자녀의 행동을 보고 야단치지만, 사실은 자녀가 산만하게 된 원인이 거의 부모에게 있다. 부모가 번화한 곳에 살면 자녀는 집중력을 가질 수 없다. 부모가 텔레비전을 보면서 자녀에게 방에 가서 공부하라고 하면 자녀는 집중할 수 없다. 자녀의 집중력을 기르기 위해서는 아무리 보고 싶은 텔레비전 프로그램이 있어도 참아야 한다. 참을 수 없을 만큼 보고 싶다면 자녀와 함께 보자고 권유해야 할 것이다.

• 자녀는 친구로부터 많은 영향을 받기 때문에 누구와 사귀는가는 매우 중요하다. 그 때문에 부모가 자녀의 친구 관계에 관여하기 쉽다. 이때 반성해야 할 것이 있다. 공부 잘하는 아이나 부잣집 자녀, 아니면 고관의 자녀와 사귀도록 자녀를 유도하는 것은 아닌지 그것을 반성해야 한다. 그런 친구와 사귀도록 하면 자녀는 공부 못하는 아이나 가난한 집의 아이를 무시하게 된다. 사람을 무시하는 사람은 제대로 성장하지 못한다. 자기도 성공하지 못할 뿐 아니라, 남도 괴롭힌다. 가장 좋은 친구는 착한 친구이다. 착한 친

구를 사귀면 나도 착해진다. 마음이 착한 사람은 공부를 잘 못하는 아이와 가난한 아이를 하찮게 여기지 않는다.

③ 부부 사이에서의 반성

부부는 사랑하는 남녀가 결혼해서 맺어진 남편과 아내를 말한다. 사랑에는 조건이 있다. 내가 어떤 사람을 사랑한다는 것은 그가 나에게 사랑받을 수 있는 조건을 갖추었기 때문이다. 완벽한 조건은 없다. 예를 들어 보자. 예쁜 사람을 사랑하는 사람은 예쁜 사람을 만나면 사랑을 할 것이다. 그런 사람은 예쁜 사람을 만나 사랑을 하다가도 더 예쁜 사람을 만나면 사랑하는 마음이 더 예쁜 사람에게로 옮겨간다. 지금 사랑하는 사람보다 더 예쁜 사람을 만나지 못했더라도 사랑하는 사람이 늙어버리기 때문에 또 문제가 된다. 이처럼 사랑은 불안하다. 늘 흔들릴 수밖에 없다.

불안한 사랑을 완전한 사랑으로 만드는 의식이 결혼이다. 결혼하는 순간 남녀의 사랑은 상대적인 사랑에서 절대적인 사랑으로 바뀐다. 결혼이란 사랑하는 사람에 대한 사랑을 백 퍼센트로 만드는 성스럽고 거룩한 의식이다. 결혼한 뒤에는 부인보다 더 좋은 조건을 가진 여자가 없고, 남편보다 더 좋은 조건을 가진 남자가 없다. 그러므로 결혼한 뒤에는 남편을 다른 남자와 비교하면 안 되고, 부인을 다른 여자와 비교하면 안 된다. 오빠를 다른 남자와 비교하지 않는 것처럼 해야 하고, 여동생을 다른 여자와 비교하지 않는 것처럼 해야 한다. 그러므로 부인은 남편을 다른 남자와 비교하는 마음이 생길 때마다 반성해야 하고, 남편은 부인을 다른 여자와 비교하는 마음이 생길 때마다 반성해야 한다.

사랑이 무엇인지에 대해 오해할 때도 문제가 생긴다. 사람은 본래 고립된 존재가 아니라 남과 구별되지 않는 혼돈이었다. 그러던 것이 의식이 생겨 '나'라는 개념을 만듦으로써 고립되었다.

고립된 사람이 외로움에서 벗어나는 가장 빠른 방법이 사랑이다. 남자와 여자가 사랑하는 것은 둘이서 하나가 되는 것이다. 하나가 되면 외로움에서 벗어날 수 있다. 남자와 여자가 혼자 있을 때는 반쪽이다. 반쪽은 나머지 반쪽을 만나 하나가 되어야 외롭지 않다. 사람을 만나면 "반갑습니다" 하고 인사를 한다. 반갑다는 말의 뜻은 '반 같다'이다. 말하자면 나의 '반쪽 같다'는 뜻이다. 사람이 사람을 만나 나의 반쪽 같은 느낌이 들 때가 반갑다. 가장 반가운 것은 사랑하는 사람끼리 만나서 완전히 하나가 되는 것이다. 사랑은 이처럼 위대하다. 이와 같은 사랑을 이해하지 못하고 소유하는 것으로 생각할 때 문제가 생긴다. 사랑을 소유로 여기게 되면 사랑을 할수록 '내 것'이 되는 부분이 많아진다. 처음에는 완전히 남이었지만, 사랑을 할수록 차츰 '내 것'이 되다가, 결혼을 하면 완전히 '내 것'이 되고 만다. 사람의 욕심은 내 것이 아닌 것을 내 것으로 만들도록 요구를 한다. 따라서 이미 내 것이 되어버린 것에 대해서는 관심을 두지 않는다. 신선도가 제로로 떨어지는 것이다. 이것이 잘못이다. 사람들은 '내 것'으로 만들려는 욕심을 사랑으로 오해하기 쉽다. 그런 것은 사랑이 아니라 욕심이다. 하나가 되는 사랑을 하는 사람은 사랑하는 사람과 하나가 된다. 하나가 되는 사랑은 늘 새롭다. 처음 만났을 때 느꼈던 설렘이 늘 지속된다.

스위스 취리히 대학의 베아테 디첸Beate Ditzen 박사팀이 사랑할 때 뇌에서 분비되는 옥시토신이란 호르몬에 대해서 연구한 결과, 사람이 사랑할 때 뇌에서 옥시토신이 분비되어 행복해진다는 사실을 찾아냈다. 불행은 미움을 동반하지만, 행복은 사랑을 동반한다. 사랑이 행복의 원천이기 때문이다. 그런데 남녀가 사랑할 때 옥시토신이 분비되는 것은 삼 년간뿐이라고 주장하는 학자도 있지만, 꼭 그렇지는 않다. 욕심을 채우기 위해 사랑하는 사람은 욕심을 채우는 순간 설렘이 멎기 때문에 욕심이 많을수록 옥시토신이 분비되는 기간은 짧아질 것이다. 욕심은 변하지만, 한마음은 변하지 않는다. 한마음으로 하나 되는 사랑을 하면 설렘은 영원히 지속되고 옥시토신은 계속 분비될 것이다. 중국 춘추시대에 다음과 같은 이야기가 전한다.

춘추시대 때, 진나라의 대부 극결이 밭에서 김을 매고 있었다. 그의 아내가 극결에게 다가와 깍듯이 인사를 하고 두 손으로 새참을 공손히 받들어 올렸고, 극결은 예를 갖추고 그것을 받았다. 마치 서로 상대하는 모습이 손님 대하는 것 같았다.[15]

처음 만나서 사랑할 때의 설렘을 지속하지 못하는 것은 욕심으로 사랑하기 때문이다. 극결 부부처럼 처음 만났을 때의 감정을 유지해야 순수한 사랑이다. 욕심으로 하는 사랑은 뜨겁지만 빨리 식어버린다. 그러나 한마음으로 하는 사랑은 담담하지만 변치 않는다. 부인을 사랑하는 남편의 마음이 처음 만났을 때의 마음이 아니라면 그 사랑은 욕심으로 하는 사랑이다. 반성해야 한다. 남편을 사랑하는 부인의 마음이 처음 만났을 때의 마음이 아니라면 그 사랑 역시 욕심으로 하는 사랑이다. 반성해야 한다.

욕심을 가진 사람은 자기 것만 챙기지만, 한마음을 가진 사람은 남과 나를 하나로 여기기 때문에 남을 포용한다. 남을 포용하는 마음의 출발은 부부간의 포용에서 시작된다. 부부 끼리 서로를 포용하지 못하는 사람은 남을 포용할 수 없다. 그런데 사실은 부부 끼리 서로 포용하는 것은 참으로 어렵다. 부부는 하나라고 생각하기에 대화할 때 자세한 내용을 생략하고 결론만 말하는 경향이 있다. 그 때문에 부부간에는 뜻밖의 오해가 많다. 이웃 아주머니와 언짢은 일이 있었던 부인이 남편에게 위로받고 싶어서 기다리고 있었는데, 그날따라 남편이 늦게 들어왔다. 그러자 부인은 자기의 심정을 자세하게 이야기하지 않고 다짜고짜 화를 내며 닦달한다. 부인에게 추궁당한 남편이 영문을 모르고 화로써 응대하면 부부싸움이 시작된다. 부인도 실수했지만, 남편도 실수했다. 부인의 말을 들을 때 귀로만 듣지 말고 생략된 부분이 무엇인지 마음으로 헤아려야 한다. 마음으로 헤아려 자기를 믿고 의지하는 부인의 마음을 이해한다면 그녀에게 화를 내는 대신 자상하게 받아들일 수 있다.

부부간 대화 내용은 귀로 듣는 것보다 마음으로 듣는 것이 더 중요하다. 또 부부는 너무 가깝기에 다름을 인정하기 어렵지만, 사실은 정반대의 성격이다. 부부는 대체로 음양의 관계에 있다. 남편이 양이라면 부인은 음이다. 남편은 무모한 추진을 잘하지만, 부인은 차분하게 따지고 짚어본다. 그 때문에 남편이 추진하는 일을 부인은 반대하기 일쑤다. 이런 의견 차이 때문에 부부 사이에는 불만이 많다. 그러나 불만이 많을수록 잘 생각해봐야 한다. 하나의 나무가 자랄 때 두 가지가 반대 방향으로 뻗어 나간다. 두 가지가 반대 방향으로 뻗어야 나무가 제대로 모양을 갖춘다. 부부 사이도 이와 같다. 부부는 반대 방향으로 자라는 나무의 두 가지와 같다. 남편이 하는 일에 부인이 반대해야 가정의 모양이 잡힌다. 이를 안다면 남편은 부인의 잔소리를 잔소리로 듣지 말고 보약으로 여겨야 하고, 부인은 남편이 다소 무모하게 추진하는 것을 못마땅하게 여길 것이 아니라 가정을 위해서 바람직한 것으로 이해해야 한다. 또 남편과 부인은 마음이 같다고 생각하기 때문에 남편은 부인에게 어머니와 누이에게 허물없이 대할 것을 기대한다. 하지만 부인에게는 껄끄러운 시어머니이고 시누이라는 사실을 이해하고 배려해야 한다. 이런 점들 때문에 부부 사이에 서로 포용하기 어렵다.

『중용』제12장에 보면 "군자의 도는 그 실마리가 부부에게서 시작된다"[16]고 했다. 군자는 한마음으로 사는 사람이다. 군자가 한마음으로 살기 위해서는 먼저 한마음을 회복해야 하는데, 한마음을 회복하는 실마리는 부부 사이의 도리에서 찾을 수 있다. 부부의 도리는 가정에서 지켜야 하는 도리이므로, 가정은 군자가 되기 위해 도를 닦는 장소이다. 가정에서 부부가 서로 포용할 수 있다면 남을 포용하는 것이 어렵지 않다. 퇴계 이황 선생의 부인에게 다음과 같은 일화가 전해진다. 퇴계 선생의 할아버지 제삿날, 부인이 제사상에 올린 배를 치마 속에 감추었다가 형수에게 들켜 크게 꾸중을 들었다. 당시의 풍속으로 볼 때 제사는 매우 중요한 행사다. 제사상에 올린 음식에 손을 댄 것은 크게 꾸지람을 당할 일이다. 퇴계 선생은 형수에게 사과한 뒤, 부인에게 배를 감춘 이유를 물었다. 부인에게 배가 먹고 싶어서 그랬다는 말을 들은 퇴계 선생은 손수 배를 깎아 부인에게 주었다. 이 일화를 들으면서 우리는 반성할 것이 많다.

- 나는 부인(또는 남편)을 이처럼 관대하게 포용할 수 있는가?
- 부인(또는 남편)과 처음 만났을 때의 마음을 지속적으로 가지고 있는가?
- 부인(또는 남편)을 무시하여 마음에 상처를 주는 일은 없는가?
- 부인(또는 남편)을 다른 사람과 비교하고 있지는 않은가?
- 부인(또는 남편)에게 사랑을 주지 못하고 오히려 받기만을 바라고 있지 않은가?
- 부인(또는 남편)의 말을 이해하지 못하고 곧잘 삐치지는 않는가?

④ 형제자매

형제자매는 같은 부모에게서 태어난 동기들이다. 부모와 한마음이 되는 사람은 형제자매와도 한마음이 된다. 형제자매끼리는 용서하지 못할 것이 없다. 형제자매끼리 다투는 사람은 불효자이다. 효자는 형제자매끼리 다투지 않는다. 형제자매끼리 용서하기 어려운 일이 생길 때마다 부모의 마음으로 판단하면 바로 용서할 수 있다. 순임금에게 다음과 같은 일화가 있다.

순임금이 임금이 되기 전의 일이다. 순舜의 동생은 그를 죽이고 그의 재산을 차지하고 싶었다. 어느 날 순임금의 동생은 아버지와 의논하여 꾀를 냈고, 그에게 우물에 들어가 바닥을 준설하라고 했다.

그가 우물에 들어가 우물 바닥을 준설하자 흙으로 우물을 메웠다. 그가 흙에 덮여 죽었다면 불효자이다. 아버지가 순을 죽이려 한 것은 일시적인 욕심에 눈이 어두워 일으킨 착각이다. 그의 아버지에게도 본심이 있다. 그 본심은 그를 위해 목숨이라도 바치는 사랑의 마음이다. 순은 그것을 알고 있기 때문에 여전히 아버지에게 효도를 다했다. 순이 아버지보다 먼저 죽는 것은 불효다. 순의 아버지가 제정신이 들고 난 뒤에는 순의 죽음을 한없이 슬퍼했을 것이다. 순은 기지를 발휘해서 미리 우물의 옆에 공간을 마련했다가 빠져나왔다. 순이 집으로 돌아가 거문고를 타고 있을 때 동생이 찾아왔다. 동생이 순을 보자 깜짝 놀라며 걱정했다. 동생 역시 순을 죽이려 했지만, 그것은 일시적인 욕심에 의한 착각이었다. 동생의 마음속에는 순을 사랑하는 본래 마음이 남아 있었다. 순을 걱정한 것은 무심결에 나온 동생의 본심이다. 걱정하는 동생을 본 순은 반갑게 맞았다.[17]

순임금의 일화를 생각해보면 우리는 참으로 부끄러운 일이 많다. 혹자는 "그런 것은 순임금에게나 가능한 것이지, 우리 같은 범인들에게는 무리다"라고 말할지도 모른다. 그러나 그렇게 말하는 것은 자기 자신을 모욕하는 것이다. 나는 어떤 사람인가? 나는 원래 하늘 마음을 가지고 태어난 하늘 같은 사람이었다. 그런 내가 순임금처럼 할 수 없다는 것은 자신을 무시하는 것이다. 자기가 자신을 무시하면 남들도 자기를 무시한다. 맹자는 다음과 같이 말한 적이 있다.

사람은 자기를 무시한 연후에 남들이 그를 무시하고, 집은 스스로를 허문 뒤에 남들이 허물어뜨리며, 나라는 스스로를 망친 뒤에 남이 망가뜨린다.

夫人必自侮 然後人侮之 家必自毀 而後人毀之 國必自伐 而後人伐之(『孟子』「離婁章句」上)

자기가 자기를 무시하면 안 된다. 사람은 각자가 하늘의 모습으로 태어난 하늘 같은 존재임을 잊지 말아야 한다. 사람이 각자 하늘 같은 존재임을 자각한다면 순임금처럼 살지 못하는 자기를 반성하지 않을 수 없다. 동생에 대한 순임금의 모습을 보면 형제자매 간에 대해서 반성할 것이 많다.

- 여러 형제자매를 똑같이 대하지 못하고 차별하지는 않은가?
- 형제자매 간에 심하게 다투거나 미워하는 것은 아닌가?
- 형제자매를 부모의 마음으로 대하면 형제자매에게 아무리 서운한 일을 당해도 용서할 수 있다. 순임금은 자기를 죽이려 한 동생도 용서했다. 그런데 나는 조금의 서운한 것 때문에 형제자매를 용서하지 못하고 있는 것은 아닌가? 만약 그렇다면 자신에게 부끄럽고, 부모에게 부끄럽고, 순임금에게 부끄럽다.
- 형제자매 간에 재산 문제로 다투고 있지는 않은가?
- 부모를 모시는 문제로 형제자매 간에 언쟁한 적은 없는가?

⑤ 친척

친척은 가족의 연장이다. 친척에게는 가족을 대하는 마음으로 대해야 한다. 친척들 중에는 여러 종류가 있다. 부유한 친척도 있고,

228

가난한 친척도 있다. 높은 지위를 가진 친척도 있고, 지위가 없는 평범한 친척도 있다. 그러나 여러 친척들을 대할 때는 차별하지 말고 한마음으로 대해야 한다.

친척을 대할 때의 마음가짐은 다음과 같다. 형제자매를 만났을 때는 부모의 마음으로 대하면 되고, 사촌끼리 만났을 때는 조부모의 마음으로 대하면 된다. 육촌끼리 만났을 때는 증조부모의 마음으로 대하면 되고, 팔촌끼리 만났을 때는 고조부모의 마음으로 대하면 된다. 이와 같은 방식으로 사람 대하는 방법을 확대해가면 잘못될 일이 없다. 우리나라 사람을 만났을 때는 단군 할아버지의 마음으로 대하면 되고, 세상 사람들을 만났을 때는 하느님 마음으로 대하면 된다.

⑥ 친구

사람이 세상을 살면서 만나게 되는 사람 중의 세 부류는 친구, 윗사람, 아랫사람이다. 세 부류의 사람들과의 관계를 원만하게 유지하는 것이 세상을 지혜롭게 살 수 있는 비결이다. 우선 친구 사귀는 문제부터 따져보기로 하자. 사람이 세상을 원만하게 살아가기 위해서는 친구가 필요하다. 친구 없이 세상을 사는 것은 외로워서 견디기 어렵다. 친구의 종류에는 여러 가지가 있다. 욕심 많은 사람은 욕심을 채우는 데 필요한 친구를 사귄다. 도박하기 위해 사귀는 친구도 있고, 등산을 같이 다니기 위해 사귀는 등산 친구도 있다. 운동을 같이 하기 위해 사귀는 운동 친구도 있고, 진리를 얻기 위해 사귀는 도반道伴도 있다.

친구를 크게 두 가지로 나누면 욕심을 채우기 위해 사귀는 친구와 진리를 얻기 위해 사귀는 친구로 나눌 수 있다. 욕심을 채우기 위해 사귀는 친구는 사귈수록 욕심이 많아져서 퇴보하지만, 진리를 얻기 위해 사귀는 친구는 사귈수록 진리로 다가가기 때문에 도움이 된다. 공자는 친구를 다음과 같이 분류한 적이 있다.

　도움이 되는 것 중에 세 가지 사귐이 있고, 손해가 되는 것 중에도 세 가지 사귐이 있다. 정직한 사람을 사귀고, 믿음직한 사람을 사귀고, 견문이 많은 사람을 사귀면 도움이 된다. 편벽하고 치우친 사람을 사귀고, 의지가 약하여 잘 굽히는 사람을 사귀고, 요령을 잘 피우고 아첨 잘하는 사람을 사귀면 손해다.

　益者三友 損者三友 友直友諒友多聞 益矣 友便辟友善柔 友便佞 損矣
　(『論語』「季氏篇」)

　사람들은 친구에게 많은 영향을 받기 때문에 친구 사귈 때는 매우 주의해야 한다. 가장 중요한 것은 착한 친구를 사귀어야 한다는 것이다. 욕심이 많은 사람을 사귀면 자기의 욕심도 많아지므로 피해야 한다. 공자는 다음과 같이 말한 적이 있다.

　자기보다 못한 자를 사귀지 말아야 한다.

　無友不如己者(『論語』「學而篇」)

　자기보다 못한 사람을 친구로 삼아 함께 다니는 사람들이 있다.

230

자기보다 못한 사람과 함께 있으면 언제나 자기가 돋보인다. 자기보다 못생긴 사람과 함께 있으면 자기가 잘생긴 사람이 된다. 자기보다 공부를 잘 못하는 사람과 함께 있으면 자기가 공부 잘하는 사람이 된다. 사람들이 자기보다 못한 사람과 사귀는 이유는 이 때문이다. 나보다 못한 사람이 나와 사귀면 그는 언제나 나보다 못난 사람이 되기 때문에 열등감에 시달리게 된다. 그러므로 그러한 사람은 나와 같이 다니고 싶어 하지 않는다. 그러면 나는 그에게 밥도 사주고 차비도 대주면서 함께 다닌다. 그는 딱히 어울릴 사람이 없어서 나와 어울리지만, 기회가 찾아오면 잔인하게 나를 짓밟는다. 베풀어주었던 친구에게 배신당해 낭패를 당하는 사람들도 종종 있다. 그런 사람은 친구를 원망하지만, 사실은 친구에게 베풀어준 것이 아니라 자기의 욕심을 채우기 위해 친구를 이용한 것이었다. 친구를 사귈 때 잘 참고해야 할 일이다.

사람들이 친구를 사귈 때 자기에게 이익이 되는 사람과 사귀는 경우가 많지만, 그것은 잘못된 일이다. 이익이 되는 사람과 사귀려고 하는 것은 욕심 때문이다. 이익이 되는 사람을 친구로 사귀는 사람은 그 친구가 이익이 되지 않을 때 바로 돌아선다. 늘 반성해야 할 일이다.

친구로 사귀자고 하면서 접근해오는 사람도 잘 살펴야 한다. 나를 이용하기 위해 접근하는 친구와 사귀면 이용만 당하다가 버림받는다. 주의하지 않으면 안 된다. 친구를 판단하는 데 방법이 있다. 나에게 선심을 쓰는 사람을 조심해야 한다. 그가 친구들에게 신뢰를 받고 있는 사람이라면 믿어도 되지만, 그렇지 않다면 나를 이용하기 위해 다가오는 사람이므로 주의해야 한다. 친구를 사귈 때도 반성해야 할 것이 많다.

- 나의 욕심을 채우기 위해 친구를 사귀고 있는 것은 아닌가?
- 친구 중에서 부유한 친구나 높은 직책을 가진 친구를 더 높이 평가하고 있는 것은 아닌가?
- 친구가 내보다 앞서나갈 때 기쁜 마음으로 축하할 수 있는가?
- 겉으로는 친구인 척하면서 속으로는 경쟁 상대로 생각하고 있는 것은 아닌가?
- 나의 외로움을 달래기 위해 친구 모임을 조직하고 있는 것은 아닌가?
- 나를 과시하기 위해 친구를 내세우고 있는 것은 아닌가?

⑦ 선배, 스승, 상사

사람들은 선배, 스승, 상사를 진심으로 대하기가 어렵다. 그들은 내 성공의 열쇠를 쥐고 있는 분들이기 때문에 그들에게 아첨하기 쉽다. 옛날에는 윗사람의 대표가 임금이었다. 임금 앞에서 솔직하게 말하는 사람은 드물다. 임금은 성공의 열쇠를 쥐고 있는 사람이기 때문에 사람들은 임금에게 잘 보이기 위해 진심을 감추고 곧잘 아첨한다. 임금 앞에서 충성하도록 강요하는 것은 그 때문이다. 충성이란 진심을 말한다. 임금을 진심으로 대하는 사람은 모든 사람을 진심으로 대할 수 있다. 공자는 윗사람을 대하는 태도에 따라 군자와 소인으로 나눈 적이 있다.

군자는 두루 어울리지만, 이익이 되는 사람에게 줄을 서지는 않는다. 반대로 소인은 이익이 되는 사람에게 줄을 설 뿐, 모든 사람과 두루 어울리지는 못한다.

君子 周而不比 小人 比而不周(『論語』「爲政篇」)

대부분의 사람들은 욕심을 채우기 위해 영향력을 가진 선배, 스승, 직장 상사 등에게 줄을 선다. 줄 서는 것을 성공의 비법으로 생각하는 사람도 있다. 그러나 그런 것은 소인들의 행태이다. 윗사람에게 줄을 서는 것은 피곤하고 치사한 일이다. 자기가 본래 하늘 같은 사람이라는 것을 안다면 도저히 못 할 일이다. 줄을 서서 높은 자리에 올라가기보다는 올라가지 않는 것이 낫다. 줄을 서서 높은 자리에 올라가는 것은 뱁새가 뻐꾸기 새끼를 기르는 것과 같다. 맹자는 벼슬을 하늘이 주는 벼슬과 사람이 주는 벼슬로 나누었다.

하늘이 주는 벼슬이 있고, 사람이 주는 벼슬이 있다. 하늘 마음을 가지고 착한 것을 즐거워하여 게으를 틈이 없는 것은 하늘이 주는 벼슬이다. 공경대부는 사람이 주는 벼슬이다. 옛사람은 하늘이 주는 벼슬을 얻어 사람이 주는 벼슬이 따라왔다. 그러나 지금 사람은 하늘이 주는 벼슬을 얻어서 사람이 주는 벼슬을 강요한다. 사람이 주는 벼슬을 얻었을 때는 하늘이 주는 벼슬을 버린다. 그것은 심한 착각이다. 결국에 가서는 파멸하고 말 것이다.

有天爵者 有人爵者 仁義忠信 樂善不倦 此天爵也 公卿大夫 此人爵也 古之人 脩其天爵而人爵從之 今之人 脩其天爵 以要人爵 旣得人爵 而棄其

天爵 則惑之甚者也 終亦必亡而已矣(『孟子』「告子章句」上)

최고의 행복은 자기가 가진 하느님 마음을 회복하여 하느님처럼 되는 것이다. 하느님처럼 되고 부처님처럼 되는 것보다 더 큰 행복은 없다. 사람은 누구나 하느님 마음을 회복하여 행복해져야 한다. 하느님 마음을 회복한 사람은 무한한 능력을 가진다. 그 능력으로 사람이 주는 벼슬을 얻게 된다. 그러나 욕심이 많은 사람은 다르다. 욕심이 많은 사람은 사람이 주는 벼슬을 얻기 위한 수단으로 하늘이 주는 벼슬을 이용한다. 사람이 주는 벼슬을 하면 이미 목적을 달성했기 때문에 하늘이 주는 벼슬을 버린다. 욕심 많은 사람이 하는 학문은 욕심을 채우기 위한 수단일 뿐이다. 그렇게 사는 사람은 결국 악마가 되는 길로 달려가고 만다. 악마의 길로 가는 것보다 더 큰 파멸은 없다.

중요한 것은 하늘 마음을 회복하는 것이다. 하늘 마음을 회복하여 행복해진 사람은 능력을 얻는다. 능력을 지닌 사람에게는 윗사람들이 찾아온다. 윗사람이란 인재를 얻기 위해 동분서주하는 사람들이 그들은 인재를 찾기 위해 삼고초려도 한다. 제갈량은 초야에 묻혀 살아도 행복한 사람이다. 유비가 삼고초려를 하므로 마지못해 벼슬길에 나아갔다. 줄 서기에 급급한 사람들은 자기의 모습을 돌아보고 크게 반성해야 한다.

그렇다고 선배, 스승, 상사를 무시하는 것은 잘못이다. 윗사람의 의미는 무엇일까? 사람에게 원래부터 위아래가 정해져 있는 것은 아니다. 이 세상에서 가장 안정되고 행복한 집단은 가정이다. 가정에는 부모와 자녀가 있다. 부모는 자녀를 보살피고 자녀는 부모를 받들어 행복하고 평화롭다. 인간 사회를 이상적인 형태로 만드는 방법도 여기에 있다. 인간 사회를 가정처럼 만드는 것이 제일이다. 인간 사회를 가정처럼 만들면 임금과 스승은 부모에 해당하고, 직장 상사와 선배는 형에 해당한다. 그러므로 임금과 스승은 부모처럼 받들어야 하고, 선배와 상사는 형을 대하듯 존경해야 한다.

윗사람을 무조건 받들어야 하는 것은 아니다. 임금이 임금의 역할을 하지 못할 때는 임금의 역할을 하도록 유도하는 것, 그 임금을 떠나는 것, 힘을 합해 혁명하는 것 중에서 선택해야 한다. 스승이 스승의 역할을 하지 못할 때도 마찬가지이고, 선배나 상사가 제 역할을 하지 못할 때도 마찬가지다. 이런 점들을 생각해보면 선배, 스승, 직장 상사에 대해 반성할 점들이 많다.

- 형을 받들듯이 선배를 존경하고 있는가? 특히 능력이 모자라는 선배를 겉으로는 선배라고 부르면서 무시하고 있는 것은 아닌가?
- 직장 상사에게 잘 보이기 위해 노력하고 있는 것은 아닌가?
- 직장 상사를 당당하고 겸손하고 진지하게 대하고 있는가?
- 유능해 보이는 상사에게 줄을 서려고 하는 것은 아닌가?
- 진리에 대한 목마름으로 스승을 따르고 있는가?
- 자기의 욕심을 채우기 위해 스승을 받드는 것은 아닌가?

⑧ 후배, 제자, 부하 직원

사람에게 원래부터 선후배가 있었던 것이 아니고, 원래부터 스승과 제자로 나누어져 있었던 것도 아니다. 인간 사회를 가정처럼 이상적인 것으로 만들기 위해 생겨난 관계이다. 따라서 선배와 직장 상사가 후배와 부하를 대할 때는 형이 동생을 보살피는 마음이 되어야 한다. 제자를 대하는 스승의 마음 또한 자녀를 대하는 부모의 마음이 되어야 한다. 부모가 가진 가정의 경영권은 자녀에게 봉사하고 희생하는 수단일 뿐이다. 그것을 권리로 착각하면 안 된다. 직장 상사나 선배, 또는 스승이 가진 권리도 봉사하기 위한 권리이다. 그것을 이해하지 못하고 권리 행사에 치중할 때 문제가 발생한다. 윗사람이 윗사람 역할을 하는 것은 쉽지 않다. 윗사람 된 사람은 반성할 것이 많다.

- 후배에게 복종을 강요하는 것은 아닌가?
- 후배나 부하 직원이 당당하게 의사 표현을 하는 것을 버릇없는 것으로 간주한 적은 없는가?
- 후배나 제자를 종속시키려고 하지는 않는가?
- 후배를 동생처럼 보살피고 있는가?
- 자격 없는 사람이 자리에 있는 것은 잘못이다. 그 자리에 있어야 할 적임자는 있게 마련이다. 그런데도 자격이 없는 사람이 자리에 있는 것은 남의 자리를 훔친 것이다. 공자는 그런 사람을 자리 훔친 도둑이라 했다. 나는 스승의 자격이 있는 사람인가? 남의 자리를 훔친 도둑은 아닌가?

• 나는 상사가 될 자격이 있는 사람인가? 남의 자리를 훔친 도둑
은 아닌가?

⑨ 지인, 일반인

사람을 만날 때는 늘 조심해야 한다. 아는 사람이건 모르는 사람
이건 마찬가지다. 사람을 차별하는 것은 절대로 안 될 일이다. 학벌
을 가지고 사람을 평가하는 것도 잘못이고, 출신 지역에 따라 사람
을 평가하는 것도 안 될 일이다. 집안을 가지고 사람을 평가하는 것
도 안 될 일이고, 성씨를 가지고 사람을 평가하는 것도 안 될 일이
다. 빈부와 귀천을 따져서 사람을 차별하는 것도 안 될 일이다.

이 세상의 모든 존재는 우주의 주인공이다. 물에 끼어 있는 이끼
하나도 우주의 주인공이고, 길바닥에 널린 돌멩이 하나도 우주의 주
인공이다. 더구나 사람이 우주의 주인공인 것은 말할 것도 없다. 그
런데 사람이 사람을 차별한다. 그것은 우주의 주인공을 무시하는
죄를 짓는 것이다. 사람을 차별하는 사람은 열등감을 가진 사람이
다. 열등감을 가진 사람이 그것을 없애기 위해 차별한다.

사람을 무시하는 마음이 약간이라도 남아 있다면 참회하고 또 참
회해야 한다. 무시하는 사람은 상대가 무시당해야 하기에 무시하는
것이 아니라, 자기에게 문제가 있기 때문에 무시하는 것이다. 돼지의
눈에는 부처님도 돼지로 보이기 때문에 부처님을 무시한다. 반면에
부처님은 돼지를 봐도 부처님으로 보기 때문에 부처님처럼 받든다.

공자 시대의 사람들은 '호향'이라는 곳에 사는 사람들에게 편견을
가지고 있었지만, 공자에게는 그런 편견이 없었다. 호향에 사는 소년

이 공자를 만나러 왔을 때 공자는 기꺼이 만났다. 제자들이 당황하여 연유를 묻자 공자는 오히려 제자들을 질책했다. 사람을 보고 판단해야지 편견을 가지고 판단하면 안 된다는 것이었다.[18]

퇴계 선생에게는 남녀노소의 차이도 없었고, 반상의 차이도 없었다. 퇴계 선생은 배순이라는 대장장이를 정성을 다해 가르쳤다. 제자들은 선생을 이해하지 못했다. 당시의 사람들은 대장장이를 고상한 직업으로 여기지 않았기 때문이다. 그러나 퇴계 선생의 눈에는 대장장이가 대장장이로 보이지 않았다. 우주의 주인공으로 보인 것이다. 퇴계 선생은 어린아이에게도 정성을 다했다. 역시 어린아이로 보인 것이 아니라 우주의 주인공으로 보였기 때문이다.

남에게 무시당해 충격을 받는 일이 있을 때도 반성해야 한다. 내가 충격을 받는다는 것은 내가 우주의 주인공이라는 사실을 망각했기 때문이다. 내가 원래 하늘 같은 사람이고 부처님 같은 사람이란 것을 잊지 않았다면 남에게 무시를 당해도 충격받지 않았을 것이다. 충격을 받기보다는 오히려 나를 무시하는 사람을 불쌍하게 생각할 것이다. 그러므로 남에게 무시를 당해 충격을 받을 때는 빨리 반성해야 한다.

- 사람을 대할 때 그의 빈부, 직업, 학벌 등을 보고 차별하고 있지는 않은가?
- 남에게 무시당했을 때 반성은 하지 않고 오히려 화를 내고 있지는 않은가?

⑩ 원수, 미운 사람

세상에는 미운 사람도 많고 원수도 많다. 그러나 그 대부분이 나의 잘못된 편견에서 비롯된다. 대부분의 경우 원수는 내가 만들어 낸다. 내가 어떤 사람에게 불이익을 당했을 때 그를 '나쁜 사람'으로 기억하지만, 그것이 실수다. 그에게 도움을 받은 사람은 그를 '좋은 사람'으로 기억할 것이다. 그는 좋은 사람도 아니고 나쁜 사람도 아니다. 때로는 좋은 일도 하고, 때로는 나쁜 일도 한다. 그러므로 그를 '좋은 사람', '나쁜 사람'으로 규정하는 것은 잘못이다. 내가 어떤 사람을 '나쁜 사람'으로 규정한 뒤에 그를 미워하는 것은 나의 잘못이다. 내가 그를 미워하는 것은 나의 욕심 때문이다. 그를 미워할수록 욕심은 커진다. 욕심이 커지면 생명을 저해한다. 그러므로 내가 어떤 사람을 미워하면 그가 손해를 보는 것이 아니라 내가 손해를 본다.

지갑을 남들이 볼 수 있는 곳에 놓아두었다가 분실했을 때 가져간 도둑을 미워하는 것은 잘못이다. 내가 거기에 지갑을 두지 않았다면 도둑이 훔쳐가지 않았을 것이다. 나의 실수로 멀쩡한 사람을 도둑으로 만든 것이므로 도둑에게 미안한 마음을 가져야 한다.

미워해야 할 사람은 그리 많지 않다. 사람은 누구나 병에 걸려 죽기 때문에 병균을 미워하지만, 병균이 없다면 어떻게 될까? 병균이 없어 사람이 죽지 않는다면 이 세상은 사람이 살 수 없는 세상으로 바뀌고 만다. 늙은 사람이 죽어야 젊은 사람이 산다. 늙은 사람이 죽는 것은 사람들이 계속 사는 방법이다. 이를 안다면 병균이 사람이 살 수 있도록 도와주는 고마운 존재임을 알 수 있다. 그러므로 병균의 침입을 막아서 살 수 있을 때까지는 살아야 하지만, 병균을 미워할 필요는 없다.

입사 동료가 다 승진했는데 나만 제외되었다면 참기 어려울 것이다. 그 이유가 김 이사의 반대 때문이었다면 김 이사가 미워서 견딜 수 없을 것이다. 그러나 곰곰이 생각해보면 나에게도 문제가 없었던 것은 아니다. 나에게 부족한 점이 하나도 없었다면 승진되지 않을 수 없었을 것이다. 내가 승진하지 못한 것은 나에게도 부족한 점이 있었기 때문이다. 이를 안다면 승진 못 한 것을 기회 삼아 부족함이 없도록 최선을 다해 노력할 것이다. 내가 노력하여 부족함이 전혀 없는 사람이 되면 다음 기회에 승진할 것이다. 부족한 상태로 승진한 다른 사람들은 허술한 땅에 세워진 건물 같아서 높이 올라가면 흔들리다가 무너지지만, 완벽한 실력으로 승진한 나는 탄탄한 땅에 세워진 건물 같아서 높이 올라갈수록 더욱 빛을 발할 것이다. 최고의 자리에 올라갔을 때 돌이켜보면 내가 성공한 것은 김 이사 덕이다. 김 이사는 나에게 은인이었다. 김 이사를 미워한 것은 나의 잘못이다. 그러므로 하느님은 병균도 없애지 않고, 내가 미워하는 김 이사도 그냥 놓아둔다. 내가 하느님 마음을 이해한다면 세상은 달리 보일 것이다. 세상에는 미워해야 할 사람이 없다. 예수는 원수도 사랑하라고 가르친다.

원수를 사랑하고 너희를 박해하는 사람들을 위하여 기도하여라. 그래야만 너희는 하늘에 계신 아버지의 아들이 될 것이다. 아버지께서는 악한 사람에게나 선한 사람에게나 똑같이 햇빛을 주시

고, 옳은 사람에게나 옳지 못한 사람에게나 똑같이 비를 내려주신다.(『마태복음』 5장 45절)

사람을 미워하는 것은 괴롭다. 그 사람이 괴로운 것이 아니라 내가 괴롭다. 사람을 미워하는 것은 내 탓이기 때문에 내가 반성해야 한다.

- 내가 미워하는 사람은 없는가? 미운 사람이 있다면 참으로 미워해야 할 사람이기 때문에 미워하는 것인가?
- 나는 미운 사람에 대한 고정관념을 가지고 있지 않은가? 어떤 고정관념도 잘못된 것이다.

입지와 기도

반성과 입지는 동전의 양면과 같다. 진리를 회복하기 위한 의지와 자신에 대한 반성은 일치한다. 자신에 대한 반성이 철저할수록 진리로 향하는 의지가 투철해진다. 진리를 회복하는 과정은 사람에 따라 다르기는 하지만, 대체로 먼 산의 정상을 오르는 것처럼 멀고 긴 여정이다. 먼 산의 정상을 바라봤을 때 그 정상이 너무나 좋아 보여서 올라가지 않고는 견딜 수 없을 정도가 되어야 정상에까지 오를 수 있다. 산을 오르는 도중에는 정상이 보이지도 않고 가파르고 힘든 길이 계속된다. 처음의 의지가 여간 확고하지 않으면 중도에 포기하는 일이 생긴다. 그래서 옛사람들은 입지를 강조했다. 진리로 향하는 길은 때로는 힘들고 지치기도 한다. 도중에 포기하고 싶은 유혹에 시달리기도 한다. 그때마다 처음에 세웠던 뜻을 되짚어보고 다시 스스로 다짐하는 것이 필요하다. 그것이 기도이다. 예수는 산상에서 다음과 같은 기도문으로 기도하도록 훈계한 적이 있다.

> 하늘에 계신 우리 아버지, 이름을 거룩하게 하시며,
> 나라가 임하게 하시며, 뜻이 하늘에서 이루어진 것같이,
> 땅에서도 이루어지게 하시옵소서.
> 오늘 우리에게 일용할 양식을 주시고,
> 우리가 우리에게 죄지은 사람을 용서하여준 것같이
> 우리 죄를 용서하여주시고, 우리를 시험에 들게 하지 마시고,
> 악에서 구하시옵소서.
> 나라와 권세와 영광이 아버지께 영원히 있사옵니다. 아멘.(「마태복음」 6장 9~13절)

위의 기도문에는 사업에 성공하여 큰돈을 벌게 해달라는 내용도 없고, 자녀가 시험에 합격하게 해달라는 내용도 없다. 오직 진리로 향하는 길에 도움을 달라는 내용뿐이다. 하늘에 계신 아버지는 우주의 생명이고 자연의 생명이다. 가정에서의 우리들의 생명의 근원이 아버지이듯이, 우주에 있는 모든 존재의 생명의 근원은 하늘에 계시는 우리 아버지이시다. 우주에 있는 모든 존재는 우주의 생명으로 존재하는 거룩한 천국의 모습들이다. 그렇지만 사람들은 '내 것' 챙기는 욕심에 빠져 하느님 마음을 잃어버렸다. 그 때문에 사람이 사는 땅은 천국의 모습을 잃어버렸다. 빨리 욕심에서 벗어나 천국이

었던 본래 모습을 회복해야 한다. 뜻이 하늘에서 이루어진 것같이 땅에서도 이루어져야 한다는 것이 그런 뜻이다.

진리를 회복하는 것은 마음으로 회복하는 것이다. 마음으로 진리를 회복하려다가 몸을 소홀히 하여 영양실조가 되면 안 된다. 최소한의 양식을 필요로 하는 것은 그 때문이다. 옛날 우리 조상 중에는 하느님 마음을 잃어버려서 짐승처럼 된 적이 있었다. 사람이 짐승처럼 살 수는 없으므로 빨리 하느님 마음을 회복하지 않으면 안 된다. 하느님 마음을 회복하기 위해 마늘과 쑥을 먹으며 동굴에 들어가 햇빛을 보지 않고 노력하여 하느님 마음을 회복했다. 그때 먹었던 마늘과 쑥이 일용할 양식이었다.

하느님 마음을 회복하기 위해서는 욕심에서 벗어나야 하고, 욕심에서 벗어나기 위해서는 욕심으로 살아가는 자신의 모습을 반성하는 데서부터 시작하지 않으면 안 된다. 욕심으로 사는 것은 하느님 마음을 어기는 죄를 짓는 것이다. 죄의 대가는 아픔이다. 사람은 아파야 반성을 한다. 다른 사람을 욕심으로 대한 것을 반성하고, 자기 자신이 욕심에 갇혀서 벗어나지 못하는 것에 대해 반성해야 한다. 우리가 다른 사람을 용서하지 못하는 것은 우리가 욕심에 갇혀 있기 때문이다. 다른 사람과 다투는 것은 다른 사람에게 문제가 있는 것이 아니라, 욕심에 갇혀 있는 우리 자신에게 문제가 있는 것이다. 모든 것이 '내 탓'임을 깨닫고 다른 사람을 용서하는 것이 반성이다. 끊임없이 반성하며 다른 사람을 용서해도 욕심에서 벗어나지 못하는 자신의 아픔은 쉽게 해결되지 않는다. 자신의 아픔은 죄의 대가이다. 많이 아플수록 용서를 비는 법이다. 우리의 죄를 용서해달라는 기도는 죄를 짓고는 바로 용서를 빌고 또 죄를 지은 뒤에 또 용서를 비는 식의 기도가 아니다. 욕심이라는 감옥에 갇혀 헤어나지 못하고 몸부림치는 처절한 호소이다. 그것은 어느 날 마술에 걸려 짐승처럼 되어버린 사람의 애절한 갈망이다.

진리를 회복하는 길은 멀고도 힘든 길이다. 중도에 포기하고 싶기도 하다. 그럴수록 온갖 유혹이 찾아온다. 그럴 때는 다짐을 해야 한다. 시험에 들지 않게 도와달라는 부탁이 바로 그런 다짐이다. 욕심이라는 감옥에서 벗어나기는 참으로 어렵다. 마치 무너진 건물에 깔려 꼼짝도 하지 못하고 구원의 손길을 기다리는 사람의 심정이 되어 구원의 손길을 간절히 기다리는 기도가 '악에서 구하시옵소서'이다.

석가모니의 가르침을 따르는 사람들은 모임이 있을 때마다 기도한다. 사홍서원四弘誓願이 그것이다.

衆生無邊誓願度: 중생을 다 건지오리다.
煩惱無盡誓願斷: 번뇌를 다 끊어오리다.
法門無量誓願學: 진리를 다 깨치오리다.
佛道無上誓願成: 불도를 다 이루오리다.[19]

공자의 삶은 그 자체가 기도였다. 삶 그 자체가 하느님 마음을 회복하는 간절한 기도였고, 이 세상을 천국으로 만들기 위한 간절한 노력이었다. 어느 날 공자가 위독했을 때 제자인 자로子路가 기도하자고 청했다. 자로가 청한 기도의 내용은 "위아래의 신령님께 그대의 병을 낫게 기도합니다"[20]였다. 자로의 말을 들은 공자는 조용히 말했다. "나의 기도는 오래되었다." 공자의 삶은 오래전부터 기도하는 삶이었다. 공자가 진리를 회복하겠다는 뜻을 세운 것이 열다섯 살 무렵이었다. 그때부터의 공자의 삶 그 자체가 기도하는 삶이었다.

간절한 기도는 이루어진다. 기도의 내용은 본래부터 가지고 있었던 하느님 마음을 회복하게 해달라는 주문일 뿐이다. 하느님 마음은 원래부터 나에게 있는 것이므로 간절히 원하기만 하면 이루어지는 것이다. 공자는 다음과 같이 말한다.

하느님 마음은 멀리 있는가? 내가 원하기만 하면 바로 나에게 이를 것이다.

仁遠乎哉 我欲仁 斯仁至矣(『論語』「述而篇」)

원래부터 나에게 있었던 것은 구하기만 하면 얻을 수 있지만, 나에게 없었던 것을 구하면 얻는다는 보장이 없다. 나에게 없는 것을 구하는 것은 욕심이다. 욕심을 채우기 위한 기도는 오히려 해롭다. 부귀영화를 누리도록 해달라는 기도는 기도가 아니다. 맹자는 다음과 같이 말한다.

구하면 얻고 구하지 않으면 잃어버린다. 그런 것을 구하면 얻을 수 있다. 나에게 있는 것을 구하기 때문이다. 구하는 데 방법이 있고 얻는 데 운이 있어야 되는 것, 그런 것을 구하는 것은 해롭다. 밖에 있는 것을 구하기 때문이다.

求則得之 舍則失之 是求有益於得也 求在我者也 求之有道 得之有命 是
求無益於得也 求在外者也(『孟子』「盡心章句」上)

　　진리로 나아가기 위한 전제조건이 반성과 기도이다. 반성하지 않
는 사람은 아무도 도와줄 수 없다. 끊임없이 반성하고 기도하는 삶
으로 바뀔 때 진리로 향하는 가르침이 다가온다. 진리를 회복하는
것은 욕심에서 벗어나는 것이다. 욕심에서 벗어나는 방법은 크게 세
가지로 분류할 수 있다. 욕심이 밖으로 나오는 것을 억제하는 것, 욕
심이 생기는 원인을 차단하는 것, 욕심에 끌려가지 않도록 하느님의
뜻을 따르는 것이다.
　　욕심이 밖으로 나오는 것을 억제하는 방법은 예를 지키는 것이다.
불교에서는 계율을 지키는 것으로 설명하고, 기독교에서는 율법을
지키는 것으로 설명한다. 욕심이 생기는 원인을 차단하는 대표적인
방법 중에 명상이 있다. 욕심에 끌려가지 않도록 하느님의 뜻을 따
르는 방법을 『대학』에서는 성의誠意라 한다.

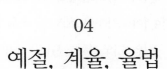

04

예절, 계율, 율법

욕심에 끌려가지 않는 가장 빠른 방법은 예를 실천하는 것이다. 마음속에는 하느님 마음과 욕심이 있다. 늘 마음속을 들여다보아 하느님 마음이 지시를 하면 따르고, 욕심이 지시를 하면 따르지 않으면 된다. 욕심의 지시를 따르지 않는 것이 예다.

예에는 두 가지 의미가 있다. 하나는 욕심이 조절되지 않은 상태로 밖으로 나오면 남과 투쟁하게 되어 혼란에 빠지므로, 남과 조화를 이룰 수 있는 방향으로 나오도록 조절하는 기능이다. 이러한 예가 순자가 말하는 예이다. 오늘날 사람들이 말하는 예가 주로 여기에 속한다. 이런 의미의 예는 욕심을 없애는 기능을 하지 못한다.

다른 하나의 예는 욕심이 나오는 것을 차단하는 기능이다. 마음속을 들여다보아도 어느 마음이 하느님 마음이고, 어느 마음이 욕심인지 잘 모를 때가 있다. 나보다 앞서 가는 사람에게 속이 상해서 행패를 부리는 것을 속마음에서 우러난 솔직한 행동이라고 착각할 때도 있다. 이럴 때의 판단 기준은 하느님 마음으로 사는 사람의 행동 방식이다.

하느님 마음으로 사는 사람은 자기보다 앞서 가는 사람에게 기쁜 마음으로 축하한다. 이를 보면 자기보다 앞서 가는 사람에게 시샘하는 것은 욕심에서 나온 잘못된 것임을 알 수 있다. 이를 알았다면 시샘하는 마음을 지양하고 자기도 하느님 마음으로 사는 사람의 방식을 따라야 한다. 그러한 방식이 예다. 예를 실천하는 사람은 외형적으로는 하느님 마음으로 사는 사람과 같지만, 내용은 다르다. 하느님 마음으로 사는 사람은 속에서 우러나오는 대로 행동한 것이므로 자연스럽다. 그는 예를 실천해야 한다는 의지를 가지고 실천하는 것이 아니다. 그냥 마음의 움직임에 따를 뿐이다. 그때그때의 마음에 따르기 때문에 그가 축하하는 방식은 고정되어 있지 않다.

공자가 일흔이 되었을 때, "마음을 따라 하고 싶은 대로 해도 법을 어기는 일이 없었다"[21]라고 한 것이 그런 것이다. 그러나 하느님 마음을 실천하는 사람의 행동 방식을 따라서 하는 사람의 행동은 그렇지 않다. 그는 기억된 예를 따르는 것이므로 그의 행동 방식은 고정되어 있고, 고정되어 있기 때문에 자연스럽지 않다. 마음속에서는 따르기 싫어하면서 억지로라도 따라야 하는 것이 예다. 그러므로 예는 긴장을 늦추어버리면 실천하기 어렵다. 보고 듣고 말하고 행동하는 일상생활에서 늘 긴장하면서 철저하게 예를 실천해야 한다. 공자는 제자인 안연에게 다음과 같이 말한 적이 있다.

예가 아니면 보지 말고, 예가 아니면 듣지 말고, 예가 아니면 말하지 말고, 예가 아니면 움직이지 말라.

非禮勿視 非禮勿聽 非禮勿言 非禮勿動(『論語』「顔淵篇」)

예를 지키는 것은 욕심의 소리를 들어주지 않는 것이다. 그것은 뻐꾸기 새끼에게 먹이를 주지 않는 것과 같다. 뻐꾸기 새끼에게 먹이를 주지 않으면 굶주린 뻐꾸기 새끼는 결국 죽는다. 욕심도 그렇다. 욕심의 소리를 들어주지 않으면 욕심은 차차 줄어들다가 결국 없어진다.

욕심이 없어진 뒤에는 마음 내키는 대로 하기만 하면 된다. 그렇게 되면 예를 기억하여 지킬 필요가 없다. 마음대로 움직이기만 하면 그것이 저절로 예가 된다. 예를 기억하여 지키는 것은 완전한 예가 아니다. 하느님 마음을 따라 자유자재로 행동할 때 완전한 예가 된다. 공자가 "사람이 하느님 마음이 되지 않으면 어떻게 예를 실천할 수 있겠는가?"[22]라고 한 말의 뜻이 그것이다.

불교에서는 예라는 말 대신에 계율이라는 말을 쓰고, 기독교에서는 율법 또는 계명이라는 말을 쓰기도 한다. 계율을 지키는 것이나 율법을 지키는 목적은 욕심을 없애는 데 있다. 어떤 부자가 예수에게 영생을 얻게 해달라고 부탁했을 때, 그는 다음과 같이 말한 적이 있다.

한 사람이 다가와서 예수께 말하였다. "선생님, 내가 영생을 얻으려면 무슨 선한 일을 해야 합니까?" 예수께서 그에게 말씀하셨다.

"어찌하여 너는 나에게 선한 일을 묻느냐? 선한 분은 오직 한 분 뿐이시다. 네가 생명에 들어가고자 하거든 계명들을 지켜라." 그러자 그는 예수께 "어떤 계명입니까?" 하고 물었다. 예수께서 말씀하셨다. "'살인하지 말라, 간음하지 말라, 도둑질하지 말라, 거짓으로 증언하지 말라, 부모를 공경하라', 그리고 '네 이웃을 네 몸과 같이 사랑하라'라는 계명이 있지 않느냐?" 그 젊은이가 예수께 말하였다. "나는 이 모든 것을 다 지켰습니다. 아직도 무엇이 부족합니까?" 예수께서 그에게 말씀하셨다. "네가 완전한 사람이 되고자 하거든 가서 네 소유를 팔아서 가난한 사람에게 주어라. 그리하면 네가 하늘에서 보화를 차지하게 될 것이다. 그리고 와서 나를 따라라." 그러나 그 젊은이는 이 말씀을 듣고 근심하면서 떠나갔다. 그에게는 재산이 많았기 때문이다.(「마태복음」 19장 16~22절)

계명을 지키는 것은 욕심을 없애기 위해서다. 영생을 얻을 욕심으로 계명을 지키는 것은 의미가 없다. 욕심을 채우고 싶은 사람은 아픔이 없다. 현재의 자신의 삶에 대해서 처절한 아픔이 없으면서 영생을 얻고 싶어 하는 것은 욕심이고 사치다.

예수는 영생을 얻고 싶어 하는 그 부자가 욕심을 채우고 싶어 하는 자임을 알았다. 영생은 욕심이 없어질 때 다가온다. 욕심으로 영생을 얻고 싶어 하면 영생은 달아난다. 예수는 그 부자에게 가진 것을 모두 가난한 자에게 나누어주라고 주문했다. 그것은 욕심을 없애는 방법 중 하나가 된다. 욕심으로 영생을 얻고 싶은 사람은 욕심을 버리지 못한다. 욕심을 버리지 못하는 사람은 자기의 재산을 이웃에게 나누어줄 수 없다. 만약에 영생을 얻고 싶은 욕심이 워낙 커서 그 욕심을 채우기 위해 가진 것을 이웃에게 나누어주었다면 하나도 남김없이 다 나누어주더라도 영생은 얻지 못한다. 즉 예를 지키고 계명을 지키는 것은 욕심을 없애는 목적일 때만 효과가 있다.

05

명상, 나라는 착각 덩어리 지우기

예를 실천하여 욕심을 없애는 방법 외에도 욕심을 없애는 방법이 있다. 애초에 욕심이 생기지 않도록 하면 된다. 욕심은 하느님 마음이 나에게 내려올 때 '내 것 챙기는 계산'이 개입하여 생기는 것이므로, '내 것 챙기는 계산'을 하지 않기만 하면 욕심은 생기지 않는다. '내 것 챙기는 계산'을 하지 않는 방법에는 여러 가지가 있지만, 그 전체를 아우르는 적절한 용어가 명상이다. 명상의 종류에는 여러 가지가 있지만, 크게 두 가지로 나눌 수 있다. '내 것 챙기는 계산'을 하지 않는 방법에는 '나'라는 착각 덩어리를 지워버리는 것과 계산을 하지 않는 것이 있다. '나'라는 착각 덩어리를 지워버리는 방법 중의 대표적인 것 중에 불교의 '방하착放下着' 수행과 『주역』의 박괘剝卦의 가르침이 있다.

방하착 수행

사람은 살면서 경험한 것들을 기억이라는 형태로 의식 속에 저장한다. 그 기억 덩어리가 쌓여서 '나'란 것으로 둔갑한다. 사람들이 '나'라고 여기는 것은 기억 덩어리에 불과한 것이다. 사람이 기억하지 않을 수는 없다. 기억하지 못하는 사람은 살 수가 없다. 문제는 잘못된 기억을 한다는 데 있다. 사과를 먹은 뒤에 사과 맛을 기억하는 것은 좋다. 그러나 '맛있다'고 기억하는 것은 잘못이다. 잘못된 기억은 집착이 생기게 한다. 사과가 맛있다고 기억한 사람은 사과에 대한 집착이 생기고 사과를 먹고 싶어 하는 욕심이 생긴다. 우리들의 기억은 거의 잘못된 기억들이므로, 기억 덩어리인 '나'는 착각 덩어리이고 집착 덩어리이고 욕심 덩어리이다. 사람이 받게 되는 온갖 고통은 모두가 '나'에게서 비롯된다. 이 모든 고통에서 벗어나는 근본적인 방법 중 하나가 '나'라는 기억 덩어리를 지우는 것이다. 사람의 의식 밑바닥에는 잘못된 기억들이 겹겹이 쌓여 있다. 그 기억들을 쌓은 것이 나의 의식이므로, 나의 의식으로 그 기억들을 빼서 버리면 된다.

가만히 눈을 감고 앉아서 어릴 때의 기억부터 하나하나 떠올려 밖으로 버리면 된다. 기억을 버리면 거기에 묻어 있는 집착이 버려지고 욕심이 버려진다. 그것이 다 버려지고 나면 '나'라는 것이 없어진다. '나'라는 것이 없어지면 욕심이 사라지고, '나'라는 것에 얽혀 있는 모든 고통이 사라진다.

기억이 버려지기 전에는 기억에 묻어 있는 집착이 의식의 밑바닥에 자리 잡고 있다가 여건이 조성되면 의식 밖으로 올라와 마음을 괴롭힌다. 홍길동의 얼굴이 길쭉했다면 그에게 얻어맞은 기억이 있는 사람은 길을 가다가 얼굴이 길쭉한 사람만 보더라도 불쾌해진다. 그 길쭉한 얼굴이 기억 속에 묻어둔 홍길동에 대한 불쾌한 기억을 자극하기 때문이다. 홍길동에게 얻어맞은 기억을 지워버린 사람은 얼굴이 길쭉한 사람을 보더라도 불쾌감을 느끼지 않는다. 홍길동에게 얻어맞은 기억을 밖으로 던져버린다고 해서 홍길동을 기억하지 못하는 것은 아니다. 단지 홍길동에 대한 불쾌감만 사라진다. 홍길동에 대한 불쾌감이 사라지면 마음이 평온해진다. 얼굴이 길쭉한 사람을 만나더라도 마음에 동요가 일어나지 않는다. 그러다가도 홍길동이 나타나면 홍길동을 바로 알아보고 반갑게 인사할 뿐, 마음에 동요가 일어나지 않는다.

『주역』의 박괘에도 방하착 수행과 같은 가르침이 있다. 초목은 가을이 되면 열매를 남겨두고 말라버린다. 잎과 가지에 남아 있는 영양분을 남김없이 다 열매에게 준 뒤에 말라버리는 것이다. 열매가 충실해지면 이듬해 봄에 다시 새로운 생명으로 부활한다. 열매와 잎과 가지는 하나의 생명이므로, 열매가 부활하면 잎과 가지의 생명도 이어지는 것이다. 사람의 마음도 그렇다. 사람이 원래 가지고 있었던 하느님 마음은 욕심에 가려지면 자취를 감춘다. 하느님 마음을 회복하기 위해서는 욕심을 걷어내야 한다. 욕심은 살면서 쌓아온 기억 덩어리에서 생겨난 것이므로 기억들을 하나하나 지워나가면 하느님 마음이 모습을 드러낸다. 하느님 마음이 열매이다. 열매는 봄이 되면 다시 싹이 터서 부활한다. 욕심에 갇혀 사는 사람의 삶은 참된 삶이 아니다. 참된 삶이 아닌 것은 살아도 살아 있는 것이 아니라 죽어 있는 것이다. 욕심을 걷어내고 하느님 마음을 회복하여 하느님 마음으로 사는 것은 죽어 있던 사람이 다시 사는 것이다. 그것이 부활이다. 그것은 열매가 겨울이 지나서 다시 생명의 싹을 틔우는 것과 같다. 『주역』의 박괘 다음에 복괘復卦가 오는 것은 그 때문이다. 복괘는 부활을 의미하는 괘이다.

정좌와 좌망

욕심이 생기는 원인이 '내 것 챙기는 계산' 때문이므로, 욕심이 생기는 원인을 차단하는 방법 중에는 '나'를 지우는 것 외에 '계산을 하지 않는 것'도 있다. 하느님 마음이 나타날 때 아무런 계산을 하지 않으면 욕심은 생겨나지 않는다. 계산을 하지 않는 방법에는 여러 가지가 있다. 아무 생각도 하지 않고 마음을 가만히 보존하는 방법도 그 중 하나이다. 장자가 말하는 좌망坐忘도 그런 방법이고, 유학에서 말하는 정좌靜坐도 그런 방법이다. 좌망이나 정좌는 가만히 앉아서 아무 생각이 없는 상태를 유지하는 방법이다.

가만히 앉아서 모든 생각과 모든 생각이 하나도 일어나지 않도록 마음을 고요하게 유지하면 된다. 생각이 하나도 일어나지 않는 상태가 지속되면 욕심이 사라진다.

지경持敬

가만히 앉아서 생각이 일어나지 않고 계산이 일어나지 않는 상태를 유지하는 것은 참으로 어렵다. 가만히 앉아 있으면 오히려 더 많은 생각이 꼬리를 물고 일어난다. 온갖 잡념과 망상이 일어나 자꾸 마음을 어지럽힌다. 이런 어려움을 극복하는 방법 중에는 하나만 생각하는 방법이 있다. 끊임없이 하나만 생각하면 잡념이 일어나지 않는다. 잡념이 일어나지 않으면 욕심이 사라지고 욕심이 사라지면 그 하나의 생각도 사라진다. 그러면서 하느님 마음이 돌아온다.

① 주일무적, 간화선

하나에만 집중하여 흐트러지지 않게 하는 것을 주일무적主一無適이라 한다. 성리학자들이 주로 했던 공부법이다. 주일主一은 하나에만 주력한다는 뜻이고, 무적無適은 다른 데로 가지 않는다는 것이다. 퇴계 선생은 경전 구절을 읽을 때 잘 이해가 되지 않는 내용이나 중요하게 여겨지는 어느 하나를 붙잡고 골똘히 생각하는 방법을 권한다. 하나에만 집중하는 방법 중에는 불교의 간화선도 있다.

간화선看話禪은 화두를 본다는 뜻이다. '화두선'이라고도 한다. 무엇인지 이해가 잘 가지 않는 화두를 계속 생각하고 또 생각한다. 끝없이 하나의 화두에 매달리다 보면 욕심이 사라지고 본래 마음이 돌아온다. 본래 마음이 돌아오는 순간이 진리를 얻는 순간이다. 그 순간이 되면 더는 화두를 들 필요가 없다. 그저 껄껄 웃으며 자리를 털고 일어나면 된다.

② 수식법, 조식법

사람이 쉬지 않고 계속하는 것 중의 하나가 호흡이기 때문에 호흡을 명상에 활용하면 언제 어디서나 몰입할 수 있는 좋은 방법이 된다. 호흡 명상법 중에 수식법數息法이 있다. 수식법이란 숨 쉬는 것을 헤아리는 것을 말한다. 숨을 한 번 쉬면서 '하나' 하고 셈을 하고, 다시 한 번 쉬면서 '둘' 하고 셈을 하며, 다시 한 번 쉬면서 '셋' 하고 셈을 한다. 이런 방식으로 계속 셈을 하면 잡념이 끼어들지 못한다. 수식법을 계속하다보면 자기도 모르는 사이에 잡념이 사라지고 욕심이 사라져 본래 마음이 돌아온다.

호흡 명상법 중에 조식법調息法이 있다. 조식법은 숨을 쉴 때 코로 들어가고 나가는 공기의 양을 고르게 하는 방법이다. 욕심이 많을수록 흥분하게 되고, 흥분할수록 숨을 헐떡거리게 된다. 반대로 욕심이 없어지면 마음이 고요해지고, 마음이 고요해지면 숨이 차분해진다. 숨이 차분해지면 코로 들어가고 나가는 공기의 양이 일정해지면서 숨이 단전까지 깊이 들어간다. 여기에 착안한 호흡 명상법이 조식법이다. 마음을 차분히 가라앉힌 뒤에 코로 들어오고 나가는 숨의 양을 일정하게 유지한다. 똑같은 양의 공기가 들어오게 하고 다시 똑같은 양의 공기가 나가게 하면 된다. 조식을 계속하는 동안에는 의식을 호흡에 집중한다. 잠깐이라도 방심하면 호흡이 다시 거칠어지므로 쉬지 않고 집중하는 것이 중요하다. 이렇게 쉬지 않고 조식을 계속하면 자기도 모르게 잡념과 욕심이 사라지고 본래 마음이 돌아온다.

③ 걷기 명상

걸음을 걸을 때도 좋은 명상법이 있다. 사람들은 대부분 나이가 들수록 팔자걸음으로 바뀐다. 팔자걸음은 발자국이 팔자八字를 거꾸로 뒤집어놓은 모양이 되는 것을 말한다. 팔자걸음을 걷는 것은 다리가 뒤틀려 있기 때문이다. 다리는 집의 기둥과 같다. 기둥이 뒤틀리면 문짝과 서까래가 뒤틀리고 대들보도 비뚤어지듯이, 다리가 뒤틀리면 오장육부가 다 뒤틀린다. 그러면 건강을 잃는다. 이 경우 좋은 방법이 있다. 걸음걸이를 바꾸면 된다. 걸음걸이에 의식을 집중하여 발자국이 숫자 '11'이 되게 하면 된다. 발자국이 똑바로 되게 하되, 발뒤꿈치의 안쪽 끝에서 엄지발가락이 있는 데까지 일직선으로 차츰 땅에 닿게 하면서 걸으면 된다. 이렇게 걷기 위해서는 고도의 의식 집중이 필요하다. 걸음을 계속하는 동안에 의식이 집중되고, 의식이 집중되면 잡념과 욕심이 사라져 본래 마음이 돌아온다. 본래 마음이 돌아오는 순간이 득도하는 순간이다. 걷기 명상을 하면 득도를 할 뿐 아니라 건강도 따라온다. 아주 좋은 명상법으로 생각된다.

④ 식사 명상

사람이 늘 하는 것 중에는 숨 쉬고 걷는 것 외에도 식사가 있다. 사람은 적어도 하루에 두세 번씩은 식사를 한다. 식사할 때 의식을 음식에 집중하는 것이 식사 명상이다. 욕심이 많은 사람은 음식에 탐을 낸다. 입에 들어간 음식은 이미 내 것이 되었으므로 거기에 마음을 두지 않는다. 그 마음은 다시 먹어야 할 다른 음식으로 향한다. 입속에 들어와 있는 음식에 마음이 없으면 맛을 음미할 수 없다. 『대학』에서는 "마음이 없으면 먹어도 맛을 모른다"[23]라고 했고, 『중용』에서는 "사람은 누구나 먹고 마시지만 맛을 아는 사람이 드물다"[24]라고 했다.

이제 방법을 바꾸어야 한다. 음식을 먹을 때 그 음식에 마음을 집중해야 한다. 음식에 마음을 집중하면 음식을 오래 씹게 된다. 몸에 좋은 음식은 처음에는 맛이 없는 것 같아도 씹을수록 점점 더 맛이 좋아진다. 반면에 몸에 좋지 않은 음식은 처음 입에 넣을 때는 달콤하지만, 씹을수록 점점 거부반응이 일어난다. 마음을 음식에 집중하여 맛있게 느껴지는 음식을 먹는 것이 식사 명상의 요령이다. 식사 명상을 지속하면 의식이 집중되어 욕심이 없어지는 효과도 있지만, 몸이 건강해지는 효과도 있다.

⑤ 구용九容, 구사九思

사람은 일상 속에서 늘 보고 듣고 말하고 움직인다. 그때마다 보고 듣고 말하고 움직이는 것에 마음을 집중하는 게 중요하다. 『예기』에는 다음과 같은 기록이 있다.

발걸음은 무겁게 디뎌야 하고, 손은 공손하게 가져야 하며, 눈은 단정하게 바라보아야 한다. 말할 때 외에는 입을 굳게 다물어야 하고, 목소리는 조용해야 하며, 고개는 똑바로 세우고 있어야 한다. 호흡은 차분하게 해야 하고, 서 있을 때는 한마음을 놓치지 말아야 하며, 얼굴의 기색은 근엄해야 한다.

足容重 手容恭 目容端 口容止 聲容靜 頭容直 氣容肅 立容德 色容莊(『禮記』「玉藻篇」)

공자는 다음과 같이 말한 적이 있다.

군자는 아홉 가지 생각하는 것이 있어야 한다. 볼 때는 밝게 볼 것을 생각해야 하고, 들을 때는 분명하게 들을 것을 생각해야 하며, 얼굴의 기색을 온화하게 가질 것을 생각해야 한다. 몸가짐은 공손하게 가질 것을 생각해야 하고, 말할 때는 진실하게 할 것을 생각해야 하며, 일할 때는 경건하게 할 것을 생각해야 한다. 의심스러운 것은 물어서 바로잡을 생각을 해야 하고, 화가 날 때는 일을 어렵게 만들 수 있을 것을 염려해야 한다. 얻는 것이 있을 때는 의로운 것인지를 생각해야 한다.

君子 有九思 視思明 聽思聰 色思溫 貌思恭 言思忠 事思敬 疑思問 忿思難 見得思義(『論語』「季氏篇」)

일상에서 일어나는 모든 것에 대해 마음을 집중해서 잡념을 일으키지 않고 경건한 마음을 유지해야 한다. 삶 그 자체가 다 명상이 되어야 하는 것이다.

⑥ 염주와 묵주 돌리기
의식을 하나에 집중하는 방법 중에서 염주나 묵주를 돌리는 것이 있다. 염주나 묵주를 돌릴 때 하나, 둘…… 등으로 헤아려도 되고, 손에 닿는 염주나 묵주의 알에 의식을 집중해도 된다. 마음을 집중하는 사이에 잡념과 욕심이 없어지면 하느님 마음이 돌아온다.

⑦ 공예, 미술, 음악, 놀이
하나에 집중하는 방법 중에 공예나 미술, 음악 등에 몰입하는 것

도 있다. 그림 그리는 데 몰입하면 의식이 하나에 집중되어 잡념이 일어날 틈이 없다. 음악을 하는 것도 그렇고, 공예품이나 조각을 하는 것도 그렇다. 하나에 집중하여 마음이 흐트러지는 일이 없으면 잡념이 없어지고 욕심이 없어져서 하느님 마음이 돌아온다. 최근에는 미술 치료, 음악 치료 등이 유행하기도 한다. 노래하거나 그림을 그리는 데 의식을 집중해서 하느님 마음이 돌아오면 아프던 사람도 건강해진다. 하느님 마음은 만물을 살리는 마음이므로, 욕심이 없어지면 하느님의 살리는 마음이 몸에 바로 전달되어 치료가 된다. 노래를 하고 그림을 그리는 것이 치료가 된다고 해서 아무한테나 강요하면 안 된다. 사람에 따라서는 그림 그리기를 싫어하거나 노래하기를 싫어하는 사람이 있다. 그런 사람들에게 그림을 그리게 하고 노래를 부르게 하면 집중이 되는 것이 아니라 더욱 산만해지므로 역효과가 난다.

성의, 하느님의 뜻을 성실하게 실천하기

욕심이 밖으로 나오는 것을 막는 것과 욕심이 생기는 길목을 차단하는 방법 외에도 욕심을 없애는 방법이 있다. 그것은 욕심을 없애는 대신 하느님 마음을 강화하는 것이다. 이는 사이비 종교의 문제점을 찾아내 규탄하지 않고 가만히 놓아두더라도 진리로 가는 바른길을 확실하게 밝히기만 하면 사이비 종교가 저절로 사라지는 것과 같은 이치다. 사람이 욕심에 빠지는 것은 하느님 마음을 모르기 때문이다. 하느님 마음을 확실히 알아서 지키기만 하면 욕심은 설자리를 잃고 사라진다. 하느님 마음을 확실히 지키는 방법을 『대학』에서는 '성의'라는 말로 설명한다. 성의란 하늘에서 내려오는 하느님의 뜻을 성실하게 실천한다는 뜻이다. 성의의 방법에도 여러 가지가 있다.

계신공구戒愼恐懼

하느님은 만물에게 잠시도 쉬지 않고 삶에 충실하도록 지시한다. 하느님의 지시는 만물이 존재할 수 있는 원동력이다. 밥 먹어야 할 때는 '밥 먹어라'라고 지시하고, 쉬어야 할 때는 '쉬어라'라고 지시한다. 자야 할 때는 '자라'고 지시하고, 위험한 장소에 있을 때는 '피하라'고 지시한다. 하느님의 지시는 느낌으로 전달된다. 그러나 마음속에 욕심이 자리 잡으면 그것이 하느님의 지시를 차단한다. 사람이 욕심에 눈이 멀어 하느님의 지시를 듣지 못하면 욕심은 자꾸 커진다. 욕심에 갇혀 있는 사람에게도 하느님은 쉬지 않고 지시를 내리지만, 사람이 못 알아차릴 뿐이다.

사람의 욕심은 일정하지 않다. 남과 다툴 때는 욕심이 많아지다가 혼자 있을 때는 적어진다. 경쟁자가 보이는 곳이나 그들의 소리가 들리는 곳에서는 욕심이 많아지다가 경쟁자가 보이지 않고 그 목소리가 들리지 않는 곳에서는 적어진다. 욕심이 적어지는 곳에 있을 때는 하느님의 소리가 들린다. 그때가 중요하다. 『중용』에서는 그때를 중시한다. 그때가 하느님 마음을 실천할 좋은 기회이기 때문이다.

하느님 마음이 사람의 마음으로 내려오는 길이 있다. 그 길이 도道이다. 그 길은 욕심에 의해 차단되지만, 하느님이 쉬지 않고 지시를 하기 때문에 완전히 차단되는 때는 없다. 다만 사람이 욕심에 가려서 못 알아듣기 때문에 차단되어 없는 것처럼 보일 뿐이다. 사람의 욕심이 적어질 때가 되면 완전히 차단되어 보이지 않던 길이 다시 열려 하느님의 소리가 들리기 시작한다. 그때를 놓치지 말고 조심하면서 하느님의 소리를 신중하게 들어야 한다. 『중용』에서는 다음과 같이 말한다.

> 길이란 잠시도 끊어지지 않는다. 이 때문에 군자는 아무것도 보이
> 지 않는 곳에서 경계하고 조심하며, 아무것도 들리지 않는 곳에서
> 두려워하고 조심한다. 그러므로 군자는 혼자 있을 때 조심한다.
> 道也者 不可須臾離也 可離非道也 是故 君子戒愼乎其所不睹 恐懼乎其
> 所不聞 故 君子愼其獨也(『中庸』 제1장)

낮에 밖에 나가서 경쟁자들과 경쟁할 때는 욕심이 강화된다. 노점
에서 야채를 팔고 있는 어수룩한 할머니에게 우격다짐하여 싼값에
야채를 샀다고 해보자. 계산력이 부족한 할머니는 얼떨결에 팔았고,
팔면서도 왠지 손해를 보는 듯해서 울상이 되었다. 이익을 봤다는
생각으로 의기양양하게 집으로 돌아왔다. 그런데 잠자리에 들어서
눈이 감기려 할 때 갑자기 그 울상이 된 할머니의 얼굴이 떠오른다.
미안한 마음이 든다. 그것이 하느님의 지시이다. 하느님 마음은 이익
을 챙기기 위해 경쟁할 때는 자취를 감추었다가 혼자 있을 때 나타
난다. 이 순간을 놓치지 말아야 한다. 갑자기 떠오르는 미안한 마음
이 바로 하느님 마음이다. 그 마음을 하느님 마음인 줄 알아차리고
보존했다가 낮에까지 그 마음을 실천하면 하느님 마음이 되돌아온
다. 하느님 마음은 혼자 있을 때 나타나므로 하느님 마음을 회복하
기 위해서는 혼자 있을 때가 중요하다. 혼자 있을 때 들려오는 하느
님 소리를 잘 듣고 그것을 실천하는 것이 성의의 중요한 방법 중 하
나이다.

여오악취, 여호호색

『대학』에서는 성의의 방법으로 '여오악취如惡惡臭'와 '여호호색如好好色'을 들었다. 여오악취는 나쁜 냄새를 싫어하는 것처럼 하는 것이고, 여호호색은 좋은 색을 좋아하는 것처럼 하는 것이다. 좋은 경치나 아름다운 빛깔을 보았을 때는 좋은 느낌이 들고, 악취를 맡았을 때는 싫은 느낌이 든다. 좋은 느낌이나 싫은 느낌은 이해득실을 따져본 뒤에 드는 것이 아니다. 아무 계산도 하기 전에 저절로 나타나는 느낌이다. 그 느낌이 바로 하느님이 내려주는 느낌이다. 그 느낌을 살려서 그대로 충실하게 행동하면 마음속이 하느님 마음으로 충만해진다.

사람이 어떤 일에 임할 때 하느님은 늘 삶에 충실하도록 지시를 내린다. 배가 출항하기 전에 사람들이 짐을 많이 실으면 하느님은 그만 실으라고 명령한다. 사람들은 그 명령을 느낌으로 알아차린다. 그러나 돈 벌 생각이 끼어들면 하느님의 명령을 알아듣지 못하고, 짐을 너무 많이 실어서 사고를 당한다. 이 경우 돈 벌 생각이 끼어들기 전의 느낌을 충실하게 따르는 것이 여오악취이고 여호호색이다.

사단 확충

하느님의 소리는 '내 것 챙기는 계산'이 개입하기 전의 사람의 마음이다. 맹자는 그것을 '사단'으로 설명한다.

지금 사람이 만약 우물에 빠지려는 어린아이를 보면 누구나 깜짝 놀라며 '측은지심'이 발동하여 뛰어가 구한다. 이는 그 어린아이의 부모와 사귀기 위해서도 아니고, 동네 친구들에게 자랑하기 위해서도 아니고, 구해주지 않았을 때 받게 될 비난을 피하기 위해서도 아니다. 이로써 본다면 측은지심이 없으면 사람이 아니다. 부끄러워하고 미워하는 마음이 없으면 사람이 아니다. 사양하는 마음이 없으면 사람이 아니다. 시비를 가리는 마음이 없으면 사람이 아니다. 측은지심은 인의 실마리이고, 부끄러워하고 미워하는 마음은 의의 실마리이고, 사양하는 마음은 예의 실마리이고, 시비를 가리는 마음은 지의 실마리이다. 사람에게 이 네 가지 실마리, 즉 사단이 있는 것은 사지가 있는 것과 같다. 이 사단이 있는데도 자기는 그것을 실천할 수 없다고 하는 사람은 자기를 망치는 사람이고, 자기 임금은 그것을 실천할 수 없다고 하는 사람은 임금을 망치는 사람이다. 자기에게 있는 이 사단을 확충하기 시작하면 불이 처음 타오를 때와 같고, 옹달샘에서 물이 처음 솟아날 때와 같다. 참으로 그 사단을 채우기만 하면 온 세상을 구제할 수 있지만, 채우지 못하면 부모도 제대로 못 섬긴다.

今人乍見孺子將入於井 皆有怵惕惻隱之心 非所以內交於孺子之父母也 非所以要譽於鄉黨朋友也 非惡其聲而然也 由是觀之 無惻隱之心 非人也 無羞惡之心 非人也 無辭讓之心 非人也 無是非之心 非仁也 惻隱之心 仁之端也 羞惡之心 義之端也 辭讓之心 禮之端也 是非之心 智之端也 人之有是四端也 猶其有四體也 有是四端而自謂不能者 自賊者也 謂其君不能者 賊其君者也 凡有四端於我者 知皆擴而充之矣 若火之始然 泉之始達 苟能充之 足以保四海 苟不充之 不足以事父母(『孟子』「公孫丑章句」上)

사람이 우물에 빠지려는 어린이를 보면 누구나 깜짝 놀라며 뛰어가 구한다. 그런 상황에서는 모든 사람이 똑같은 행동을 한다. 그때의 마음은 '내 것 챙기는 계산'이 개입하기 전의 마음이다. 그때의 마음이 순수한 마음이다. 순수한 마음은 모든 사람이 다 함께 가지고 있는 본래 마음이다. 맹자에 의하면, 사람이 다 함께 가지고 있는 본래 마음 중에는 측은지심 외에도 '수오지심', '사양지심', '시비지심'이 있다. 이 네 마음이 사람의 몸에 흘러들어온 하느님 마음이다. 이 네 마음이 사람의 몸에 흘러들어오기 전의 상태를 '인의예지'라 한다. 인의예지가 사람의 몸속으로 흘러들어 온 것이 사단이다. 사단은 누구나 자기 마음속을 들여다보면 느낄 수 있기 때문에 사단이 인의예지를 알 수 있는 실마리가 된다. 사단이란 네 실마리란 뜻이다. 이 사단을 부단히 확충하면 욕심이 있을 자리를 잃고 사라진다. 사단은 모든 사람이 다 함께 가지고 있는 한마음이므로 사단이 마음속에 가득한 사람은 모든 사람과 하나가 된다. 모든 사람과 하나가 된 사람은 모든 사람을 구제한다. 그러나 사단을 확충하지 못하고 내버려두면 커지는 욕심에 가려져서 보이지 않게 된다. 사람이 욕심에 갇혀버리면 자기 것만 챙기기 때문에 부모하고도 다툰다. 욕심에 가려져 있는 사단을 찾아서 처음 채우기 시작할 때는 불이 처음 타오르기 시작할 때처럼 미약하고, 옹달샘의 물이 처음 조금씩 솟아날 때처럼 미미하다. 하지만 자꾸 채워나가면 결국 온 초원을 다 태우고, 온 강을 다 채우게 되는 것처럼 왕성해져서 세상을 다 구하게 된다.

07

하느님 마음 알기

'내 것 챙기는 계산'이 개입되기 전에 들려오는 하느님의 소리를 듣고 따르는 것보다 더 적극적인 방법은 하느님 마음을 직접 아는 것이다. 하느님 마음을 직접 알아버리면 하느님 마음을 실천하는 것은 저절로 된다.

사람이 뇌물을 받는 순간에는 '받지 마라'는 하느님의 소리가 언뜻 들린다. 그 순간 '뇌물을 받아도 들킬 일이 없다', '뇌물을 받지 않는 것은 바보짓이다' 등의 '내 것 챙기는 계산'이 끼어들면 하느님 마음을 무시하고 받아들이게 된다. 이때 '내 것 챙기는 계산'이 끼어들지 않도록 노력하거나 하느님의 소리를 놓치지 않고 따르기만 하면 죄에 빠지지 않을 수 있지만, 그것이 쉽지 않다는 데 문제가 있다. 이런 방법들보다 더 확실하고 적극적인 방법이 있다. 그것은 하느님 마음이 무엇인지를 직접 알아채는 것이다. 뇌물을 가지고 온 사람이 지금 목숨을 바칠 정도로 사랑하고 있는 연인과 헤어져 달라는 조건을 단다면 아마 받아들이지 않을 것이다. 뇌물보다 사랑이 더 좋기 때문이다. 하느님 마음도 그렇다. 하느님 마음이 무엇인지, 하느님 마음으로 사는 것이 얼마나 행복한 것인지 알기만 하면 하느님 마음을 외면하는 일은 없을 것이다. 하느님 마음으로 사는 것은 남과 하나가 된 상태로 사는 것이다.

한 그루의 나무를 여러 토막으로 잘라 꺾꽂이를 하면 여러 그루의 나무가 된다. 이 경우 여러 그루의 나무가 살아가는 방식에는 두 가지가 있다. 여러 그루의 나무들은 여러 그루의 나무들로 보이지만, 사실은 한 그루이다. 이 경우 한 그루라는 사실을 잊지 않고 사는 나무와 잊어버리고 사는 나무의 삶에는 많은 차이가 있다.

여러 그루의 나무가 본래 한 그루의 나무라는 것은 참이고 진실이다. 이에 비해 각각 다른 나무라는 것은 참이 아니고 거짓이다. 본래 한 그루의 나무라는 것을 잊지 않고 사는 나무는 서로 사랑하면서 산다. 사랑하면서 사는 나무는 모두가 하나이기 때문에 자기가 죽어도 죽는 것이 아니다. 그것이 영생이다. 영생이란 자기 몸의 삶이 영원히 지속한다는 뜻이 아니다. 모두가 하나라는 것을 잊지 않고 사는 것이 영생이다. 영생으로 사는 것이 곧 행복이다. 반대로 모두 한 그루라는 것을 잊어버리면 삶이 정반대로 된다. 모두가 각각 남남이 되기 때문에 사랑하면서 사는 것이 아니라 싸우면서 산다. 싸우면서 사는 것은 아무리 싸워서 이기더라도 늙어야 하고 죽어야 한다. 그렇게 사는 것은 불행이다.

사람의 삶이 그렇다. 모두가 하나임을 잊지 않고 사는 사람은 참

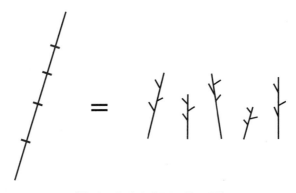

〈한 나무가 여러 나무로 되는 경우〉

된 사람이고 진실한 사람이다. 그런 사람은 참된 삶을 살고 진실한 삶은 산다. 참된 삶을 사는 사람은 사랑하면서 산다. 사랑하면서 사는 사람은 모두가 하나이기 때문에 자기 몸이 죽어도 죽는 것이 아니다. 참된 사람의 마음은 모두의 마음과 하나이므로 그 마음은 없어지는 일이 없다. 그 마음이 한마음이고 하느님 마음이다. 하느님 마음으로 사는 것이 영생이다. 영생하는 삶은 행복하고, 행복한 사람이 군자이다.

모두가 하나임을 잊고 사는 사람은 이와 반대다. 그는 거짓된 사람이다. 거짓된 사람은 거짓된 삶을 산다. 거짓된 삶을 사는 사람은 싸우면서 산다. 싸우면서 사는 사람은 자기의 몸만 자기로 여기기 때문에 자기 몸이 죽는 것이 곧 자기가 죽는 것으로 안다. 거짓된 사람의 마음은 자기 몸속에 들어 있는 욕심뿐이다. 욕심은 몸이 죽으면서 함께 없어진다. 욕심으로 사는 사람은 죽어 없어지는 사람이다. 그런 사람은 불행한 사람이고, 곧 소인이다.

<참> 모두 하나 ➡ 사랑 ➡ 영생 ➡ 행복 ➡ 군자
<거짓> 각각 남남 ➡ 싸움 ➡ 사멸 ➡ 불행 ➡ 소인

사람이 하느님 마음으로 살지 못하는 것은 하느님 마음을 모르기 때문이다. 하느님 마음을 알고 하느님 마음으로 사는 것이 참된 삶이고 영생하는 삶이고 행복한 삶이라는 것을 알면서도 하느님 마음을 저버리는 사람은 없을 것이다. 그러므로 하느님 마음을 직접 아는 것이 하느님 마음을 실천하는 가장 적극적인 방법이 된다.

하느님 마음은 마음속 깊은 곳에 있어서 알기가 어렵다. 자기 몸속에 들어 있는 간이 어떻게 생겼는지는 알기 어렵다. 꺼내는 순간 죽어버리기 때문에 꺼내 볼 수도 없다. 그렇지만 자기 몸에 있는 간이 어떻게 생겼는지를 알 방법이 있다. 남의 간을 꺼내 보면 된다. 모든 사람의 간은 똑같으므로 다른 사람의 몸에 들어 있는 간을 보면 그것을 통해서 자기 몸에 들어 있는 간을 알 수 있다. 이와 같은 간접적 방법이 '격물치지格物致知'이다.

격물치지란 다른 것을 궁리하여 모두가 함께 가지고 있는 마음을 아는 것을 말한다. '격물'은 다른 것에 다가가 궁리한다는 뜻이고, '치지'는 앎을 이룬다는 뜻이다. 『대학』이란 책에 나온다.

격물치지의 방법에는 여러 가지가 있다.

자연과학적 방법

모든 것은 하느님의 마음으로 존재하기 때문에 모든 것에는 하느님 마음이 들어 있다. 모든 것을 관찰하여 모든 것이 공통으로 가지고 있는 삶의 원리를 찾아내면 그것이 하느님 마음이다. 개구리는 봄이 되면 밤새 노래한다. 귀뚜라미는 가을이 되면 밤새 노래한다. 뻐꾸기도 잠을 자지 않고 노래한다. 매미도 노래한다. 모든 것이 열심히 노래하는 까닭은 연애하기 위함이다. 이를 보면 짝을 찾아 사랑을 나누고 싶은 마음은 모두가 가지고 있는 공통의 마음임을 알 수 있다. 그 마음이 하느님 마음인 것이다. 이때 논리적인 한계가 있다. 개구리, 귀뚜라미, 뻐꾸기, 매미를 조사하여 모두 사랑을 나누고 싶어 한다는 것을 알았다 하더라도 모든 생물이 다 사랑을 나누고 싶어 한다고 할 수는 없기 때문이다.

모든 생물이 다 사랑을 나누고 싶어 한다는 것을 증명하기 위해서는 모든 생물을 다 조사해서 확인해야 할 것 같지만, 사실은 그렇지 않다. 공을 2미터 떨어진 공중에서 떨어뜨리면 1미터 튀어 오른다고 할 경우, 논리적으로는 이 공은 계속 튀어 오른다. 왜냐하면 2미터를 아무리 반씩 나누더라도 0이 되지는 않기 때문이다. 그러나 실제로는 그렇지 않다. 몇 번 튀어 오르다가 멈춘다. 양적으로 바뀌다가 질적으로 바뀌는 때가 오는 것이다. 자전거 타기를 연습할 때 하루 연습하면 10미터를 탈 수 있게 된다고 하면, 이틀 연습하면 20미터를 탈 수 있고, 열흘 연습하면 100미터를 탈 수 있게 된다는 논리적 추론이 가능하지만, 사실은 그렇지 않다. 양적으로 탈 수 있는 거리가 늘어나다가 어느 날 종일 탈 수 있는 시기가 온다. 하느님 마음을 알아가는 과정도 그렇다.

생물을 하나하나 살펴서 같은 마음을 찾아나가면 어느 날 모든 생물이 다 같다는 것을 깨닫게 된다. 주희(1130~1200)는 이를 '일단

활연관통—旦豁然貫通'이란 말로 설명했다. 어느 날 아침에 모든 것이 꿰어져 하나로 통하고 있다는 것을 알게 된다는 뜻이다. 생물들이 연애한다는 것을 하나하나 알아가다 보면 어느 순간, 모든 생물이 다 연애한다는 것을 깨닫게 된다. 이는 생물뿐만이 아니다. 무생물도 그렇다.

모든 물체의 원자는 음전자와 양전자의 사랑으로 이루어져 있다. 이를 안다면 사랑하는 마음이 하느님 마음임을 안다. 사랑하는 마음이 하느님 마음임을 알면서도 사랑하지 않고 살 사람은 없다. 사랑하면서 사는 것이 참된 삶이고 영생하는 삶이며 행복한 삶이기 때문이다. 누가 뇌물을 주면서 사랑하지 않고 살도록 주문을 한다면 그것은 받아들이지 못한다. 사랑하지 않으면서 사는 것은 거짓된 삶이고, 사멸하는 삶이며, 불행한 삶이기 때문이다. 사랑하면서 사는 것은 억만금과도 바꿀 수 없는 행복이다.

경전 공부

자연과학적인 방법을 통해 생물이나 무생물을 연구하는 것 외에도 하느님 마음을 알 수 있는 방법이 있다. 그것은 하느님 마음으로 살았던 사람의 언행을 연구하는 것이다. 하느님 마음으로 살았던 사람이 성인이다. 성인의 언행은 경전에 기록되어 있다. 경전에 기록되어 있는 성인의 언행은 때와 장소에 따라 다르다. 그렇지만 그 모든 말이나 행동에는 하느님 마음이 담겨 있기 때문에 다른 말과 행동을 하나하나 살펴서 그 속에 담겨 있는 마음이 모두 하나의 마음임을 알기만 하면 된다.

하나의 마음으로 꿰어져 있는 것이 하느님 마음이다. 하느님 마음은 한마음이지만 상황에 맞게 나타나므로 상황이 다르면 다르게 나타난다. 하느님 마음은 무궁무진한 상황에 따라 무궁무진하게 나타나므로 알기가 어렵다. 그 때문에 공자의 제자들이 공자의 마음을 알지 못해 당혹스러워 할 때다. 그때 공자가 있었다. 공자는 제자들에게 "나의 삶의 원리는 하나뿐이다. 그 하나가 모든 삶에 하나로 꿰어져 있다"[25]라고 말한 적이 있다. 『논어』를 읽을 때는 기록되어 있는 공자의 언행을 통해서 그 속에 들어 있는 공자의 한마음을 읽어내는 것이 중요하다. 공자의 언행을 하나하나 읽어가다가 공자의 언행이 모두 하나의 마음에서 나온 것임을 알게 되는 순간, 하느님 마음을 알게 된다.

시와 예

『시경』에 실려 있는 시詩들은 하느님 마음을 노래한 것이다. 시의 내용은 다 다르지만 그 시들에 담겨 있는 마음은 하느님 마음이다. 따라서 다양한 시들을 읽고 공부하면서 그곳에 담겨 있는 하느님 마음을 찾아내는 것이 시를 읽는 목적이다. 순수한 마음으로 시를 소리 내어 읊으면 자기도 모르는 사이에 시인의 마음과 하나가 된다.

예禮 공부도 그렇다. 예는 복잡하고 다양하지만, 모든 예는 한마음에서 나온 다양한 표현들이기 때문에 예를 공부하여 거기에 담겨 있는 한마음을 확인하면 하느님 마음을 알 수 있다.

역리易理를 통해서

『주역』은 사람이 살면서 직면하게 되는 모든 상황에서 마땅하게 살아야 하는 삶의 원리를 설명해놓은 책이다. 마땅한 삶의 원리는 하느님 마음에 따라서 사는 것이므로 『주역』에 설명된 다양한 삶의 방법을 통해서 그 속에 들어 있는 한마음을 찾아내면 하느님 마음을 알 수 있다. 공자는 쉰 살에 『주역』을 다 공부하면 목적을 달성할 수 있다고 했다. 또한 그가 쉰 살이 되었을 때 하느님 마음을 알았다고 했다.

08

실천을 통한 하느님 마음 회복

하느님 마음을 확실히 알아버리면 저절로 실천하게 되지만, 확실히 알기 전에도 하느님 마음으로 사는 사람과 같은 삶의 방식을 취하면 하느님 마음이 회복된다.

자애와 효

하느님 마음은 한마음이다. 한마음으로 사는 사람은 남과 자기를 하나로 여기지만, 욕심으로 사는 사람은 남과 자기를 남남으로 여기며 산다. 그러나 부모와 자녀 사이는 다르다. 부모는 자녀를 남으로 여기지 않고, 자녀는 부모를 남으로 여기지 않는다. 그래서 부모와 자녀의 사이는 중요하다. 부모와 자녀가 하나 되는 삶을 충실히 살면 한마음이 회복된다. 부모와 자녀 사이에 한마음이 회복되면 형제 사이에서도 한마음이 회복되고, 삼촌과 조카 사이에서도 한마음이 회복된다. 이처럼 하나가 되는 관계가 차츰 확산되면 결국 모든 사람과 자기를 남으로 여기지 않는 한마음이 회복된다. 자녀를 남으로 여기지 않는 부모의 마음이 자애이고, 부모를 남으로 여기지 않는 자녀의 마음이 효이다. 한마음을 회복하는 출발점이다.

사랑

부모와 자녀 사이 외에도 남으로 여겨지지 않는 사람이 있다. 사랑하는 사람에 대한 마음이다. 사랑하는 사람끼리는 하나가 될 수 있고, 한마음이 될 수 있다. 사람이 모두 하나로 연결되어 있지만, 그 연결된 끈은 눈에 보이지 않는다. 그것은 그물눈이 모두 하나로 촘촘히 연결되어 있지만, 물에 잠겨 있어서 보이지 않는 것과 같다. 그물눈을 연결한 끈 하나만 물 위로 끌어 올리면 모든 그물이 따라 올라오기 때문에 모든 눈이 하나로 연결되었음을 알 수 있다. 사람의 관계도 이와 같다. 사람들을 연결하고 있는 끈 하나만 확실히 드러내면 모든 사람을 연결하는 끈이 다 드러난다. 사람들이 드러낼 수 있는 하나의 끈은 부모와 자녀를 잇는 끈과 사랑하는 사람을 잇는 끈이다. 사랑하는 사람끼리 하나로 연결되는 끈을 확실히 붙잡으면 모든 사람이 하나로 연결되어 있음을 알게 된다.

사랑하는 사람과 하나가 되면 사랑하는 사람의 부모 형제와도 하나가 되고 사랑하는 사람의 친척들과도 하나가 된다. 이처럼 하나 되는 관계를 확대해가면 모든 사람과 하나가 된다. 이렇게 본다면 다른 사람과 다투는 사람은 자녀에게 자애로운 사람이 아님을 알 수 있다. 다른 사람과 다투는 사람은 부모에게 효도하는 사람이 아님을 알 수 있다. 다른 사람과 다투는 사람은 진정한 사랑을 하는 사람이 아님을 알 수 있다.

예

하느님 마음으로 사는 사람이 성인聖人이고, 성인의 삶의 방식이 예禮이기 때문에 예를 열심히 실천하면 하느님 마음을 회복할 수 있다.

충서忠恕

하느님 마음은 가장 깊숙한 곳에 들어 있는 마음이고, 모두가 다 같이 가지고 있는 마음이다. 가장 깊숙한 곳에 있다는 의미에서 하느님 마음을 '충忠'이라고도 하고, 모두가 함께 가지고 있다는 의미에서 '서恕'라고도 한다. 충은 속을 의미하는 '중中'과 마음을 의미하는 '심心'을 합한 글자이므로 '속에 있는 마음'이란 뜻이고, 서는 같음을 의미하는 '여如'와 마음을 의미하는 '심'을 합한 글자이므로 '다 같이 가지고 있는 마음'이란 뜻이다.

속에서 우러나오는 마음으로 행동하고, 남과 같은 마음으로 행동하면 하느님 마음이 회복된다. 공자는 평생 동안 좌우명으로 삼을 말을 물은 자공에게 '서'라고 대답했다.

서를 하는 것이다. 자기가 하고 싶지 않은 것을 남에게 시키지 마라.
其恕乎 己所不欲 勿施於人(『論語』「衛靈公篇」)

서는 모든 사람이 함께 가지고 있는 마음이므로 내가 싫어하는 것은 남들도 싫어한다. 이를 안다면 내가 싫어하는 것을 남에게 시키지 말아야 한다. 내가 다른 사람에게 욕을 먹었을 때 싫었다면 다른 사람도 욕먹는 것을 싫어할 것이므로 남에게 욕을 하지 말아야 한다. 그렇게 하는 것이 서이다. 하느님 마음으로 사는 사람은 저절로 서를 하지만, 욕심으로 사는 사람은 그렇지 않다. 남에게 욕먹은 것이 싫었던 사람은 화풀이하기 위해 오히려 남에게 욕을 한다. 그럴수록 욕심은 커지고 본래 마음은 작아진다. 본래 마음을 회복하고 싶은 사람은 반대로 해야 한다. 자기가 싫은 것을 남에게 시키지 않는다면 욕심이 사라지고 본래 마음이 돌아온다. 서의 방법을 구체적으로 설명해놓은 것이 『대학』에서 강조한 '혈구지도絜矩之道'이다.

군자에게는 잣대를 가지고 헤아리는 방법이 있다. 윗사람에게 당할 때 싫은 것이 있으면 아랫사람에게는 그런 식으로 하지 않는다. 아랫사람에게 당할 때 싫은 것이 있으면 윗사람에게는 그런 식으로 하지 않는다. 앞에 있는 사람에게서 싫은 것이 있으면 뒷사람에게는 그런 식으로 하지 않는다. 뒤에 있는 사람에게서 싫은 것이 있으면 앞에 있는 사람에게는 그런 식으로 하지 않는다. 오른쪽에 있는 사람에게서 싫은 것이 있으면 왼쪽에 있는 사람에게는 그런 식으로 하지 않는다. 왼쪽에 있는 사람에게서 싫은 것이 있으면 오른쪽에 있는 사람에게는 그런 식으로 하지 않는다. 이렇게 하는 것을 혈구지도라 한다.

君子有絜矩之道也 所惡於上 毋以使下 所惡於下 毋以事上 所惡於前 毋以先後 所惡於後 毋以從前 所惡於右 毋以交於左 所惡於左 毋以交於右

此之謂絜矩之道也(『大學』 전 10장)

이상에서 설명한 한마음 회복 방법을 모두 따라야 하지만 그렇게 하기가 쉽지 않다. 따라서 자신에게 편하고 좋은 방법을 찾으면 그 방법을 적극적으로 하면 된다. 한마음을 회복하는 노력을 지속하면 한마음이 회복되지만, 그 과정에는 여러 가지 징험이 나타난다. 맹자는 『맹자』에서 여섯 단계로 설명했고, 장자는 『장자』에서 일곱 단계로 설명한 바 있다.

09

진리에 도달하는 단계

맹자는 다음과 같이 말한다.

본래 마음이 하고자 하는 것을 선善이라 하고, 선을 자기 속에 지
속해서 가지고 있는 것을 신信이라 하고, 선이 몸속에 꽉 차는 것
을 미美라 하고, 선이 꽉 차서 몸이 훤해지는 것을 대大라 하고, 꽉
찼다가 터져서 전체와 하나가 되는 것을 성聖이라 하고, 성의 상태
가 되어 사람들이 파악할 수 없게 된 것을 신神이라 한다.
可欲之謂善 有諸己之謂信 充實之謂美 充實而有光輝之謂大 大而化之
之謂聖 聖而不可知之之謂神(『孟子』 「盡心章句」 下)

맹자는 진리를 회복하는 단계를 여섯 단계로 나누어 설명한다.

선인善人의 단계

배고플 때는 먹고 싶고, 피곤할 때는 쉬고 싶고, 밤이 되면 자고 싶다. 먹고 싶을 때 먹고, 피곤할 때 쉬고, 졸릴 때 자는 것이 선善이다. 순수한 사람은 그렇게 하지만 욕심이 많은 사람은 그렇게 하지 못한다. 먹고 싶을 때도 먹으면 살이 쪄서 다른 사람에게 미움을 받을 것이라는 생각 때문에 제대로 먹지 못한다. 피곤할 때도 돈을 더 벌어야 한다는 생각 때문에 쉬지 못한다. 졸릴 때도 자면 남에게 이길 수 없다는 생각에 제대로 자지 못한다. 먹고 싶을 때 먹지 않고, 피곤할 때 쉬지 않고, 졸릴 때 자지 않는 것이 악이다. 욕심이 많은 사람에게도 선으로 향하는 마음이 계속 솟아나기 때문에 때로는 선으로 향하는 마음을 따를 때도 있다. 진리로 향하는 길은 선으로 향하는 길을 따르는 데서 시작된다.

신인信人의 단계

진리로 향해 가는 사람도 초기에는 욕심에 갇혀 살았던 오랜 습관 때문에 지속적으로 선을 하기 어렵다. 잠깐 선을 하다가도 바로 욕심에 빠진다. 욕심을 따르는 사람은 욕심을 채우는 쪽으로 변신하기 때문에 믿을 수 없다. 오직 진리를 회복하겠다는 뜻을 굳건히 세운 사람은 선을 지속한다. 선을 지속하면 선이 채워지고 악이 줄어든다. 선이 차츰 채워져서 선이 악보다 더 많아진 사람은 믿을 수 있다. 선이 악보다 많은 사람은 결정적인 순간에 선을 선택하기 때문에 믿을 수 있다.

미인美人의 단계

선이 악보다 많아진 사람이 계속 노력하면 마음속에 선으로 가득 차게 되는 때가 온다. 마음이 선으로 가득 차면 그 마음이 몸 밖으로 나타나기 때문에 몸이 아름다워진다.

대인大人의 단계

마음속이 선으로 채워진 뒤에도 선을 지속하면 몸이 아름다운 상태가 지나 훤하게 빛이 나는 상태가 된다. 몸에서 훤하게 빛이 나는 단계를 맹자는 '대大'라는 말로 표현한다.

성인聖人의 단계

공기를 넣어 풍선이 팽팽해졌는데도 계속 공기를 불어넣으면 터진다. 사람의 마음도 그렇다. 사람의 마음은 원래 몸속에 갇혀 있는 것이 아니다. 몸속에 갇혀 있는 마음은 욕심뿐이다. 본래 마음은 모두 함께 가지고 있는 마음이기 때문에 몸 밖으로 열려 있는 마음이다. 사람들은 오랫동안 욕심에 갇혀서 살았기 때문에 '나'라는 개체의식에서 벗어나기 어렵다. 욕심이 많이 줄어들어 본래 마음보다 작아져도 오랜 습관 때문에 '나'라는 고정관념이 남아 있어서 남과 하나 되는 느낌이 완전히 되돌아오지 않는다.

그러다가 욕심이 완전히 사라지는 순간이 되면 달라진다. 욕심이 하나도 남아 있지 않으면 마음속에 '나'라는 고정관념이 사라져서 남과 내가 완전히 하나가 된다. 맹자는 남과 내가 하나 되는 것을 '화化'라고 했다. 화는 '인亻'과 '비匕'를 합한 글자이다. 인은 살아서 서 있는 것이고, 비는 죽어서 뒤집혀 있는 것이다. 사람이 살다가 죽는 것처럼 질적으로 바뀌는 것이 화이다. 양적으로 바뀌는 것은 '변變'이고 질적으로 바뀌는 것은 화이다. 많이 악하던 사람이 조금 악한 사람으로 바뀌는 것은 변이고, 악한 사람이 착한 사람으로 바뀌는 것은 화이다. 새알이 성숙해가는 것은 변이지만, 알을 깨고 나와 새가 되어 날아가는 것은 화이기 때문에 부화孵化라고 한다. 사람이 '나'라는 개인으로 살면서 차츰 착해지는 것은 변이지만, 개인으로서의 울타리를 깨고 나와 남과 완전히 하나가 되는 것은 화이다. 남과 완전히 하나가 되어 '나'라는 것이 없어진 상태가 성聖의 단계이고, 이 단계에 이른 사람이 성인이다.

신인神人의 단계

사람들은 의식 속에 고정관념을 가지고 산다. 고정관념이 만들어낸 대표적인 것 중 하나가 '나'이다. '나'라는 고정관념을 가지고 있는 사람은 자기의 의식 속에 자기 고유의 삶의 방식을 가지고 있다. 사람의 의식 속에 들어 있는 고유한 삶의 방식을 알면 그 사람을 완전히 알 수 있다. 그러나 성인은 다르다. 성인은 자기 고유의 삶의 방식이 없으므로 그의 삶의 방식을 알 수 없다. 성인의 의식은 일체의 고정관념이 없이 텅 비어 있다. 성인은 자기 고유의 삶의 방식이 없이 오직 상황에 맞게 자유자재로 대처한다. 상황은 늘 바뀐다. 상황이 고정된 경우는 없다. 그러므로 성인의 삶의 방식은 예측할 수 없다. 삶의 방식을 가지고 있지 않으면서 자유자재로 대응하는 것을 보면 신통하다는 느낌이 든다. 맹자는 그런 상태를 '신'이란 말로 표현한다. 신의 상태가 성의 상태와 다른 것은 아니다. 성인의 삶의 모습이 신통하기에 신이라는 설명을 덧붙였을 뿐이다. 성인이 되어 신통하게 사는 것이 진리의 삶이다.

『장자』에는 진리를 회복하는 과정이 다음과 같이 설명되어 있다.

나는 그를 지키고 앉아서 진리를 말해주었다. 그랬더니 사흘이 지난 뒤에 세상사에서 벗어났다. 이미 세상사에서 벗어난 상태에서 내가 또 지키고 앉아서 가르쳤더니 이레가 지난 뒤에 물질에 얽매이는 것이 없어졌다. 이미 물질에 얽매이는 것이 없어진 상태에서 내가 또 지키고 앉아서 가르쳤더니 아흐레가 지난 뒤에 산다는 의식에서 벗어났다. 이미 산다는 의식에서 벗어나니까 다음에는 모든 것이 하나로 관통되었다. 모든 것이 하나로 관통되고 나니까 다음에는 유일한 존재인 본질을 보았다. 유일한 존재를 본 뒤에는 고금이라는 시간 개념이 없어졌다. 고금이 없어진 뒤에 죽지도 않고 태어나지도 않는 진리의 세계에 도달했다.

吾猶守而告之 三日而後能外天下 已外天下矣 吾又守之 七日而後能外物 已外物矣 吾又守之 九日而後能外生 已外生矣 而後能朝徹 朝徹而後能 見獨 見獨而後能無古今; 無古今而後能入於不死不生(『莊子』「大宗師」)

장자는 진리를 회복하는 단계를 다음과 같은 일곱 단계로 나누어 설명한다.

외천하外天下의 단계

진리로 향해 나아가는 첫 번째 단계는 세상사에서 벗어나는 일이다. 세상사에서 벗어나는 것은 천하를 외면하는 것이다. 사람들이 서로 경쟁하는 삶을 살면 늘 남을 의식한다. 남의 학교를 의식하고, 남의 나라를 의식한다. 남이 나보다 나으면 배가 아프고, 내가 남보다 나으면 으스댄다. 남의 학교가 앞서 가면 배가 아프고 내 학교가 앞서 가면 으스댄다. 남의 나라가 우리나라보다 앞서 가면 배가 아프고 우리나라가 앞서나가면 으스댄다. 그런데 내가 남과 경쟁해서 이기거나 지는 것이, 우리 학교가 남의 학교보다 앞서거나 뒤처지는 것이, 우리나라가 남의 나라보다 앞서거나 뒤처지는 것이 늙어 죽어야 하는 숙명을 바꾸지는 못한다. 사람이 늙어 죽게 되면 이기거나 지는 것이 아무 의미가 없다. 이를 간파한 사람은 세상사에 초연해진다. 세상사에 초연하여 무관심하게 되는 것이 진리를 회복하는 첫 번째 단계이다.

외물外物의 단계

세상사에서 벗어난 사람에게 가장 걸림돌이 되는 것은 자기의 몸이다. '지금 여기'에 있는 자기의 몸이라는 덩어리는 무엇인가? 온갖 번뇌가 불타오르는 이 몸은 도대체 어떤 물건인가? 세상사에서 벗어난 사람은 오직 이 몸에 대해 생각하고 관찰하게 된다. 몸은 '모음', 즉 물질들이 모여 있는 것이라는 뜻이다. 물이 얼어 얼음이 되듯이 우주에 가득한 기운이 모여 몸이 된다. 이 세상에 존재하는 모든 물체는 우주의 기운이 모여 있는 몸이다. 하나의 물에서 여러 얼음 조각이 생겨나듯이 만물도 이처럼 하나의 기운에서 생겨난다. 물 위에 떠 있는 여러 얼음 조각들이 모두 물이라는 것을 알고 나면 하나하나의 얼음 덩어리에 관심을 둘 필요가 없다. 동그랗게 생긴 덩어리나 네모진 덩어리나 보기에 좋은 덩어리나 좋지 않은 덩어리나 차이가 없다. 그 하나하나를 비교하거나 따져볼 것이 없다. 물체도 그렇다. 모든 물체가 우주의 기운이 모인 것이라는 것을 알면 물체 하나하나에 관심을 둘 것이 없다. 물체 하나하나는 본래의 모양이 아니다. 물에 모양이 없으므로 얼음은 본질적으로 모양이 없다. 현재의 모양은 잠깐의 모양이다. 그 잠깐의 모양에 관심을 가질 것이 없다. 세상사에서 벗어난 다음 단계가 바로 물체에 얽매여 있는 상태에서 벗어나는 것이다. 물체에 얽매이지 않으면 자기의 몸에서 벗어난다.

외생外生의 단계

자기의 몸에 얽매어 있는 사람은 자기의 몸을 자기라고 생각한다. 자기의 몸이 늙으면 자기가 늙었다고 생각하고, 자기의 몸이 죽으면 자기가 죽는다고 생각한다. 그러나 그렇게 생각하는 것은 잘못이다. 이를 알아서 자기의 몸이 자기의 본질이라는 생각에서 벗어나면 모든 형체를 존재의 본질로 보는 것에서 벗어난다. 구별되는 것으로 보이는 모든 형체는 본질적으로 하나도 구별되지 않는다. 이를 알면 더는 몸에 끌려다니지 않는다. 몸에 끌려다니지 않는 사람은 몸이 살아 있는 것을 살아 있다고 판단하지 않는다. 몸이 살아 있다는 것은 물질들이 잠깐 모여 있음을 의미할 뿐이다.

자기의 몸에 집착하지 않게 되어도 여전히 남아 있는 것이 있다.

그것은 살아오면서 마음속에 넣어둔 기억과 감정이다. 이런 것이 바로 '나'라는 개념을 만들어낸다. 자기의 몸에 집착하지 않는다 해도 '나'라는 것에 대한 집착은 여전히 남아 있다. 그러므로 자기의 몸에 얽매이지 않게 된 다음에는 '나'라는 것을 해체해야 한다. '나'를 해체하기 위해서는 나의 기억에 묻어 있는 감정들을 제거하면 된다. 기억에 묻어 있는 감정이 다 제거되면 드디어 '나'라는 것이 사라진다. '나'라는 것에 대한 집착이 없어지면 나의 삶에 대한 집착이 없어진다. 나의 삶에 대한 집착이 없어지는 것이 장자가 말하는 외생外生의 단계이다.

조철朝徹의 단계

'나'라는 것이 없어지고 나의 삶의 내용이 없어지면 동시에 '남'이라는 것도 없어진다. 그렇게 되면 '나'와 '남'을 구별하는 칸막이가 없어져, 아침에 환하게 동이 트는 것처럼 남과 내가 하나로 통한다. 이것이 이른바 '조철'이다.

견독見獨의 단계

남과 내가 하나로 통하는 것은 본질에서이다. 여러 얼음 조각이 하나로 통하는 것은 물이라는 본질의 차원에서이다. 본질의 차원에서는 존재하는 것이 물 하나밖에 없다. 이 세상에 존재하는 만물도 그렇다. 만물은 각각 다른 형체를 가지고 있지만 본질적으로 하나다. 그것은 둘로 나누어질 수 없는 절대적 존재로서의 하나이다. 그것이 '독獨'이다. '견독'이란 절대적 존재로서의 하나만을 본다는 뜻이다.

무고금無古今의 단계

견독을 하면 공간 개념이 사라진다. 공간 개념이 사라지면 동시에 시간 개념이 사라진다. 시간과 공간은 동시적이다. 시간이 없으면 공간이 없고, 공간이 없으면 시간이 없다. 자동차로 한 시간 달리면 100킬로미터를 간다고 할 때, 한 시간이라는 시간과 100킬로미터라는 공간은 동시에 존재한다. 공간이 없다면 시간을 잴 수 없고, 시간이 없다면 공간을 달릴 수 없다. 그러므로 공간 개념이 사라지면 동시에 시간 개념이 사라진다. 시간 개념이 사라진 상태가 바로 '무고금'이다.

무생사無生死의 단계

공간 개념과 시간 개념은 인간이 의식으로 만들어낸 개념이다. 인간은 시간 개념과 공간 개념을 만들어냄으로써 자신을 시간과 공간 속에 구속했다. 시간 개념과 공간 개념을 만들지 않으면 '나'라는 존재를 만들 수 없다. '나'라는 존재는 시간과 공간을 바탕으로 해서 성립한다. 그러므로 '나'는 시간과 공간을 벗어날 수 없다. 1951년부터 존재하는 나는 그 이전에는 존재할 수 없고, 한국에 존재하는 나는 동시에 미국이나 아프리카에 존재할 수 없다. 인간은 시간과 공간이라는 새장 속에 갇혀버린 새와 같은 신세가 되었다.

인간이 자유를 얻기 위해서는 시간과 공간에서 해방되어야 한다. 시관과 공간의 굴레에서 해방되는 것이 해탈이고 깨침이다. 굴레를 만든 자는 자기 자신이기 때문에 굴레를 깨는 것도 자기 자신이어야 한다. 시간과 공간에서의 해방은 의식의 굴레에서 벗어날 때 가능하다. 시간과 공간에서 해방되고 의식에서 벗어나면 '나'가 사라진다. '나'가 사라지면 '나의 삶'과 '나의 죽음'이 동시에 사라진다. 이른바 무생사의 세계가 나타나는 것이다.

의식의 구별 기능에서 벗어나 시간과 공간에서 해방되고, 삶과 죽음에서 해방된 모습이 혼돈이다. 세상에서 분별하면서 살던 사람이 혼돈의 모습을 회복하더라도 분별하는 기능이 마비되는 것이 아니다. 혼돈을 회복한 사람은 혼돈의 모습으로 분별하면서 산다. 분별하면서 사는 것은 혼돈의 확장이다. 혼돈의 모습을 회복한 사람은 분별하면서 살아도 혼돈이다. 그렇다면 진리를 회복한 사람의 삶은 어떤 모습일까?

V

진리를 회복한 뒤의 삶은
어떠한가

완전한 사람이란 잃어버렸던 본래의 모습을 되찾은 사람이다. 본래 모습을 잃어버린 사람은 살아 있어도 죽은 사람이다. 진리를 회복하는 것은 죽은 사람이 다시 사는 것이다. 그런 의미에서 진리를 회복한 사람은 부활한 사람이다. 부활한 사람은 혼돈의 모습을 회복하여 혼돈의 모습으로 사는 사람이고, 한마음을 회복하여 한마음으로 사는 사람이다. 부활하여 참된 생명을 얻은 사람이 완성된 사람이다. 완성된 사람은 남을 완성시키고 세상을 완성시킨다. 남을 완성시키고 세상을 완성시키는 사람이 구세주이다.

01
잃어버렸던 본래 모습을 되찾다

혼돈의 모습을 회복한 사람은 자연 그 자체이고, 그의 움직임도 자연 그 자체이다. 천지의 움직임도 자연 그 자체이므로, 혼돈의 움직임과 천지의 움직임은 차이가 없다. 『맹자』와 『주역』에는 그런 사람의 삶이 다음과 같이 설명되어 있다.

위아래로 천지와 하나가 되어 흐른다.
上下與天地同流(『孟子』「盡心章句」上)

대인이란 천지와 그 움직임을 함께하고, 해와 달과 그 밝음을 함께하며, 사시와 그 순서를 함께하고, 귀신과 그 길흉을 함께한다.
夫大人者 與天地合其德 與日月合其明 與四時合其序 與鬼神合其吉凶
(『周易』乾卦 文言傳)

천지는 가만히 있는 것이 아니다. 거대한 물결을 이루며 흐른다. 봄, 여름, 가을, 겨울로 나아가는 것도 하나의 흐름이다. 천지와 하나가 되어 흐르는 사람은 천지와 하나가 된 상태이다. 천지와 하나가 되어 흐르는 것은 천지의 기운과 하나의 기운으로 움직이는 것을 말한다. 아침이 되면 일어나고, 배고프면 밥을 먹으며 낮에는 열심히 움직이고 밤이 되면 푹 쉬는 것이 천지와 하나 되어 움직이는 것이다.

천지는 쉬는 법이 없다. 겨울에는 아무 역할을 하지 않기 때문에 쉬는 것으로 보이지만 사실은 쉬는 것이 아니라 많은 역할을 하는 것이다. 사람이 밤에 자는 것도 그렇다. 아무것도 하지 않는 것이 아니다. 낮에 있었던 일들을 가려서 남길 것은 기억하게 하고 남기지 말아야 할 것은 잊어버리게 한다.

쉬지 않고 움직이는 것이 성誠이다. 천지자연의 움직임은 성 그 자체이다. 천지자연과 하나가 된 사람의 움직임도 성 그 자체이다. 『중용』에서는 다음과 같이 말한다.

성이란 하늘의 움직임이다. 성의 상태가 되려고 노력하는 것은 사람의 움직임이다. 성의 상태가 되어 있으면 힘쓰지 않아도 저절로 도리에 맞고, 생각하여 행동하지 않아도 가장 알맞게 된다. 담담하게 움직이지만, 모든 것이 저절로 도리에 들어맞는다. 그렇게 되는 사람이 성인이다.

誠者 天之道也 誠之者 人之道也 誠者 不勉而中 不思而得 從容中道 聖人也(『中庸』 제20장)

자연의 움직임에 참는 것이 없는 것처럼, 성인의 움직임에는 참는 것이 없다. 공자는 일흔이 되었을 때 그렇게 되었다고 토로한 바 있다.

일흔 살이 되었을 때는 마음이 내키는 대로 움직였지만, 도리에 벗어나는 일이 없었다.

七十而從心所欲 不踰矩(『論語』「爲政篇」)

물과 같은 움직임

욕심이 없는 사람은 마음 내키는 대로 움직여도 문제가 되지 않는다. 욕심이 없는 사람의 마음은 한마음이다. 한마음은 자연이다. 마음 내키는 대로 움직이는 것이 가장 자연스러운 움직임이다. 가장 자연스러운 움직임은 물의 움직임과 같다. 노자는 최고의 움직임을 물에 비유했다.

가장 좋은 것은 물과 같다. 물은 온갖 것을 이롭게 하면서도 공을 다투지 않고 모두가 싫어하는 낮은 곳에 처하므로 도에 가깝다. 낮은 곳에 거처하면서 마음은 깊은 심연으로 향한다. 남과 같이 있으면 늘 한마음이 되고 말을 하면 정말 미덥다. 다스리면 잘 다스려지고, 일하면 큰 능력을 발휘하며, 움직이면 곧바로 진리가 된다. 애당초 남과 다투지 않으니 허물이 없다.

上善若水 水善利萬物 而不爭 處衆人之所惡 故幾於道 居善地 心善淵 與善仁 言善信 正善治 事善能 動善時 夫唯不爭 故無尤(『老子』제8장)

최고 수준의 삶은 자연으로 사는 것이다. 노자는 물의 모습을 통해서 자연의 삶을 설명했다. 물이 없으면 만물은 존재할 수 없다. 물은 만물을 존재케 하는 근본 요소이다. 물은 만물을 존재케 하고 만물을 이롭게 하지만, 공을 내세우는 일이 없다. 자연이 그렇다. 해와 달이 돌고, 바람이 불고 비가 오면서 만물을 살리지만, 공을 내세우는 일이 없다. 공을 내세우는 것은 사람들이다. 사람들은 욕심을 가지고 공을 내세우며 위로 올라가기를 바란다. 위로 올라가려는 마음은 경쟁심이다. 높은 곳은 남과의 경쟁에서 이겨야 도달하는 자리이다. 그러나 자연은 경쟁심을 버릴 때 나타나는 세계이다. 높은 곳으로 가려고 할수록 자연에서 멀어지고 아래로 갈수록 자연에 가까워진다. 그래서 노자는 아래로 내려가는 물을 자연으로 보았다. 물은 낮은 곳에 있으면서도 마음은 자연이기 때문에 깊이가 끝이 없다.

큰 호수의 물은 표면에서는 파도가 치지만 심연으로 들어갈수록 고요하다. 사람의 마음도 이와 같아야 한다. 사람의 마음은 자연이고 우주의 마음이다. 아침에 일어나게 하고, 배고플 때 밥을 먹게 하며, 밤에 자게 하는 마음은 우주를 움직이는 바로 그 마음이다. 우주의 움직임도 아침이 되면 해가 뜨고 밤이 되면 해가 진다. 만물은 배가 고프면 다 영양을 섭취하고, 밤이 되면 다 잠을 잔다. 사람도 그렇다. 표면적으로는 일신의 변화에 민감하게 반응하여 울고 웃지만, 본질적으로는 우주와 함께 움직이므로 일신의 변화에 초연하여 한없이 고요하다. 사람은 마음의 본질을 늘 확보해야 든든한 삶을 유지할 수 있다. 일신의 변화에 좌우되지 않고 초연하게 대처할 때

일신의 움직임이 최선의 상태로 유지될 수 있다.

물은 자기의 형체를 갖지 않는다. 네모난 그릇에 들어가면 그 그릇에 따라 네모가 되고, 둥근 그릇에 들어가면 둥글게 된다. 사람도 그렇다. 사람이 '나'라는 의식을 가지면 '남'과 하나가 되지 못하지만, '나'라는 것을 갖지 않으면 남과 하나가 될 수 있다. 남과 하나가 된다는 말은 한마음이 된다는 말이다.

물이 흐를 때 내는 소리는 정확하다. 소리를 낼 곳에서는 반드시 소리를 낸다. 개울을 지나갈 때는 개울물의 소리를 내며 흐르고, 폭포를 지나갈 때는 폭포의 소리를 내며 흐른다. 바람이 불면 파도 소리를 내고, 바람이 멈추면 소리도 멈춘다. 물이 이처럼 정확하게 소리를 내는 것은 욕심이 없기 때문이다. 욕심이 없기에 자연의 소리를 낸다. 사람의 소리도 이와 같다. 욕심이 있는 사람은 그 욕심을 채우기 위해 거짓을 말하지만, 욕심이 없는 사람은 거짓을 말하지 않는다. 욕심이 없는 사람의 소리는 물소리와 같다. 그것은 자연의 소리요 진리의 소리이다.

물은 바르게만 다스리면 틀림없이 잘 다스려진다. 옛날에는 물을 다스리는 것이 사람의 가장 큰 일 중 하나였다. 중국의 산둥 지방과 만주 지방은 산이 없는 평지이므로 큰비가 오면 늘 물난리가 났다. 그래서 물을 다스리는 일은 매우 중요했다. 홍수를 다스릴 때 힘이 들더라도 바다로 향해 물길을 트면 결국 제대로 다스려진다. 하지만 바다와 반대되는 방향의 낮은 곳으로 물길을 터놓으면 당장은 물길이 잡히지만, 장래에 더 큰 문제가 발생한다.

물은 욕심을 부리지 않고 자연의 길을 간다. 그래서 더욱 큰 능력을 발휘한다. 비가 되어 만물을 살리기도 하고 더러운 것을 씻어 주기도 한다. 배를 띄워 무거운 짐을 나르도록 하기도 하고, 수력발전으로 전력을 공급하기도 한다. 물이 이러한 능력을 발휘할 수 있는 것은 자연의 길을 가기 때문이다. 사람도 자연의 모습으로 살아가면 물처럼 큰 능력을 발휘할 수 있다.

물의 흐름은 완벽하게 진리의 모습을 드러낸다. 나아갈 때 나아가고, 멈출 때 멈추며, 돌아갈 때 돌아간다. 욕심을 부리는 일도 없고 게으름을 부리는 일도 없다. 진리를 회복한 사람의 삶도 그렇다. 일어날 때 일어나고, 밥 먹을 때 밥 먹으며, 쉴 때 쉬고, 잘 때 잔다.

물은 공을 이룬 뒤에 그 자리에 머물지 않고 바로 흘러간다. 수력발전을 일으킨 물은 그것이 끝난 뒤 바로 흘러간다. 만약 그 물이 흘러가지 않고 그 자리에 남아 있으면서 대가를 바란다면 그 물 때문에 댐이 막혀버릴 것이다. 오직 공 다툼을 하지 않고 흘러가기 때문에 뒤탈이 없다. 자연으로 사는 사람도 그렇다. 욕심을 채우지 않기 때문에 공 다툼을 하지 않는다. 공을 이룬 뒤에는 머물지 않고 떠나간다. 그래서 허물이 없다.

욕심을 채우는 일은 어렵지만 자연으로 사는 사람에게는 어려운 일이 없다. 모든 것이 쉽고 간단하다. 어떤 것을 먹어야 몸에 좋은지 생각할 것도 없다. 먹고 싶으면 먹고, 먹기 싫으면 먹지 않는다. 그때그때의 느낌대로 움직이기만 하면 된다. 모든 것이 쉽고 간단하다. 자연으로 사는 사람은 자연스럽게 산다. 자연스럽게 사는 것이 가장 알맞게 사는 것이다. 가장 알맞게 사는 것은 임금일 때는 임금답게 살고, 신하일 때는 신하답게 사는 것이고, 아버지일 때는 아버지답

게 살고, 아들일 때는 아들답게 사는 것이다.[26]

한마음

진리를 회복한 사람의 마음은 한마음이고, 우주의 마음이다. 몸은 마음을 담고 있는 그릇이다. 한마음을 담고 있는 몸은 하느님의 몸이고, 우주의 마음을 담고 있는 몸은 우주이다. 진리를 회복한 사람의 몸은 하느님의 몸이고, 우주이다. 그에게 보이는 자기의 몸은 바닷가 모래사장에 있는 하나의 모래알처럼 보인다. 그래서 그 몸을 애지중지하지 않고 자연에 맡긴다. 비싸고 좋은 음식을 먹으려 하지도 않고 비싸고 좋은 옷을 걸치려고 하지도 않는다. 대충 먹고 입는다. 그는 자기가 먹는 음식을 남이 먹는 음식과 비교하지 않고, 자기가 입는 옷을 남이 입고 있는 옷과 비교하지 않는다. 그는 언제나 자기가 먹는 음식에 만족하고 자기가 입는 옷에 만족한다. 노자는 다음과 같이 말한다.

자기가 먹는 것을 달게 여기고, 자기가 입는 것을 아름답게 여기며, 자기가 사는 집을 편안하게 여기고, 자기의 풍속을 즐긴다.
甘其食 美其服 安其居 樂其俗(『老子』 제80장)

한마음을 회복한 사람은 하느님 같은 사람이다. 그가 먹는 것은 변변찮은 것이라도 하느님의 음식이고, 그가 입고 있는 옷은 수수한 옷이라도 하느님의 옷이다. 그보다 더 좋은 음식이 없고, 그보다 더 좋은 옷이 없다. 『시경』에 다음과 같은 시가 있다.

어이 옷 일곱 벌 없으랴마는
그대의 옷처럼 좋지 않아
편안하고도 훌륭하네요.

어찌 옷 여섯 벌 없으랴마는
그대의 옷처럼 곱지 않아
편안하고도 따스하네요.[27]

진리를 회복한 사람은 대충 먹고 입는다. 그러나 그가 먹는 것이
몸에 가장 좋은 음식이고 그가 입는 옷이 몸에 가장 좋은 옷이다.
그가 값싼 옷을 입고 있어도 하느님의 옷이므로 그보다 더 훌륭한
옷이 없다. 욕심이 많은 사람이 먹는 것은 욕심쟁이가 먹는 음식이
므로 천하다. 욕심이 많은 사람이 입고 있는 옷은 욕심쟁이의 옷이
므로 천하다. 욕심 많은 사람일수록 좋은 것을 먹고 싶어 하고 좋은
옷을 입고 싶어 하지만, 비싼 음식을 먹을수록 더욱 천해지고 비싼
옷을 입을수록 더욱 천해진다.

진리를 회복한 사람은 남과 다툴 일이 없으므로 언제나 여유롭
다. 마음은 언제나 느긋하고, 몸은 언제나 건강하다. 그가 하는 일
은 자연이므로 성공도 실패도 없다. 그러나 세속의 사람들이 보면
그가 하는 일은 언제나 성공하는 것처럼 보인다.

눈이 녹으면 물이 되기도 하지만, 봄이 되기도 한다. 물이 되는 것
은 현상이지만 봄이 되는 것은 흐름이다. 현상만 보는 사람은 눈이
녹을 때 봄을 준비하지 못하지만, 흐름을 아는 사람은 눈이 녹을 때

봄을 준비한다. 현상만 보는 사람은 봄이 되었을 때 살아남기 어렵지만, 흐름을 보는 사람은 봄이 되었을 때 잘 적응한다. 진리를 회복한 사람은 자연의 흐름과 하나가 되는 사람이므로 언제나 적응한다. 그는 실패할 수가 없다.

욕심이 많은 사람은 욕심을 채우기 위해 일한다. 돈을 벌고 싶어서 일하는 사람은 돈 때문에 일한다. 일 자체에는 관심도 없고 의미도 없다. 관심은 돈이다. 그러므로 욕심이 많은 사람은 일을 해도 관심이 없는 일을 의미 없이 한다. 그런 일은 보람이 없다. 보람 없는 일을 지겹게 하는 사람은 일을 제대로 할 수 없다. 일을 제대로 하지 못하는 사람은 돈을 제대로 벌 수 없다. 돈 때문에 일을 하는 사람은 돈이 달아나는 것이다.

진리를 회복한 사람이 하는 일은 다르다. 그는 욕심을 채우기 위해서 일하지 않는다. 그가 일하면 마음은 일에 집중된다. 마음이 일에 집중하면 일이 재미있고 의미도 있다. 의미 있는 일을 재미있게 하면 지치지 않고 신 나게 일한다. 일에 능률이 오르고 생산성이 높아진다. 그런 사람에게는 돈이 따라온다. 지겹게 일하면 돈이 달아나지만, 행복하게 일하면 돈이 따라온다.

한마음으로 움직이는 사람의 움직임은 하느님의 움직임이다. 그의 움직임보다 더 뛰어난 움직임은 없다. 그가 하는 일은 하느님이 하는 일이다. 그가 하는 일은 잘못될 일이 없다. 그가 만드는 예술품은 하느님이 만드는 예술품이고, 그가 하는 디자인은 하느님이 하는 디자인이다. 그가 하는 것은 다 위대하다. 잘못될 일이 없다.

한마음을 회복한 사람은 뛰어난 창의력을 발휘한다. 앞으로의 시대는 사람의 창의력이 중요한 시대이다. 이제 뛰어난 창의력을 가진 한 사람이 십만 명도 먹여 살리고, 백만 명도 먹여 살리는 시대가 되었다. 기업체마다 창의력을 가진 인재를 찾기 위해 혈안이 되어 있다. 그런데도 막상 창의력이 무엇인지 제대로 아는 사람이 없는 듯하다.

창의력이란 다른 것이 아니다. 한마음에서 발휘되는 능력이다. 한마음은 부모님 마음과도 같다. 부모님 마음은 자녀를 살리는 마음으로 집중되어 있다. 자녀가 밥을 먹지 않고 있으면 밥을 먹도록 유도하고, 쉬지 않고 일하고 있으면 쉬었다 하도록 유도한다. 그래야만 살 수 있기 때문이다. 부모의 마음을 한마디로 요약하면 자녀를 살리는 마음이다. 하느님 마음도 다르지 않다. 하느님은 조금도 쉬지 않고 만물이 살도록 유도한다. 밥 먹을 때가 되면 밥을 먹도록 지시하고, 쉬어야 할 때가 되면 쉬도록 지시한다.

부모가 지시하는 것은 귀로 들리지만, 하느님이 지시하는 것은 귀로 들리지 않는다. 하느님의 지시는 느낌으로 전해진다. 밥 먹을 때가 되면 배고픈 느낌이 든다. 그 배고픈 느낌이 바로 밥을 먹도록 유도하는 하느님의 지시이다. 피곤함을 느끼는 것은 쉬라는 하느님의 지시이고, 잠이 오는 것은 자라는 하느님의 지시이다. 그러나 담배를 피우고 싶은 느낌이 드는 것이나 도박을 하고 싶은 느낌이 드는 것은 하느님의 지시가 아니다. 그것은 착각이다. 그것을 잘 분별해야 한다. 중독에 빠진 사람에게는 그 중독에서 빠져나오도록 하느님이 계속 지시하지만, 욕심에 눈이 멀어 있기 때문에 그 지시가 상대적으로 미약해진다. 예를 들면 니코틴중독에 빠진 사람에게는 하느님 마음이 담배를 그만 피우라고 지시하지만, 담배를 피우도록 유도하는 욕심이 너무 크기 때문에 이겨내지 못한다. 욕심이 지시하는 것도 느낌으로 전달된다. 니코틴중독에 빠진 사람에게 담배를 피우고 싶은 느낌이 일어나는 것도 느낌이고, 도박 중독에 빠진 사람에게 도박하고 싶은 느낌이 일어나는 것도 느낌이다. 그 느낌을 잘 분별해서 중독되지 않아야 하고, 이미 중독이 된 사람은 중독에서 벗어나야 한다.

위험에 노출된 사람에게는 하느님이 피하라고 지시하므로 위험한 곳에 있는 사람은 그곳에 있기 싫은 느낌이 들게 마련이다. 그 느낌에 따라 피하면 위험에서 벗어날 수 있다. 무너지는 집에 있는 사람에게 피하라는 느낌이 들게 되어 있지만 사람이 피하지 않고 있다가 다치기도 한다. 쥐나 고양이가 그런 곳에 있다면 피한다. 쥐나 고양이도 피하는데 사람이 피하지 못하는 이유가 무엇일까? 밥을 먹을 때가 되면 배가 고프지만, 도박을 하거나 게임에 빠져 있을 때는 배고픈 줄을 모른다. 돈을 잃은 사람일수록 배고픔을 더 못 느낀다. 하느님은 똑같이 밥을 먹으라고 지시하지만, 돈을 따고 싶은 욕심이 하느님의 지시를 막아버리기 때문에 못 느낄 뿐이다. 무너지는 집 안에 있으면서 아무것도 못 느끼는 것 역시 욕심이 하느님의 지시를 차단했기 때문이다.

하느님은 사람이 살 수 있도록 끊임없이 지시하고, 그 지시는 끊임없이 느낌으로 전달된다. 새로운 상품을 개발해야 하는 사람에게는 하느님이 새로운 것을 개발할 수 있는 아이디어를 준다. 그 새로운 아이디어를 받아들이는 능력이 창의력이다.

사람은 누구나 왕성한 창의력을 가지고 있지만, 욕심이 그것을 막아버리기 때문에 발휘하지 못하고 있다. 욕심이 가로막지 않는다면 모든 사람은 창의력을 왕성하게 발휘할 수 있다.

욕심으로 사는 사람은 늙는 것이 슬프다. 늙는 것은 청춘이 없어지는 것이다. 늙을수록 청춘을 잃는 상실감에서 헤어나기 어렵다. 그러나 한마음으로 사는 사람은 자기와 남을 하나로 여기기 때문에 자기 몸이 늙는 것을 다른 사람의 자람으로 여긴다. 자라는 것은 기쁘다. 한마음으로 사는 사람이 늙어도 기뻐하는 것은 그 때문이다. 기쁘게 늙는 사람은 늙을수록 얼굴이 아름다워지지만, 슬프게 늙는 사람은 늙을수록 얼굴이 추해진다.

한마음으로 사는 사람은 늙어서 할 일을 다 하고 나면 죽는 것을 희망한다. 욕심에 갇혀서 사는 사람에게 죽는 것보다 더 큰 절망이 없다. 죽는다는 것은 자기가 이 세상에서 사라지는 것이다. 이 세상에서 사라진다는 것은 생각만 해도 끔찍한 일이다. 그 끔찍한 일이 실감되면 사는 것이 눈물바다이다. 옛 친구를 만나도 눈물이 난다. 그 만남이 마지막 만남이 될 것이라는 생각이 들기 때문이다. 자녀의 집에 가서 잘 먹고 잘 놀다 오면서도 눈물이 난다. 그것이 마지막 길이라는 생각이 들기 때문이다. 사람들이 그럭저럭 살아가는 것은 자기의 죽음이 실감 나지 않기 때문이다. 만약 실감이 난다면 절망에서 벗어나기 어렵다.

그러나 한마음을 회복한 사람은 다르다. 자기 몸이 늙어서 죽는 것은 죽는 것이 아니라는 것을 안다. 늙은 사람이 죽지 않는다면 젊은 사람이 살 수 없다. 사람이 다 살 수 있는 것은 늙은 사람이 죽기 때문이다. 한마음을 회복한 사람은 다른 사람의 몸과 자기의 몸을 하나로 여기기 때문에, 자기 몸이 늙어서 죽는 것이 다른 사람이 사는 것이고, 다른 사람이 사는 것이 자기가 사는 것임을 안다. 그것이 영생이다. 한마음에서 보면 이 세상에는 사는 것만 있고 죽는 것은 없다. 『주역』의 「계사전繫辭傳」 5장에는 다음과 같은 구절이 있다.

살고 사는 것을 역의 원리라 한다.
生生之謂易

『주역』은 한마음으로 사는 사람의 삶의 원리를 기록한 책이다. 한마음으로 살면 이 세상의 모든 존재는 삶의 연속뿐이다. 한마음으로 보는 사람은 전체를 하나로 본다. 전체를 하나로 보면 이 세상은 생명이 연속되는 세상이다. 그러나 욕심에 갇혀서 사는 사람은 반대로 본다. 모든 것을 제각각 분리되어 개별적으로 존재하는 것으로 본다. 개별적으로 존재하는 모든 것은 죽어서 사멸한다. 모든 것의 종착역은 죽음이다.

영생하는 것과 사멸하는 것이 다른 것이 아니다. 한마음으로 보는 것과 욕심으로 보는 것의 차이뿐이다. 욕심으로 사는 사람은 사멸하는 사람이고, 한마음으로 보는 사람은 영생하는 사람이다. 아담과 하와는 영생하는 존재였다. 그들이 고통을 극복하여 영생을 얻은 것이 아니라 아예 고통이 없었다. 아담과 하와는 혼돈이었다. 아담과 하와는 부활한 사람이 아니다. 부활한 사람이 아니면 구세주가 될 수 없다. 죽었다가 다시 살아난 사람은 죽어 있는 사람들을 삶으로 인도할 수 있다. 그런 사람이 구세주이다. 죽었다가 되살아난 사람이 부활한 사람이고, 부활한 사람이 영생하는 사람이다.

영생하는 사람은 자기 몸이 늙을 만큼 늙으면 죽기를 희망한다. 자기 몸이 죽는 것이 사는 것이기 때문이다. 예수의 다음 말은 이를 잘 설명하고 있다.

내가 진정으로, 진정으로 너희에게 말한다. 밀알 하나가 땅에 떨어져서 죽지 않으면 한 알 그대로 있고, 죽으면 열매를 많이 맺는다. 자기의 목숨을 사랑하는 사람은 잃을 것이요, 이 세상에서 자기의 목숨을 미워하는 사람은 영생에 이르도록 그 목숨을 보존할 것이다.(「요한복음」 12장 24~25절)

예수가 말하는 영생은 죽은 몸이 다시 살아나는 것이 아니다. 죽는 것이 사는 것임을 아는 것이 영생이다. 영생하는 사람은 자기 몸이 늙으면 죽는 것을 희망한다. 자기 몸이 늙어서 죽기를 희망하고 있을 때, 병균이 침입해서 죽게 되었다면 병균을 고맙게 여긴다. 병균도 고맙다면 이 세상에 고맙지 않은 것이 없다. 이 세상은 고마운 것으로 가득 차 있다. 그것을 알면 이 세상이 천국이다. 천국은 따로 있는 것이 아니다. 한마음을 회복하는 순간, 이 세상이 그대로 천국이 된다.

사람의 몸이 살아 있는 것은 우주의 기운이 모여 있는 것이다. 죽는다는 것은 모여 있던 우주의 기운이 도로 흩어지는 것이다. 그것은 얼음이 얼었다 녹았다 하는 것과 같다. 얼음의 본질은 물이다. 물이라는 점에서 보면 모든 얼음은 다 하나이다. 사람도 다르지 않다. 사람의 몸은 우주의 기운이 모여 있는 것이다. 우주의 기운은 하나 이기 때문에 사람의 몸은 모두 하나이다. 얼음덩어리가 자기를 덩어리라고만 안다면 녹는 것이 사라지는 것이 되지만, 물이라는 것을 안다면 녹는 것이 사라지는 것이 아니라 원래의 모습으로 돌아가는 것이 된다.

사람의 몸도 그렇다. 사람의 몸이 눈에 보이는 몸뚱이인 줄만 안다면 죽는 것이 사라지는 것이 되지만, 우주의 기운임을 안다면 죽는 것이 본래의 모습으로 돌아가는 것이 된다. 우리나라 사람들이 죽는 것을 '돌아가신다'고 표현하는 것은 이 때문이다. 본래의 모습으로 돌아가는 것은 고향으로 가는 것이다. 그것은 기쁜 일이다. 이 세상의 삶을 마무리하는 일은 기쁜 일이기 때문에 그냥 훌쩍 가면 안 된다. 졸업식을 하고 가야 한다. 그래서 옛사람들은 선비가 죽는 것을 졸업식을 한다는 의미에서 '졸卒'이라 했다. 졸업식은 진지하고 즐겁게 맞이해야 한다. 옛 선비들이 죽음을 맞이할 때는 제자들이 모여서 졸업식을 한다. 제자들은 스승에게 "기분이 어떠하십니까?" 하고 묻고 스승은 "즐겁고 편안하다"고 답한다. 졸업식 때에 주고받는 아름다운 대화이다.

한마음을 회복한 사람은 일체의 고통에서 벗어난 사람이다. 그는 행복하기만 한 사람이다. 그러나 한마음을 회복한 사람에게 또다시 고통이 다가온다. 한마음을 회복한 사람은 남과 하나가 된 사람이다. 남과 하나가 된 사람은 남의 고통이 자기의 고통이 된다. 이제 그에게는 다른 사람의 고통을 해결해야 하는 숙제가 부과된다. 그의 삶은 다른 사람의 고통을 해결하는 것으로만 일관한다. 『중용』에서는 다음과 같이 말했다.

오직 세상에서 가장 성실한 사람만이 자기의 본성을 다 발휘할 수 있다. 자기의 본성을 다 발휘할 수 있는 사람은 남의 본성도 다 발휘할 수 있다. 남의 본성을 다 발휘할 수 있는 사람은 만물의 본성도 다 발휘할 수 있다. 만물의 본성을 다 발휘할 수 있는 사람은 만물을 낳고 기르는 천지의 일을 도울 수 있다. 만물을 낳고 기르는 천지의 일을 도울 수 있는 사람은 천지의 일에 참여하여 천지와 하나가 된다.

唯天下至誠 爲能盡其性 能盡其性 則能盡人之性 能盡人之性 則能盡物之性 能盡物之性 則可以贊天地之化育 可以贊天地之化育 則可以與天地參矣(『中庸』 제22장)

지극한 정성으로 하느님의 지시를 따르는 사람은 자기의 본성대로 살 수 있다. 자기의 본성대로 사는 사람은 다른 사람과도 하나가 되고, 만물과도 하나가 되며, 천지와도 하나가 된다. 천지가 만물을 살리는 방식은 직접 말하는 것이 아니라, 느낌으로 전할 뿐이다. 그러므로 욕심에 가려 느낌으로 전달되지 않는 사람에게는 천지가 할 수 있는 것이 없다. 그러나 한마음을 회복한 사람은 다르다. 그는 천지의 마음과 하나가 되어 있으면서도 말로 지시할 수도 있고 행동으로 보여줄 수도 있다. 그래서 그는 만물을 살리는 천지의 일을 대신할 수 있다. 그는 천지를 대신해서 천지의 일을 도울 수 있다. 천지의 일을 돕는 사람은 천지와 하나가 된 사람이다.

　한마음을 회복한 사람은 완성된 사람이다. 그는 완전한 행복을 얻은 사람이다. 그에게는 자기를 위해서 해야 할 일이 더는 남아 있지 않다. 그에게는 오직 남을 구제하는 일만이 남아 있다. 그는 행복한 사람이지만 슬픈 사람이다. 그는 행복하기에 미소가 입가에서 떠나지 않지만, 불행한 사람을 바라보는 그의 눈은 슬프다. 부처님의 얼굴이 그런 얼굴이다.

02
자기를 완성하고 타인을 완성하다

사람에게 가장 중요한 일은 자기를 완성하는 일이다. 자기를 완성하지 못한 사람이 타인을 위하는 것은 바람직하지 않다. 오직 자기를 완성하는 일에 전력투구해야 한다. 그러나 자기를 완성하고 나면 문제가 달라진다. 자기를 완성한 사람은 자기를 위해서는 할 일이 없다. 오직 타인을 위하는 일이 남아 있을 뿐이다. 공자는 제자인 자로와의 문답에서 다음과 같이 설명한 적이 있다.

자로가 군자에 대해서 물었을 때 공자가 답했다. "경건함을 유지하여 자기를 완성하는 것이다."
"그것뿐입니까?"
"자기를 완성해서 다른 사람을 구원하는 것이다."
"그것뿐입니까?"

"자기를 완성해서 모든 백성을 구원하는 것이다. 자기를 완성해서 모든 백성을 구원하는 일은 요순도 제대로 못 해서 걱정했다."

子路問君子 子曰 修己以敬 曰如斯而已乎 曰修己以安人 曰如斯而已乎 曰修己以安百姓 修己以安百姓 堯舜 其猶病諸(『論語』「憲問篇」)

사람이 가장 먼저 해야 할 것은 자기를 완성하는 것이다. 그러나 자로는 그것을 몰랐다. 자로는 나라를 부강하게 하는 것을 가장 중요하게 여겼다. 자로는 자기 개인 하나를 완성하는 것을 사소하게 여겼다. 그래서 자로는 "그것뿐입니까?" 하고 반문한 것이다. 사실 자기를 완성하는 것보다 더 중요한 것은 없다. 자기가 완성되지 않은 사람이 남을 위한다고 나서는 것은 잘못이다. 성공할 수 없을 뿐 아니라 오히려 탈이 난다.

자기를 완성한 사람이라야 남의 문제를 해결할 수 있다. 사람의 일 중에 중요한 것은 두 가지뿐이다. 첫째는 자기를 완성하는 일이고, 둘째는 남을 완성하는 일이다. 자기를 완성하고 남을 구원하는 것보다 더 중요한 것이 없고 더 어려운 것이 없다. 공자는 남을 구원하기 위해 교육을 했고 정치를 했다.

교육

공자는 학문을 통해서 진리를 회복했으므로 다른 사람들을 구원하는 방법도 학문이었다. 다른 사람에게 학문을 하도록 유도하는 것이 교육이다. 공자가 세상에 등장한 것은 인류의 스승으로서였다.

① 교육의 대상

진리를 얻어 행복해져야 하는 사람은 따로 있지 않다. 모든 사람이 예외 없이 진리를 얻어야 하고 행복해야 한다. 『대학』에서는 이를 다음과 같이 선언했다.

천자에서부터 서인에 이르기까지 하나같이 이 모두가 수신을 근본으로 삼아야 한다.

自天子以至於庶人壹是皆以修身爲本(『大學』 경 1장)

학문의 목적은 한마음을 회복하는 데 있다. 한마음을 회복하는 것이 진리를 얻는 것이다. 진리를 얻지 않아도 되는 사람은 없다. 공자는 가르침에 차별을 두지 않았다.

가르침만 있을 뿐, 차별함은 없다.

有敎無類(『論語』 「衛靈公篇」)

공자는 희망하는 모든 사람을 가르쳤으나 무료로 가르치지는 않았다. 약간의 수업료를 받았다. 무료로 가르칠 때 학생들의 성의가 부족해지는 것을 막기 위함이기도 하고, 학교의 유지비도 필요했기 때문이다. 공자가 받은 수업료를 '속수'라 한다.

속수 이상을 행한 자는 내 일찍이 가르쳐주지 않은 적이 없다.

自行束脩以上 吾未嘗無誨焉(『論語』 「述而篇」)

312

속수는 말린 육포 한 묶음이다. 공자는 모든 학생들에게 똑같은 수업료를 받은 것은 아니었다. 속수란 가장 적은 수업료였다. 형편에 따라 그보다 많은 수업료를 낼 수도 있다. 그것은 학생의 자율에 맡겼다.

② 교육의 내용

교육 내용은 문학, 사학, 철학을 두루 포함하는 것이었고, 교재는 주로 오경이었다. 오늘날 유학의 중심 서적을 사서오경이라 하지만, 공자 당시에는 사서가 없었다. 사서는 공자 사후에 만들어진 것이다. 『시경』이 문학에 해당한다면, 『서경』과 『춘추』는 역사에 해당하고, 『주역』과 『예기』는 철학에 해당한다. 그렇지만 문학과 사학과 철학이 동떨어져 있는 것은 아니다. 서로 연결되어 있고 융합되어 있다. 오경 모두가 철학서이기도 하고, 문학서이기도 하며, 역사서이기도 하다.

③ 교육의 방법

공자의 가르침은 학생들을 분발시키는 데서부터 시작했다. 배움의 의지가 없는 학생을 가르치는 것은 의미가 없다. 공자는 학생에게 먼저 의지가 있는지 확인했다. 공자는 학생들로 하여금 먼저 배움의 목적을 말로 선언하게 한 뒤에 그 말에 따를 것을 강조했다.

자공이 군자에 대해서 묻자 공자께서 말씀하셨다. "먼저 그 말을 행하고, 그 뒤 그 말을 따른다."
子貢問君子 子曰先行其言 而後從之(『論語』「爲政篇」)

배움의 목적은 진리를 얻고 한마음을 회복하는 데 있다. 학생들이 배움의 목적을 분명하게 선언했더라도 분발하지 않으면 진리에 도달할 수 없다. 진리에 도달하는 것은 자기 자신이다. 남이 진리에 도달하게 해줄 수는 없다.

함께 배울 수는 있어도 함께 도에 나아갈 수는 없으며, 함께 도에 나아갈 수는 있어도 함께 설 수는 없으며, 함께 설 수는 있어도 함께 권權을 행할 수는 없다.
可與共學 未可與適道 可與適道 未可與立 可與立 未可與權(『論語』「子罕篇」)

진리를 얻는 것은 '권'을 행할 수 있는 데까지 가야 완성된다. 진리는 한마음을 회복하는 것이다. 한마음을 회복하여 하늘 마음으로 가득해진 사람은 예를 지킬 필요가 없다. 그냥 마음이 내키는 대로 하면 된다. 그런 사람의 삶의 방식이 권이다. 권은 저울질하는 것을 말한다. 저울질할 때는 다는 물건의 무게에 따라 저울추를 옮긴다. 저울추의 위치는 고정되어 있지 않다. 무게에 따라 자유자재로 움직일 수 있다. 하늘 마음으로 사는 사람의 삶도 그렇다. 그의 삶의 방식은 고정된 것이 아니라 상황에 따라 자유자재로 달라진다. 그는 예를 실천하는 것이 아니라 내키는 대로 할 뿐이다. 그런 삶의 방식을 공자는 권이라 했다.

권을 실천하는 단계는 학문이 완성된 단계이다. 그것은 욕심이 제로가 될 때 다가온다. 욕심을 제로로 만드는 것은 남이 해줄 수 있는 것이 아니다. 오직 본인만이 가능하다.

진리에까지 도달하는 데는 시간이 걸린다. 많은 인내력도 필요하다. 그러므로 분발하지 않는 사람은 도달하기 어렵다.

분발하지 아니하면 열어주지 아니하며, 애태우지 아니하면 말해주지 아니하며, 한 모퉁이를 들 때 세 모퉁이로써 돌아오지 아니하면 다시 일러주지 아니한다.

不憤不啓 不悱不發 擧一隅 不以三隅反則不復也(『論語』 「述而篇」)

공자는 분발하는 학생만 가르쳤다. 분발하지 않는 학생을 가르치는 건 교육 효과가 없다. 훌륭한 교사는 언제나 학생과 한마음이 된다. 분발하지 않는 학생을 억지로 가르치는 사람은 학생과 한마음이 되지 않은 사람이다. 공자가 분발하지 않는 학생을 방치한 건 아니다. 진리에 도달하는 것보다 더 좋은 것은 없기에 분발하지 않는 학생을 보면 안타깝다. 공자의 안타까움은 분노가 되어 폭발할 때도 있었다.

재여가 낮잠을 자니까 공자께서 말씀하셨다. "썩은 나무에는 조각할 수 없고, 똥거름 흙을 쌓아 만든 담장은 흙손질할 수가 없다. 재여에게 무엇을 꾸짖겠는가!" 공자께서 말씀하셨다. "처음에 나는 사람을 대할 때, 그의 말을 듣고 그의 행실을 믿었다. 그러나 지금은 사람을 대할 때, 그의 말을 듣고 그의 행실을 살피게 되었다. 재여 때문에 그 방법을 바꾸었다."

宰予晝寢 子曰 朽木不可雕也 糞土之墻不可朽也 於予與 何誅 子曰始吾

於人也 聽其言而信其行 今吾於人也 聽其言而觀其行 於予與 改是(『論
語』「公冶長篇」)

애당초 의욕이 없는 사람을 진리로 인도하기란 어렵다. 공자는 그
런 사람에게 무리하게 강요하지는 않았다. 그러나 의욕이 있고 능력
이 있는데도 게으름을 피우는 제자가 있다면 그냥 두지 않았다. 진
리로 향하도록 무섭게 몰아세웠다.

④ 교사의 자세

교육은 한마음을 회복한 사람이 그렇지 못한 사람을 깨우치는 것
이다. 그러므로 한마음을 터득하지 못한 사람은 교육자로서 자격이
없다. 한마음을 가진 사람은 사람을 대할 때 남으로 대하지 않는다.
특히 제자에게는 더욱 그렇다. 공자는 제자를 자녀와 똑같이 생각
했기 때문에 제자를 부를 때 언제나 이름을 불렀다. 진항陳亢이라는
제자는 공자가 자기 아들에게 더 많은 것을 은밀하게 가르쳤을 것으
로 생각하고 확인한 일이 있었다. 그러나 공자에게는 그런 것이 없었
다. 제자와 자녀의 차이가 없었다.

정치

세상 사람들에게 진리를 얻도록 인도하는 직접적인 방법은 교육
이지만, 교육을 널리 확산하여 큰 효과를 얻을 수 있는 것은 역시
정치이다. 그 때문에 공자는 정치에 많은 관심을 두었다.

그렇다면 정치의 내용은 무엇일까?

① 바로잡는 것

　정치는 바로잡는 것이다. 잘못된 사람을 바른 사람으로 만드는 것이고, 잘못된 세상을 바른 세상으로 만드는 것이다. 세상을 구성하는 요소는 국가이고, 국가를 구성하는 요소는 가정이며, 가정을 구성하는 요소는 가족이다. 그러므로 세상을 바로잡기 위해서는 먼저 국가를 바로잡아야 하고, 국가를 바로잡기 위해서는 먼저 가정을 바로잡아야 하며, 가정을 바로잡기 위해서는 먼저 자기를 바로잡아야 한다. 잘못된 사람이 남을 바르게 할 수는 없다. 바르게 된 사람만이 남을 바르게 할 수 있고, 가정을 바르게 할 수 있으며, 국가를 바르게 할 수 있고, 세상을 바르게 할 수 있다. 그러므로 정치의 출발점은 수신이다. 수신과 정치가 별개의 것이 아니다. 수신이 되지 않은 사람이 정치에 참여하는 것은 앞뒤가 맞지 않는다. 어떤 사람이 공자에게 정치에 참여하도록 권유했을 때, 그는 이 점을 강조했다.

　어떤 사람이 공자에게 말했다. "선생께서는 어찌하여 정치를 하지 않으십니까?" 공자께서 말씀하셨다. "『서경』에 '효로다. 오직 효하며 형제간에 우애하여 정사에 베푼다'고 하였으니 이 또한 정치를 하는 것이다. 어찌 그 정치한다는 것만을 일삼겠는가!"
　或謂孔子曰 子奚不爲政 子曰 書云孝乎惟孝 友于兄弟 施於有政 是亦爲政 奚其爲爲政(『論語』「爲政篇」)

　자기를 닦아서 자기를 바르게 하는 것이 정치의 시작이고, 사람을 가르쳐서 모든 사람들을 다 바르게 하는 것이 정치의 완성이다. 모든 사람이 다 바르게 되는 것은 참다운 사람이 되는 것이다.

제나라 경공이 공자에게 정치에 대해 묻자, 공자께서 대답하셨다. "임금은 임금답고, 신하는 신하다우며, 아버지는 아버지답고, 아들은 아들답게 되는 것입니다."

齊景公問政於孔子 孔子對曰君君臣臣父父子子(『論語』「顏淵篇」)

공자의 이 말에는 임금과 신하, 아버지와 아들만이 해당하는 것이 아니다. 모든 사람이 해당한다. 남편은 남편답고, 부인은 부인다우며, 선생은 선생답고, 학생은 학생다우며, 사장은 사장답고, 사원은 사원다우며, 노인은 노인답고, 젊은이는 젊은이다우며, 선배는 선배답고, 후배는 후배다우며, 주인은 주인답고, 손님은 손님다우며, 친구는 친구답게 되는 것이다. 모든 사람이 바르게 되어 각각의 자리에서 각각의 역할을 제대로 할 때 정치는 완성된다. 이와 같은 정치사상을 공자의 '정명사상正名思想'이라 한다.

② 정명사상
모든 사람이 각각의 위치에서 각각의 역할을 할 수 있도록 하는 데는 시간이 걸린다. 사회가 혼란할수록 사람들은 오랜 시간이 걸리는 것을 참지 못한다. 오랜 시간이 걸리는 것은 바른 해답이 아니라고 생각하는 사람도 있다. 공자의 제자인 자로도 그랬다.

자로가 말했다. "위나라의 임금이 선생님을 모시고 정치를 한다면, 선생님께서는 앞으로 무엇을 먼저 하실 것입니까?" 공자께서 말씀하셨다. "반드시 이름에 걸맞도록 바로잡겠다." 자로가 말했다. "어찌 그런 것을 하십니까? 선생님께서는 우둔하십니다. 이름에 걸맞도록 바로잡는다는 게 무어란 말입니까?" 공자께서 말씀하셨다. "거칠구나! 유는. 군자는 자기가 모르는 것은 말하지 않는다. 이름에 걸맞지 못하면 말이 순조롭지 못하고, 말이 순조롭지 못하면 일이 이루어지지 않으며, 일이 이루어지지 않으면 예악이 무너지고, 예악이 무너지면 형벌이 정확하게 시행되지 않으며, 형벌이 정확하게 시행되지 않으면 백성들이 손발을 둘 곳이 없어진다. 그러므로 군자가 이름을 붙이면 반드시 이름에 걸맞게 말할 수 있으며, 말을 하면 반드시 행할 수 있는 것이다. 군자는 말을 함에 구차한 것이 없어야 한다."

子路曰衛君待子而爲政 子將奚先 子曰必也正名乎 子路曰有是哉 子之迂也 奚其正 子曰野哉由也 君子於其所不知 蓋闕如也 名不正則言不順 言不順則事不成 事不成則禮樂不興 禮樂不興則刑罰不中 刑罰不中則民無所措手足 故君子名之 必可言也 言之 必可行也 君子於其言 無所苟而已矣(『論語』「子路篇」)

자로가 생각하기에 춘추시대는 너무나 혼란한 시대였다. 시대가 혼란할수록 그 혼란을 해결할 수 있는 빠른 해결책이 필요하다고 자로는 생각했다. 그런 자로에게 공자의 대답은 귀에 들어오지 않았다. 그 시대를 살아가는 모든 사람으로 하여금 각각의 역할을 제대로 하도록 하는 것은 실현 가능성이 없다고 생각했다. 그러나 근본이 바르지 않으면서 지엽이 제대로 될 수는 없다. 지엽을 바로잡는 일은 근본을 해결하는 데서부터 시작하지 않으면 안 된다. 물론 응급처방은 해야 할 것이다. 그러나 응급처방은 어디까지나 응급처방으로 끝나야 한다. 응급처방을 제대로 된 처방으로 생각하면 안 된다. 응급처방을 한 뒤에는 바로 근본적인 처방을 시작해야 한다. 세상의 혼란을 막는 근본 처방은 사람들을 바르게 되도록 하는 것이다. 사람들을 바르게 되도록 하는 것은 사람들의 마음을 바르게 하는 것이다. 말은 마음에서 나온다. 마음이 바르지 않으면 말이 순조롭지 않고, 말이 순조롭지 않으면 일이 제대로 되지 않는다. 일이 제대로 되지 않으면 예악과 형벌이 모두 어긋난다. 예악과 형벌이 어긋나면 사람들이 제대로 행동할 수 없는 사회가 된다. 근본이 잘못되고서 일이 제대로 되는 경우는 결코 없다. 공자는 성급한 자로에게 근본의 중요성을 더욱 강조했다.

급하다고 해서 바른 답을 놓아두고 성급한 방법을 선택하면 우선은 문제가 해결된다 하더라도 근본적으로 해결된 것이 아니다. 시간이 흐르면 더 큰 문제가 되어 되돌아온다. 그러므로 공자는 아무리 급해도 근본적인 해답을 제시하지 않을 수 없었다.

모든 사람이 각각의 역할을 하여 온 사회가 이상적인 상태가 된 것이 지상천국이다. 정치의 목적은 지상천국을 건설하는 데 있다.

③ 이상 사회의 건설
공자가 말하는 정치의 목적은 지상천국을 건설하는 데 있었다. 공

자가 말하는 지상천국은 대동사회이다. 대동사회는 요순시대와 문왕과 무왕 때에 이루어졌다. 춘추시대에 살고 있었던 공자는 정치의 목적을 요순시대에서 찾을 것까지도 없었다. 문왕과 무왕 때의 주나라에서 해답을 찾으면 되었다.

> 공산불요公山弗擾가 비읍을 가지고 반란을 일으키고 공자를 부르니 공자께서 가려고 하셨다. 자로가 기뻐하지 아니하며 말하기를, "가실 곳이 없으면 그만이지, 하필 공산씨에게 가려 하십니까?" 공자께서 말씀하셨다. "나를 부르는 자는 어찌 하릴없이 그러겠느냐? 나를 써주는 자가 있다면 나는 동쪽의 주나라를 만들 수 있을 것이다."
>
> 公山弗擾以費畔 召 子欲往 子路不說曰末之也已 何必公山氏之之也 子曰夫召我者而豈徒哉 如有用我者 吾其爲東周乎(『論語』「陽貨篇」)

공자의 고국인 노나라는 문왕과 무왕이 살았던 서주의 동쪽에 자리 잡고 있었다. 공자는 우선 노나라를 이상적인 나라로 만들어야 했다. 그럴 기회를 보던 중에 공산불요에게서 초청이 왔다. 공자는 만나고 싶었다. 공산불요와 힘을 합해서 노나라를 이상 국가로 만들 수도 있다고 생각했기 때문이다. 그러한 공자를 자로는 못마땅하게 생각했다. 공산불요는 비읍이라는 곳을 근거지로 해서 반란을 일으킨 사람이었기 때문이다. 자로는 반란을 일으킨 사람은 다 나쁜 사람이라는 고정관념을 가지고 있었다. 그러나 공자에게는 그런 고정관념이 없었다. 반란을 일으킨 사람이 어떤 마음으로 일으켰느냐를 따져봐야 한다. 태갑太甲을 추방한 이윤伊尹의 마음으로 일으킨 것이라면 용납할 수도 있다. 가서 만나보기 전에 미리 단정하는 것은 옳은 일이 아니다.

정치는 바로잡는 것이기 때문에 바른 사람이 나서지 않으면 정치는 불가능하다. 이 때문에 정치가의 자격을 논하지 않을 수 없다.

공자는 계강자季康子라는 노나라의 실권자가 정치에 대해서 물었을 때 다음과 같이 대답했다.

정치는 바르게 하는 것입니다. 당신이 바르게 통솔한다면 누가 감히 바르게 하지 않겠습니까?

政者正也 子帥以正 孰敢不正(『論語』「顏淵篇」)

바른 사람은 덕을 가진 사람이다. 바른 사람이 덕으로 정치를 하면 모두가 한마음이 된다.

공자께서 말씀하셨다. "정치하기를 덕으로써 하면, 비유하자면 북극성이 제자리에 머물러 있어도 모든 별이 그에게로 향하는 것과 같다."

子曰 爲政以德 譬如北辰居其所而衆星共之(『論語』「爲政篇」)

밤하늘의 별을 보면 북극성은 언제나 제자리에 있고, 다른 별들은 북극성을 가운데 두고 원을 그리며 돈다. 덕 있는 사람이 정치를 해도 그렇다. 덕 있는 사람은 한마음을 가진 사람이다. 덕 있는 사람은 남을 나처럼 아끼고 사랑한다. 한마음은 부모의 마음이다. 부모는 자녀를 남으로 여기지 않는다. 덕이 있는 사람은 모든 사람에게 부모의 마음으로 대한다. 덕이 있는 사람이 정치를 하면 국민들은 자녀가 부모를 따르는 것처럼 그를 따른다.

자녀는 객지에 나가 있어도 마음은 언제나 고향에 계신 부모님께가 있다. 날씨가 추워지면 부모님이 감기 걸렸을까 걱정한다. 돈을 벌어도 부모님께 가져다 드리고 싶어진다. 덕이 있는 사람이 정치를 해도 그렇게 된다. 국민의 마음은 언제나 임금님에게로 향한다. 국가에 세금을 낼 때는 부모님께 용돈을 드린 것처럼 신이 난다.

부모는 자녀를 위해 모든 것을 희생한다. 부모의 일생은 자녀를 위한 희생으로 일관한다. 임금도 그렇다. 임금이란 백성을 위해 희생하는 사람이다. 자기를 위한 것은 하나도 없다. 오로지 희생하는 것만이 임금의 역할이다.

덕이 있는 사람이 정치를 하면 온 국민이 한마음이 된다. 온 국민이 한마음이 되면 이상 사회가 실현된다. 정치의 목적은 바로 이상 사회를 건설하는 것이다.

자기를 완성시킨 사람의 정치 방법을 『중용』에서는 다음과 같이 아홉 가지로 나누어 설명한 바 있다.

천하 국가를 다스리는 데 아홉 가지 원칙이 있다. 자기를 완성하는 것, 정치의 목적을 확실하게 세우는 것, 집안을 평화롭게 하는 것, 대신을 공경하는 것, 군소 신하들을 자기 몸처럼 아끼는 것, 서민을 자녀를 사랑하듯 사랑하는 것, 과학기술자를 환영하는 것, 소외된 사람들을 위로하는 것, 외교를 잘해서 이웃 나라와 돈독해지는 것이다.

凡爲天下國家有九經 曰修身也 尊賢也 親親也 敬大臣也 體群臣也 子庶民也 來百工也 柔遠人也 懷諸侯也(『中庸』제20장)

정치의 기본 전제 조건은 완성된 자가 나서는 것이다. 완성되지 않은 사람이 남을 완성시킬 수는 없다. 완성된 사람이 나타나 세상을 완성시키기 위해 제일 먼저 해야 할 일은 정치의 목적을 확실하게 세우는 것이다. 정치의 목적은 사람들로 하여금 진리를 회복하도록 유도하는 것이다. 정치의 목적을 이론적으로 설명하는 것보다 더 확실하고 구체적인 것은 진리를 회복한 사람을 드러내 높이는 것이다. 사람들이 바르게 되는 제일 빠른 방법은 바른 사람을 보고 따르는 것이다. 그래서 『중용』에서는 정치의 목적을 설명하며 존현尊賢이라 했다.

정치의 목표가 세워진 뒤에는 집안을 평화롭게 해야 한다. 가장 가까운 사람이 가족이다. 가족이 분란을 일으키면 정치가 흔들린다. 가족끼리 한마음을 유지하여 화합하는 것이 정치의 성공 여부에 중요한 관건이 된다. 완성된 사람이 나와서 정치의 목표를 세우고, 가족끼리 화합하게 된 뒤에 추진해야 할 중요한 일이 사람을 등용하는 일이다. 국무총리와 각부 장관을 제대로 임명하기만 하면 정치는 순조롭다. 국무총리와 각부 장관을 임명하는 것은 부하를 임명하는 것이 아니다. 총리와 각부 장관은 각각의 분야에서 일인자들이다. 그 분야에서는 임금의 스승이고 대통령의 스승이다. 총리와 각부 장관을 임명하는 것은 스승을 모시는 것이다. 각 분야의 훌륭한 스승을 모시기만 하면 대통령은 할 일이 없다. 경제 문제가 생기면 경제 장관이 나서고, 교육 문제가 생기면 교육 장관이 나서면 된다. 대통령은 할 일이 없어야 한다. 낮잠을 자고 산책을 해도 된다. 가끔 외국에서 오는 손님을 맞기만 하면 된다. 이처럼 할 일이 없는 정치가 최고이다. 공자는 그런 정치를 순임금에게서 찾았다.

하는 일이 없이 잘 다스린 사람은 순임금이시다. 무엇을 했는가! 공손한 몸차림으로 똑바로 남쪽으로 향해 있기만 했을 뿐이다.
無爲而治者 其舜也與 夫何爲哉 恭己正南面而已矣(『論語』 「衛靈公篇」)

총리와 각부 장관들을 일인자들로 모신 다음에는 차관 이하의 공무원들을 자기의 몸처럼 아끼는 것이다. 실질적인 공무를 처리하는 것은 그들이다. 그들이 게을리하면 나랏일이 원만하게 움직이지 않는다. 그들을 내 몸처럼 아끼고 사랑하면 그들은 나랏일을 자기의 일로 여기고 최선을 다할 것이다.

다음으로 챙겨야 할 것은 서민들이다. 서민들을 챙기는 것이 여섯 번째로 설명되어 있다고 해서 서민들 챙기는 것이 여섯 번째인 것은 아니다. 서민을 챙기는 것이 첫 번째이다. 서민을 챙기기까지의 다섯 가지는 서민을 챙기기 위한 준비 과정이다. 시민을 챙기는 것 중에 가장 중요한 것은 서민에 대한 마음가짐이다. 서민을 대하는 마음이 자녀를 대하는 마음과 똑같아야 한다. 서민을 자녀처럼 대하면 서민들은 임금을 부모처럼 대한다. 맹자가 임금을 백성의 부모라고 한 까닭은 임금이 백성들을 자녀처럼 보살피기 때문이다.

서민과 한마음이 된 다음에 생각해야 할 것이 나라를 부유하게 만드는 것이다. 마음과 몸 중에서 마음이 몸보다 더 중요하다. 몸은 부자가 되어 있어도 마음이 황폐해지면 행복하지 않다. 가장 좋은 것은 마음이 행복하면서 몸도 넉넉하게 사는 것이다. 온 국민들과 한마음이 되어 정신적으로 행복해진 뒤에 경제를 챙겨서 부유한 나라로 만드는 것이 순리이다. 부유한 나라로 만들기 위해서는 뛰어난 과학기술자와 우수한 경영인을 우대해야 한다. 그들이 나라로 몰려오면 나라는 부유해지지만, 그들이 다른 나라로 빠져나가면 나라는 가난해진다.

나라가 어느 정도 부유해져서 안정되면 바로 소외된 사람들을 찾아서 위로해야 한다. 그간 우리들에게는 소외되었던 사람들이 많다. 먼 타국에 가서 사는 교민들이나 변방에서 고생하며 사는 사람들은 오랫동안 소외되었다. 그들을 찾아 따뜻하게 위로하고 보살피는 것은 사랑이 확산되는 과정이다.

나라의 정치가 안정된 뒤에 마지막으로 챙겨야 할 것이 다른 나라와의 외교다. 사람은 혼자서 살 수 없다. 남과 어울려야 살 수 있다. 국가도 그렇다. 외국과 고립된 채로 살 수 있는 나라는 없다. 외교를 잘해서 외국과 통해야 한다. 외국을 경쟁의 대상으로 생각할 것이 아니다. 사랑을 실천해야 할 장소로 생각하는 것이 바람직하다. 우리나라를 잘 다스려 지상천국을 만든 뒤에는 외국으로 확산시켜야 한다. 지상천국이 외국으로 확산되어서 온 천하가 지상천국이 되는 것이 세계 평화이다.

경제와 경영

인류 사회가 산업사회로 바뀌면서 국가 경제와 기업 경영이 교육이나 정치 못지않게 중요해졌다. 경제의 중요성은 예로부터 중시되지 않은 적이 없었지만, 오늘날 더욱 중시되고 있다.

경제經濟란 '경세제민經世濟民'에서 따온 말이고, 경영經營이란 『시경』 「대아大雅」 문왕지십文王之什 영대편靈臺篇에 나오는 '경지영지經之營之'에서 따온 말이다. 맹자는 생계를 유지할 수 있는 일정한 소유 재산의 중요성을 다음과 같이 말한 적이 있다.

일정한 고정재산이 없어도 마음이 흔들리지 않는 사람은 선비뿐이다. 일반 국민들은 일정한 고정재산이 없으면 마음이 흔들린다. 마음이 흔들리면 방자하고 편벽되고 비뚤어지고 지나친 일을 못할 것이 없다. 그러다가 죄를 지었을 때 잡아다 벌을 준다면 그것은 국민들을 잡아들이기 위해 그물을 치는 것이다. 어진 사람이 정치를 하면서 국민을 그물질한다면 좋은 정치를 할 수 없다. 그러므로 현명한 임금은 국민들로 하여금 축적된 재산으로 부모를 섬길 수 있게 하고, 처자를 양육할 수 있게 한다. 풍년이 들 때는 일 년 내내 배부르게 먹을 수 있게 되고, 흉년이 들어도 굶어 죽지 않게 된 뒤에 착한 사람이 되도록 유도하므로 국민들이 따르기가 쉽다. 지금 임금은 국민들에게 축적된 재산이 없어서 부모를 섬길 수도 없고, 처자를 양육할 수도 없게 만든다. 풍년이 들어도 일 년

내내 고달프고, 흉년이 들면 굶어 죽을 수밖에 없으니, 국민들은 목숨을 부지하기도 어려운데, 어느 겨를에 예의를 차리겠는가!

無恒産而有恒心者 惟士爲能 若民則無恒産 因無恒心 苟無恒心 放辟邪侈 無不爲已 及陷於罪然後 從而刑之 是罔民也 焉有仁人在位 罔民而可爲也 是故明君制民之産 必使仰足以事父母 俯足以畜妻子 樂歲終身飽 凶年免於死亡然後 驅而之善 故民之從之也輕 今也制民之産 仰不足以事父母 俯不足以畜妻子 樂歲終身苦 凶年不免於死亡 此惟救死而恐不贍 奚暇治禮義哉(『孟子』「梁惠王章句」上)

사람들은 먹고살 수 있을 정도의 고정재산이 없으면 마음이 불안하여 한마음을 챙길 여유가 없다. 먹고살 길이 없는 국민들에게 한마음을 챙기도록 유도하는 것은 애당초 말도 안 되는 일이다.

먹고사는 조건을 갖추는 것은 무엇보다도 먼저 해야 할 기본 중의 기본이다. 그러나 사람은 먹고사는 것만이 능사가 아니다. 먹고살기만 한다면 인간이 아니다. 사람은 마땅히 한마음을 회복하여 참된 삶을 살아야 하고 행복한 삶을 살아야 한다. 사람으로 하여금 먹고살 수 있게 만드는 것은 인간다운 삶을 살 수 있도록 유도하기 위한 조건을 갖추는 것일 뿐이다. 맹자는 그 점을 놓치지 않고 지적한다.

산 사람을 봉양하고 죽은 사람을 장사지내는 데 유감이 없도록 하는 것이 왕도의 시작이다.

養生喪死無憾 王道之始也(『孟子』「梁惠王章句」上)

맹자는 세상을 구원하는 정치를 왕도정치로 설명한다. 세상을 구원하는 정치의 출발은 우선 사람들로 하여금 사람 노릇을 할 수 있을 정도의 기본 재산을 가지도록 하는 것이다. 그렇지만 재산을 축적하는 것이 삶의 목적이 되면 안 된다. 삶의 목적은 오직 하나뿐이다. 한마음을 회복하는 것 이외에는 어떤 것도 목적이 되면 안 된다. 경제정책의 목적도 그래야 하고 기업 경영의 목적도 그래야 한다.

① 이윤 추구가 기업 경영의 목적이 될 수는 없다

기업 경영의 목표를 이윤 추구라고 말하는 사람이 있지만, 그것은 잘못이다. 이윤 추구를 경영의 목적으로 삼고 있는 기업은 성공하지 못한다. 이는 비전문가의 소박한 판단으로도 금방 알 수 있다. 돈을 벌 목적으로 음식점을 개업한 사람과, 마땅한 음식점이 없어 불편을 느끼고 있는 사람들을 위해 음식점을 개업한 사람 중에 누가 성공할지는 금방 알 수 있다. 돈을 벌 목적으로 개업한 사람은 손님에게 좋지 못한 음식을 비싸게 팔 것이다. 그러나 사람들에게 좋은 음식을 제공하고 싶어서 개업한 사람은 좋은 음식을 싸게 제공할 것이다. 손님들이 어느 음식점으로 몰려갈지는 보지 않아도 안다.

돈은 필요하다. 먹고사는 데도 필요하고, 참된 인간이 되기 위해서도 필요하다. 먹고살기 위해 돈을 버는 사람은 참된 인간이 되는 기회를 놓친다. 참된 인간이 되지 못한 사람은 욕심에 갇혀 산다. 욕심에 갇혀 사는 사람은 욕심을 채우는 것이 삶의 목적이 된다. 욕심 채우는 것이 삶의 목적이 된 사람에게는 돈을 버는 것이 삶의 목적이 된다. 돈이 삶의 목적이 된 사람은 돈을 위해 삶을 희생한다. 그는 돈의 노예가 된다.

그러나 참된 사람이 되는 수단으로 돈을 버는 사람은 그렇지 않다. 먹고사는 데 필요한 돈을 남겨놓고는 나머지를 참된 인간이 되는 데 투입한다. 이럴 때 쓰이는 돈이 귀한 돈이다. 『대학』에서는 이두 경우를 다음과 같이 설명한다.

어진 사람은 재산을 참된 사람이 되기 위해 쓰지만, 어질지 못한
사람은 몸을 바쳐 재산을 모은다.
仁者以財發身 不仁者以身發財(『大學』 전 10장)

노예의 삶이 행복할 수는 없다. 돈의 노예가 된 사람은 불행의 늪에서 빠져나오기 어렵다. 돈이 불행의 늪이 된 셈이다. 돈의 노예가된 사람은 참된 사람이 될 수 없고, 행복한 사람이 될 수 없다. 참된사람은 행복한 사람이다. 그는 욕심의 늪에서 빠져나온 사람이다. 그가 사는 곳이 천국이다. 돈이 목적이 되어 불행의 늪에 빠진 사람은 천국에 가기 어렵다. 앞서 살펴본 바 있듯이 예수는 다음과 같이말했다.

내가 진정으로 너희에게 말한다. 부자는 하늘 나라에 들어가기가
어렵다. 내가 다시 너희에게 말한다. 부자가 하나님의 나라에 들
어가는 것보다 낙타가 바늘귀로 지나가는 것이 더 쉽다.(마태복음
19장 23절~24절)

부자라고 해서 천국에 못 가는 것은 아니다. 그러나 부자 중에는 돈을 목적으로 삼는 사람이 많다. 돈을 가질수록 욕심이 생기고 욕심이 생길수록 더 많이 갖고 싶어지므로, 부자들 중에는 돈에 끌려 다니는 노예가 대부분이다. 그런 사람에게는 참된 사람이 되는 기회가 오지 않는다. 부자가 천국에 가기 어려운 것이 이 때문이다.

돈의 노예가 된 사람이라도 어느 날 자기의 불행을 뼈저리게 느끼기만 하면 그 돈을 참된 인간이 되는 데 쓸 수 있다. 그렇게 될 때 돈은 귀한 수단이 된다.

기업 경영의 목적도 마찬가지다. 이윤 추구를 기업 경영의 목적으로 삼는 기업은 성공할 수 없지만, 만약 성공한다 하더라도 번 돈을 귀하게 쓰지 못한다. 그렇게 되면 결국 돈은 사람을 불행의 늪으로 빠뜨리는 수단이 되고 만다.

② 기업 경영의 목적은 행복이어야 한다

사람의 목적은 하나여야 한다. 참된 사람이 되어 행복하게 사는 것이다. 행복하지 않아도 될 사람은 없다. 사람은 모두 행복해야 한다. 기업 경영의 목적도 예외가 아니다. 기업을 경영하여 번 돈이 사람을 행복하게 하는 데 쓰일 때 보람이 있다.

오늘날 사람들은 대부분이 욕심을 채우는 방향으로 달려가고 있다. 욕심은 자꾸 커지고 한마음은 자꾸 사라져 간다. 사람들은 경쟁적으로 불행을 향해 달려간다. 인성은 점점 파괴되고 세상은 각박해지지만 오늘날의 정치인들은 이를 해결하기 어렵다. 정치인들이 정치적으로 성공하기 위해서는 사람들에게 지지를 받아야 한다. 선거

철이 되면 정치인들은 사람들의 표를 얻기 위해 안간힘을 쓴다. 사람들의 표를 얻는 가장 빠른 방법은 사람들의 욕심을 채워주는 것이다. 정치인들은 국민에게 선심성 공약을 계속한다. 선심성 공약의 내용은 거의 사람들에게 욕심을 채워주는 것이다. 그 때문에 사람들은 선거철이 지나가기만 하면 욕심이 부쩍 커진다. 국민의 지지를 받아 당선된 사람도 임기가 고작 오 년이다. 아무리 훌륭한 사람이 나서더라도 오 년이란 짧은 기간에 사람들의 인성을 회복하게 하기는 어렵다.

인성 교육의 내용은 한마음을 회복하는 것이다. 한마음을 회복하는 것은 나무뿌리를 가꾸는 것과 같아서 상당한 시간이 흐른 뒤에 효과가 나타난다. 임기 중에는 효과를 보기 어렵다. 또 오늘날의 정치제도로는 참된 사람이 정치 지도자가 되기 어렵다. 세종대왕 같은 훌륭한 인물이 있어도 입후보하지 않을 것이고, 만약 입후보하더라도 선심성 공약을 하지 않을 것이므로 당선되기 힘들다. 이런 정치제도에서는 사람들을 행복의 길로 유도하기 어렵다.

이런 경우에 방법이 하나 있다. 기업주가 나서면 된다. 기업주는 평생 한자리에 있을 수 있다. 그가 사람들에게 참된 사람의 길을 제공하면 큰 효과를 볼 수 있다. 참된 사람을 양성하는 연수 프로그램을 개발하여 직원들을 교육하는 것도 좋은 방법이 된다.

오늘날 기업들은 치열하게 경쟁한다. 전력투구하여 경쟁해도 성공을 보장하기 어렵다. 그 때문에 사원들을 교육시킬 시간을 내기 어렵다고 변명할지도 모른다. 그러나 그렇지 않다. 과일나무를 재배하는 사람이 가장 빠른 이익을 내려면 뿌리를 제외한 잎과 가지와 열매만 가꾸면 된다. 그러나 그런 방법을 계속하면서 뿌리를 가꾸지 않는다면 몇 년 가지 않아서 뿌리가 망가져 완전히 망하고 마는 것이다. 기업 경영도 그렇다. 당장의 이익만을 추구한다면 사원들에게 인성 회복을 위한 교육을 할 필요가 없다. 사원들을 몰아세워서 생산 라인에 투입하는 것이 가장 효과적일 것이다. 그러나 사람들의 인성이 파괴되고 나면 어떤 방법도 통하지 않는 때가 온다. 그러므로 기업이 지속적으로 성장하기 위해서는 장기 계획을 세워서 사원들의 인성 회복을 위한 교육을 병행하지 않으면 안 된다. 인성 회복을 위한 교육을 병행하면 당장은 경쟁 회사보다 생산성이 더 떨어질 수 있지만, 시간이 흘러 경쟁 회사 사원들의 인성이 파괴되고 난 뒤에는 상황이 완전히 달라진다. 뿌리가 망가진 과일나무는 더는 손쓸 방법이 없지만, 뿌리가 튼튼해진 과일나무는 시간이 흐를수록 빛을 발한다. 앞으로의 기업 경영은 이 점을 주목해야 할 것이다.

③ 성공하는 기업 경영은 한마음 경영이다

오늘날 기업이 흔들리고 있다. 이런 현상은 한국에서만 일어난 현상이 아니라 세계적인 현상이다. 기업이 흔들리면 나라가 흔들린다. 기업인의 걱정은 말할 것도 없고, 정치인도 걱정하고 국민도 걱정한다. 따라서 많은 사람들이 성공적인 기업 경영 방식에 관심을 집중하게 되었다.

과거에는 기업 경영의 목적이 오로지 이윤 추구에만 있었다. 근세의 서양 사람들은 욕심을 채우는 것을 삶의 내용으로 보았고, 그 관점은 지구상 대부분의 사람들에게 확산되었다. 법의 테두리 안에서 이윤을 극대화하는 것이 기업 경영의 목표가 되었다. 이러한 기업 경영의 목표는 욕심을 채우는 것을 삶의 내용으로 알고 있을 때는 옳은 것으로 받아들여졌지만, 이제는 상황이 달라졌다.

욕심을 채우는 것이 참된 삶이 될 수는 없다. 참된 삶은 욕심을 버리고 한마음을 회복할 때만 찾아진다. 욕심을 채우는 삶은 잘못된 것이다. 잘못된 것을 전제로 하여 성립된 이론은 잘못일 수밖에 없다. 사람이 잘못된 이론으로 살면 문제가 생긴다. 오늘날 세계 곳곳에서 일어나는 문제는 과거의 문제들과는 성격이 다르다. 과거의 문제들은 법을 지키지 않아서 생기는 것이었지만, 오늘날에 일어나는 문제들은 잘못된 삶의 방식 때문에 생겨나는 부작용의 결과이다. 잘못된 삶의 방식은 이제 한계를 맞이하고 있다. 오늘날의 문제를 해결하는 근본적인 방법은 참된 삶으로 돌아가는 데 있다.

가을은 서서히 추워지는 계절이다. 자꾸 추워져서 겨울이 되었는데도 계속 추워지기만 하면 아무도 살 수 없는 세상이 되고 만다. 인류의 역사도 그렇다. 욕심만 채우는 삶은 남과 경쟁하는 삶이다. 남과 경쟁하는 삶을 살면 사람들의 마음이 차가워진다. 오늘날 사람들의 마음은 차가워지다 못해 얼어붙고 있다. 이렇게 계속 나아간다면 인류의 역사는 종말을 맞이할 것이다. 인류의 역사가 지속되기 위해서는 사람의 마음이 따뜻해지는 봄을 맞이해야 한다.

따뜻한 마음은 사랑하는 마음에서 나오고, 사랑하는 마음은 한마음에서 나온다. 마음이 따뜻해지는 역사의 봄이 되면 마음이 차가운 사람들은 역사의 무대 뒤로 물러나고, 마음이 따뜻한 사람들이 전면에 나올 것이다. 앞으로는 마음이 따뜻한 사람이 한마음 경영을 할 때 성공이 따를 것이다. 봄은 준비하는 사람의 것이다. 역사의 봄날을 되찾기 위해서는 한마음을 회복해야 한다.

　한마음을 회복한 사람이 나와서 따뜻한 교육을 하고, 따뜻한 정치를 하고, 따뜻한 경영을 하면 따뜻한 봄은 빨리 온다. 한마음으로 따뜻해진 세상이 이상적인 세상이고, 그런 세상이 지상천국이다.

03
지상천국의 건설

자기를 완성하고 타인을 구원하면 세상은 천국이 된다. 『대학』에서
는 이를 '지극히 좋은 세상을 건설하여 거기에 머물러 사는 것(止於
至善)'이라 했고, '이 세상을 평화롭게 하는 것(平天下)'이라 했다.

이상 세계를 건설하는 방법에는 두 가지가 있다. 하나는 점진적
방법이고 다른 하나는 즉각적 방법이다.

점진적 방법
이상 세계의 건설은 개인의 수양에서 출발한다. 수양하여 완전한
인간이 된 사람이 다른 사람을 인도하는 것이 정치이고 교육이며 경
영이다. 다른 사람을 인도하는 데는 순서가 있다. 먼저 가족부터 인
도한 뒤에 나라를 인도하고 나라를 인도한 뒤에는 세상을 인도한다.

가족을 인도하는 것은 가정 내에서 이루어진다. 부모에게 효도하

고 부부가 화합하며 형제와 우애를 나누도록 하여 온 가족으로 하여금 한마음을 유지하도록 하는 것이 가족을 유도하는 방법이다. 가정이 이상적인 가정으로 바뀐 뒤에는 저절로 나라를 바로잡는 길로 나아갈 수 있다. 부모에게 효도하는 마음으로 임금을 섬기고 자녀를 보호하는 마음으로 백성을 보호하면 나라는 잘 다스려진다. 나라가 다스려져 이상 국가가 되면 세계는 차츰 이상 세계로 바뀐다.

한 나라가 이상 국가가 되면 다른 나라들이 그 나라를 따른다. 공자가 설명하는 이상 세계의 모습은 대동大同이다. 대동의 내용은 다음과 같다.

큰 진리가 행해지면 모두가 세상의 주인이 된다. 어질고 유능한 자들이 나서서 사람들을 미덥게 만들고 화목하도록 유도한다. 사람들은 자기의 부모만을 부모로 여기지 않고, 자기의 자녀만을 자녀로 여기지 않는다. 모든 노인들은 삶을 잘 마감할 수 있고, 젊은 사람들은 다 일자리가 있으며, 어린이들은 모두 잘 자랄 수 있다. 홀아비와 과부와 고아와 자녀 없는 노인들, 그리고 폐질자들까지 모두 잘 봉양받을 수 있다. 남자들은 모두 어울리는 직분을 가지고 있고, 여자들은 모두 시집간다. 사람들은 돈이나 재물이 땅에 떨어져 버려지는 것을 싫어하지만, 주운 자가 갖는 일은 없다. 힘든 일은 자기가 먼저 나서서 하지만, 자기를 위해서 하는 것은 아니다. 불만을 가진 자들의 음모가 일어나지 않고, 남의 물건을 훔치는 자들과 사회를 어지럽히는 자들이 없다. 그래서 문을 밖으로 열어두고 닫지 않는다. 이러한 사회를 대동이라 한다.

大道之行也 天下爲公 選賢與能 講信修睦 故人不獨親其親 不獨子其子 使老有所終 壯有所用 幼有所長 矜寡孤獨廢疾者 皆有所養 男有分 女有 歸 貨惡其棄於地也 不必藏於己 力惡其不出於身也 不必爲己 是故 謀閉 而不興 盜竊亂賊而不作 故外戶而不閉 是謂大同(『禮記』「禮運篇」)

위의 내용은 지상에서 이루어진 천국의 모습을 설명한 것이다. 천 국에서는 모두가 하나이며, 모두가 세상의 주인이 되고 주인공이 된 다. 사람의 욕심으로 보면 장미꽃은 가치가 있지만, 오랑캐꽃은 가 치가 없다. 그러나 천국에서는 그렇지 않다. 장미꽃 백 송이를 합해 도 오랑캐꽃 한 송이의 아름다움을 흉내 낼 수 없다. 오랑캐꽃 하나 를 피우기 위해 태양이 계속 비추었고 지구가 쉬지 않고 돌았다. 비 가 오고 바람도 불었다. 소쩍새도 옆에서 울어주었다. 말하자면 전 우주가 동원되어 오랑캐꽃 한 송이를 피운 것이다. 오랑캐꽃 한 송 이는 우주의 주인공이다.

천국에서는 모든 사람이 다 같고 모든 존재가 다 주인공이다. 그 렇다고 해서 모습이 다 같고 능력이 다 같은 것은 아니다. 모습과 능 력은 사람마다 다르고 물체마다 다르다. 그러므로 그중에서 현명하 고 능력 있는 자가 나서서 사람들이 한마음을 가지도록 유도하고 서 로 사랑하고 화합하도록 가르친다. 그 결과 사람들은 자기 부모만 챙기지 않고 자기 자녀만 챙기지 않는다. 모두의 부모를 자기 부모처 럼 받들고, 모두의 자녀를 자기 자녀처럼 보살핀다. 그래서 노인들과 젊은이들과 어린이들, 그리고 외로운 이와 병든 이들까지 모두가 만

338

족스런 삶을 누릴 수 있다.

특히 천국에서는 노인들이 할 일을 다 마치고 죽는 것을 즐거운 일로 여긴다. 모두 하나로 여기고 사는 사람은 모두가 다 살기를 바란다. 모두가 다 사는 방식은 늙은 사람이 죽는 것이다. 그래서 늙어서 할 일을 마친 사람은 자기 몸이 죽기를 희망한다. 할 일을 다 마친 잎들이 곱게 물들었다가 떨어지는 것처럼 곱게 늙었다가 행복하게 죽는다.

천국에서 남자들은 각각 자기에게 알맞은 직업을 가지고 능력을 발휘한다. 경쟁 사회에서는 사람들이 직업을 선택할 때 쉽고 편하게 일할 수 있는 직업을 선택하기 위해 경쟁하기 때문에 힘 있는 자가 쉽고 편한 일을 한다. 하지만 천국에서는 다르다. 힘 있는 자가 스스로 힘든 일을 찾아서 하고, 힘없는 자는 그에 맞는 일을 한다. 모든 사람이 적재적소에 배치되어 일하므로 최고의 능률을 발휘하는 사회가 된다. 또한 천국에서는 모든 여자가 시집을 간다. 자연 상태에서는 남자가 여자를 고르지 않고 여자가 남자를 고른다. 경쟁 사회에서는 능력 있는 여자일수록 능력 있는 남자에게 시집을 가기 때문에 능력이 모자라는 여자는 능력이 모자라는 남자에게 시집을 가거나, 아니면 자존심이 상해 시집을 가지 않는다. 그러나 천국에서는 다르다. 여자들이 자기를 필요로 하는 남자에게 시집을 가기 때문에 모든 가정이 조화를 이룬다.

공자는 대동을 이상적인 사회로 삼았다. 대동은 지상에서 건설한 천국이다. 공자가 꿈꾼 이상 사회의 모델은 바로 요임금이 건설했던 대동이다.

지상에서 일어나는 사건의 최상의 해결책은 천국으로 유도하는 것이다. 그것은 천부인天符印이라는 도장을 찍으면 된다. 천부인은 하늘에 부합되는 도장이다. 도장은 일을 마무리할 때 찍는 것이다. 천부인을 찍는다는 것은 일을 마무리할 때 하늘의 논리로 푼다는 의미이다. 그 구체적인 방법은 『중용』 제6장에 나온다. 예를 들어 노사분규가 일어나 첨예하게 대립하는 사태가 벌어졌다고 하자. 공자는 순임금의 예를 들어 다음과 같은 해결책을 제시한다.

　　순임금은 크게 지혜로우신 분이다. 순임금은 묻기를 좋아하고, 하찮은 말을 살피기 좋아하시며, 악을 숨겨주고 선을 드러내시며, 극단적인 두 주장을 다 끌어안을 수 있는 조화점을 찾아서 백성들에게 제시하신다. 이런 점이 순임금이 되신 까닭이다.

舜其大知也與 舜好問而好察邇言 隱惡而揚善 執其兩端 用其中於民 斯以爲舜乎

　　노사분규가 일어나 노동자와 사용자가 첨예하게 대립할 때는 양측의 주장이 극단을 달린다. 회사를 경영하여 백억 원의 이익금이 생겼다고 하자. 노동자 측은 백억 원의 이익금은 자신들의 노동의 대가이기 때문에 노동자가 가져야 한다고 주장할 것이고, 사용자는 이미 노동자들에게 임금을 충분히 지불했기 때문에 더 줄 필요가 없다고 주장할 것이다. 대립이 첨예해질수록 노동자들은 사용자를 도둑으로 몰아세우고, 사용자는 노동자를 불한당으로 몰아세운다. 이럴 때 중재자가 가서 오십억 원씩 나누어 가지라고 하면 양측

340

이 모두 반대할 것이다. 노동자들은 자기들의 몫이 너무 적다고 할 것이고, 사용자들은 너무 많이 준다고 반대할 것이다. 이럴 때 순임금의 해결책은 다르다.

순임금은 노동자들을 찾아가서 이것저것 물어본다. 고향이 어디인지, 사는 곳은 어디인지, 어느 학교를 졸업했는지 등을 물어본다. 그 이유는 그들과 연결되는 공통점을 찾아내기 위해서이다. 그들의 고향이 대전이라고 대답하면 그것을 매개로 하나로 연결할 수 있는 공통점을 들어서 친근해진다. '나도 대전의 어느 지역에 살았었다', '거기에 살았을 때 여차여차한 추억이 있다' 등으로 이야기를 풀어가면서 서로 통하는 점들을 찾아낸다. 서로 연결되는 내용을 찾아내어 공감하다가 보면 대화가 오고 가는 가운데 서로 친근감을 느끼게 된다. 그리고 불쑥 내뱉는 사소한 말을 잘 살펴서 하나로 연결되는 점들을 찾는다. "우리야 하루하루 노동이나 하고 술이나 마시면서 살아가는 막돼먹은 놈들이라 당신 같은 고상한 사람과는 대화할 것이 없다"라고 하면서 말을 거칠게 내뱉는다면 그 말을 잘 살펴서 "나도 술을 좋아합니다. 같이 한잔하십시다" 하고 응대하면서 함께 소주잔을 기울이는 것도 필요하다. 그러면서 그들의 장점이나 능력과 기술을 칭찬하고 그들의 잘못된 점은 지적하지 않고 덮어둔다. 그렇게 하는 것이 쉽지는 않다. 한마음을 가진 사람만이 가능하다.

한마음을 가진 사람은 노동자를 만나면 그 노동자가 자기 아들처럼 보인다. 자기 아들의 나쁜 점을 들추어내고 좋은 점을 숨기는 사람은 없다. 좋은 점이 있으면 드러내 남들에게 자랑하고 나쁜 점은 숨긴다. 노동자를 대하는 순임금의 마음이 그렇다. 나쁜 점을 덮어주고 좋은 점들은 드러내 칭찬한다. 사람들은 좋은 점도 가지고 있고 나쁜 점도 가지고 있다. 사람들은 나쁜 점을 지적하고 꾸짖으면 반발하지만, 좋은 점을 칭찬해주면 좋아한다. 기분이 좋아지면 나쁜 점을 스스로 고친다.

사람들이 첨예하게 대립하여 투쟁하고 있을 때는 극도로 악해진다. 악한 사람일수록 자기의 악한 점을 보지 못하고, 상대를 나쁜 놈으로 몰아세운다. 노동자들에게 사용자는 나쁜 놈으로만 보였다. 그러나 순임금을 통해 착해지고 난 뒤에는 달라진다. 착한 사람에게는 다른 사람의 착한 점이 보인다. 순임금을 만나 착해진 노동자들에게 비로소 사용자의 좋은 점이 보인다. 사용자가 회사를 차렸기 때문에 임금을 받을 수 있었고, 그 때문에 가족들이 먹고살 수 있었다는 것도 알게 되어 사용자가 고맙다는 생각이 들기도 한다. 그렇게 되면 백억 원을 다 가지려 한 자신들이 부끄러워진다. 그렇게 되면 사용자에게 많이 드려야 한다는 생각을 한다. 순임금은 사용자를 만날 때도 노동자들에게 한 것처럼 한다. 그 결과 마음이 바뀐 사용자들은 노동자들을 고마워하게 된다. 그때 순임금은 상황을 잘 판단하여 가장 적절한 액수를 제시한다. 신규 투자를 해야 할 때는 그 비용을 빼놓고 나머지의 돈으로 나누어 가지도록 하고, 그럴 것이 없으면 백억 원을 공평하게 나누어 가지도록 제시한다. 적당한 액수는 상황에 따라 달라진다. '0과 100' 가운데 있는 점 중에서 가장 알맞은 액수를 찾아내어 제시하면 양측이 다 만족할 것이다. 만약 그 액수가 50이었다고 하면 노동자는 너무 많이 받는다고 미안해하고 사용자는 너무 적게 준다고 미안해한다. 그러면서 모두가 흡족해할 것이다.

이상적인 세상은 모두 한마음이 된 상태에서 공평하게 사는 것이다. 한마음이 되는 것과 공평하게 사는 것 중에서는 한마음이 되는 것이 더 중요하다. 한마음이 되지 못하고 욕심을 가지고 사는 사람은 공평한 처사에 대해서도 불만이다. 욕심은 끝없이 커지기 때문에 다 가지기 전에는 만족할 수 없다. 그러나 한마음이 되면 다르다. 한마음이 되면 그 자체로 행복하기에 다소 불공평해도 불만이 없다.

참된 사람이 나서서 정치를 하고, 교육을 하고, 경영을 하면 이상 세계를 건설할 수 있지만 많은 시간이 걸린다. 이상 세계의 건설은 실현 가능성이 없는 이상일 뿐이라고 생각하는 사람도 있다. 이런 문제점을 해결하는 방법이 있다. 공자는 이상 세계를 단번에 건설하는 즉각적인 방법을 제시하기로 한다.

즉각적 방법
이상 세계를 건설하는 방법에는 점진적인 것도 있지만 즉각적인 것도 있다. 『중용』제1장에 다음과 같은 말이 있다.

천명을 성性이라 하고, 성을 따라 나타나는 것을 도道라 하며, 도를 닦는 것을 가르침이라 한다. 도는 잠시도 끊어지지 않는다. 끊어진다면 도가 아니다. 이 때문에 군자는 보이지 않는 곳에서 조심하며, 들리지 않는 곳에서 두려워한다. 보이지 않는 곳보다 더 드러나는 곳이 없고, 미세한 것보다 더 드러나는 것이 없다. 그러므로 군자는 혼자 있을 때 조심한다. 희로애락의 감정이 일어나기 전의 상태를 중中이라 하고, 그것이 나타나서 모두 외부의 상황에 알맞아진 상태를 화和라 한다. 중이란 천하의 큰 뿌리이고 화라는 것은 어디를 가더라고 통하는 도리이다. 이 중과 화를 이루면 하늘과 땅이 제자리에 있게 되고 만물이 제대로 자란다.

天命之謂性 率性之謂道 修道之謂敎 道也者不可須臾離也 可離非道也 是故 君子戒愼乎其所不睹 恐懼乎其所不聞 莫見乎隱 莫顯乎微 故君子 愼其獨也 喜怒哀樂之未發 謂之中 發而皆中節 謂之和 中也者天下之大 本 和也者天下之達道 致中和 天地位焉 萬物育焉

하늘은 만물을 살리기 위해 잠시도 쉬지 않고 지시한다. 하늘의 마음은 하늘 위에 따로 있는 것이 아니다. 만물의 몸속에 들어와 있는 성이 바로 하늘의 마음이다. 성은 가만히 있는 것이 아니라 옹달 샘처럼 늘 흘러나온다. 옹달샘이 솟아나오면 물길이 생기듯이 성이 흘러나오면 그것을 따라 길이 생긴다. 그 길을 도라 한다. 물이 다른 데로 흐르면 원래의 물길이 망가지듯이 성이 흘러나와 다른 데로 가면 도가 망가진다. 도가 망가지면 마음속에 한마음이 고이지 않는다. 그 때문에 망가진 도는 닦아야 한다. 도를 닦도록 유도하는 것이 가르침이다. 도가 완전히 사라지고 없다면 도는 닦을 수 없다. 도는 완전히 사라지는 것이 아니다. 도가 망가지는 이유는 성이 흘러나오다가 다른 데로 흐르기 때문이다. 다른 데로 흘러버린 것이 욕심이다. 물을 다른 데로 흐르지 못하게 하고자 물길을 수리하듯, 성이 욕심으로 흐르지 못하게 하고자 도를 닦는다. 성이 다른 데로 흐르는 까닭은 남과 경쟁하면서 내 것을 챙기는 계산이 들어가기 때문이다. 그러므로 남들이 보이지 않는 곳에 있을 때와 아무것도 들리는 것이 없을 때는 성이 다른 데로 잘 흘러가지 않는다. 그때 마음을 잘 들여다보면 성이 흘러나오던 원래의 길이 어렴풋이 드러난다. 그때가 도를 닦을 좋은 기회이다.

사람의 마음속에는 희로애락의 감정이 들어 있다. 그 감정은 성에서 흘러나온다. 성은 깊숙한 곳에 있으므로 중이라고도 한다. 중은 속이라는 뜻이다. 성에서 정이 흘러나올 때는 두 종류로 갈라져 나온다. 하나는 순수한 정이고, 다른 하나는 욕심이다. 아무런 영향을 받지 않고 똑바로 나올 때는 순수한 정이 되지만, 도중에 내 것 챙기는 계산의 개입으로 비뚤어지면 욕심이 된다. 순수한 정은 한마음에서 나온 정이므로 남들과 조화를 이루는 정이지만, 욕심은 내 것 챙기는 감정이므로 남들과 갈등을 일으키는 정이다. 도를 닦는 것은 욕심을 없애고 순수한 감정을 확충하는 것이다.

순수한 감정으로 사는 사람과 욕심으로 사는 사람은 삶의 내용이 정반대이다. 순수한 감정으로 사는 사람이 바로 서 있는 사람이라면 욕심으로 사는 사람은 거꾸로 서 있는 사람이다. 거꾸로 서 있으면 발밑에 있어야 할 땅이 머리 위에 있고, 머리 위에 있어야 할 하늘이 발밑에 있다. 그리고 만물이 거꾸로 자라는 것으로 보인다. 천지가 뒤집혀 있고 만물이 거꾸로 자라고 있는 이 세상은 지옥이다. 그러나 거꾸로 서 있는 사람이 바로 서면 완전히 달라진다. 바로 서면 하늘이 머리 위에 있고, 땅이 발아래에 있으며, 만물이 제대로 자란다. 제대로 되어 있지 않은 것이 하나도 없다. 이 세상 이대로가 천국이다. 천국이 따로 있는 것이 아니다. 거꾸로 서 있던 내가 바로

서는 순간, 이 세상은 천국이 된다. 이런 방법을 공자는 그의 수제자인 안연에게 전한다.

안연이 인에 대해서 묻자 공자께서 말씀하셨다. "자기의 욕심을 이기고 예로 돌아가는 것이 인이다. 어느 날 자기의 욕심을 이기고 예로 돌아가면 천하가 인으로 돌아간다. 인을 하는 것은 자기로 말미암는 것이다. 남으로 말미암는 것이겠는가!"

顔淵問仁 子曰克己復禮爲仁 一日克己復禮 天下歸仁焉 爲仁由己 而由人乎哉(『論語』「顔淵篇」)

욕심으로 행동하면 다른 사람과 마찰이 일어나므로 그 행동이 예에 맞지 않지만, 한마음으로 행동하면 다른 사람과 조화를 이루므로 하는 행동마다 예가 된다. 한마음으로 사는 사람은 예를 실천하는 것이 아니라 그의 행동이 예가 되는 것이다. 극기복례克己復禮가 그런 것이다.

극기는 욕심을 없애고 한마음을 회복하는 것이다. 그것은 거꾸로 서 있는 자기가 바로 서는 것이다. 거꾸로 서 있을 때는 세상이 불인不仁한 지옥으로 보인다. 그러나 바로 서는 순간, 세상은 곧바로 인의 모습으로 되돌아온다. 인의 모습으로 되돌아온 세상이 천국이다. 이 세상을 천국으로 만드는 것은 나에게 달려 있다. 내가 바로 서면 이 세상이 천국이고, 내가 거꾸로 서면 이 세상이 지옥이다. 이 세상을 천국으로 만드는 것은 나에게 달려 있다. 남으로 말미암아 천국이 이루어지는 것은 아니다.

세상은 지옥이 아니다. 세상은 원래부터 천국이다. 세상이 지옥으로 보이는 것은 내 탓이다. 내가 거꾸로 뒤집혀 있기 때문에 천국을 지옥으로 보고 있는 것이다. 내가 바로 서기만 하면 천국이 천국으로 보인다.

공자가 세상을 천국이라 한다면 춘추시대의 혼란기를 살아가던 사람들은 그 말을 이해하기 어렵다. 그래서 공자는 수제자인 안연에게 은밀히 말한 것이다. 한마음이 된 사람은 하늘 마음으로 세상을 본다. 하늘 마음은 전체의 마음이다. 하늘 마음을 가진 사람은 전체를 본다. 전체를 보면 세상이 다르게 보인다.

세상은 약육강식의 아수라장으로 보이지만 그렇지 않다. 하늘 마음으로 보면 사자가 사슴을 잡아먹는 것이 사슴을 돕는 것임을 안다. 이를 아는 순간 지옥으로 보이던 세상이 천국으로 바뀐다. 이 세상을 천국으로 만들 것이 아니라 이 세상이 천국이라는 것을 알면 된다. 어느 날 공자는 제자들과 다음과 같이 문답한 적이 있다.

자로와 증석, 염유, 공서화가 (공자를) 모시고 앉아 있을 때, 공자께서 말씀하셨다. "내가 너희들보다 (나이가) 다소 많다고 하여 어렵게 여기지만, 나를 그렇게 여기지 마라. 평소에 '나를 알아주지 아니한다'고들 하는데, 만약 어떤 사람이 너희를 알아준다면 무엇을 하겠느냐?" 자로가 경솔하게 대답했다. "전차 천 대를 가진 나라가 큰 나라 사이에 끼어 있어 군대가 압박해오고 이로 인하여 기근이 들더라도, 제가 다스리면 삼 년쯤에 이르러 용맹이 있게 하고, 또 제 길을 찾도록 하겠습니다." 공자께서 피식 웃으셨다.

"구야, 너는 어떠하냐?" (염유가) 대답했다. "사방 육칠십 리, 혹은 오륙십 리를 제가 다스리면 삼 년쯤에 이르러 백성을 풍족하게 할 수 있거니와 예악과 같은 것은 군자를 기다리겠습니다." "적아, 너는 어떠하냐?" (공서화가) 말했다. "제가 잘할 수 있다고 말하는 것이 아니라 배우기를 원합니다. 종묘의 일과 혹은 제후들이 회동할 때에 현단복을 입고 장보관을 쓰고서, 조금 돕는 역할을 하겠습니다." "점아, 너는 어떠하냐?" (증석이) 비파를 타는 속도를 줄이더니 쩽그랑하고 놓고 일어나 대답했다. "세 제자가 이야기한 것과 다릅니다." 공자께서 말씀하셨다. "무슨 상관이냐? 또한 각기 자기의 뜻을 말한 것이다." "늦봄에 봄옷이 만들어지고 나면 갓을 쓴 사람 오륙 명, 동자 예닐곱 명과 더불어 기수에서 목욕하고 무우에서 바람 쐬고 노래하면서 돌아오겠습니다." 공자께서 아! 하고 감탄하시면서 말씀하셨다. "나는 점과 함께하겠다." 세 제자가 나가자 증석이 뒤에 남았다가 말했다. "저 세 제자의 말이 어떠합니까?" 공자께서 말씀하셨다. "또한 각각 자기의 뜻을 말했을 뿐이다." "선생님께서는 무엇 때문에 자로를 비웃으셨습니까?" "나라를 다스리는 것은 예로써 해야 하는데, 그 말이 겸손하지 않았다. 그래서 비웃은 것이다." "오직 구는 나랏일이 아닙니까?" "사방 육칠십 리, 혹은 오륙십 리쯤 되면 모두 나랏일이다." "오직 적은 나랏일이 아닙니까?" "종묘의 일과 회동하는 일이 제후의 일이 아니고 무엇이겠느냐? 적의 일이 작은 것이라면 누구의 일이 큰 것이겠느냐?"

子路曾晳冉有公西華侍坐 子曰以吾一日長乎爾 毋吾以也 居則曰不吾知

也 如或知爾則何以哉 子路率爾而對曰千乘之國 攝乎大國之間 加之以師旅 因之以饑饉 由也爲之 比及三年 可使有勇 且知方也 夫子哂之 求爾何如 對曰方六七十 如五六十 求也爲之 比及三年 可使足民 如其禮樂 以俟君子 赤 爾何如 對曰非曰能之 願學焉 宗廟之事 如會同 端章甫 願爲小相焉 點 爾何如 鼓瑟希 鏗爾舍瑟而作 對曰異乎三子者之撰 子曰何傷乎 亦各言其志也 曰莫春者 春服旣成 冠者五六人 童子六七人 浴乎沂 風乎舞雩 詠而歸 夫子喟然嘆曰吾與點也 三子者出 曾晳後 曾晳曰夫三子者之言何如 子曰亦各言其志已矣 曰夫子何哂由也 曰爲國以禮 其言不讓 是故哂之 唯求則非邦也與 安見方六七十 如五六十而非邦也者 唯赤則非邦也與 宗廟會同 非諸侯而何 赤也爲之小 孰能爲之大(『論語』「先進篇」)

자로와 염유, 공서화는 나라를 다스리는 것을 급선무로 여겼지만, 증석은 달랐다. 늦봄에 봄옷을 입고 사람들과 어울려 소풍이나 다녀오겠다고 했다. 당시는 유례가 없을 정도로 혼란한 때였다. 그런 때에 세상이 어떻게 되든 상관 않고 소풍이나 다니겠다는 제자를 공자가 인정했다. 세상을 다스리는 것도 중요하지만, 수신이 안 된 사람이 나서서 다스리면 문제가 더 커진다. 자로와 염유, 공서화는 수신보다 세상을 다스리는 것에 더 급급했다. 그래서는 세상이 제대로 다스려질 리가 없다. 수신해서 한마음을 회복한 사람이 나서야 세상을 다스릴 수 있다. 그러나 한마음을 얻은 사람은 세상을 다스리지 않아도 된다. 그에게는 이미 이 세상이 천국이기 때문이다. 공자가 증석을 인정한 것은 그 때문이었다.

공자는 세상에 나서지 않고 초연히 살아도 되는 사람이었다. 만약 그가 그렇게 살았다면 노자와 유사했을 것이다. 그러나 공자는 그렇게 하지 않았다. 세상을 구하기 위해 천하를 부지런히 돌아다녔다. 그 까닭은 무엇일까?

싸움판에서 이전투구하고 있는 아이들을 멀리서 바라보고 있는 사람은 달려가서 그 아이들을 말리지 않을 것이다. 그러나 싸움판에서 온갖 고생을 하다가 그 싸움판에서 벗어난 사람이 싸움판의 아이들을 바라본다면 다를 것이다. 그는 그 아이들에게 다가가 싸움을 말릴 것이다. 전자가 노자라면 후자가 공자이다. 공자도 노자처럼 초연히 살고 싶어 했다.

장저와 걸닉이 짝을 이루어 밭을 가는데, 공자께서 지나시다가 자로를 시켜 나루를 묻게 하셨다. 장저가 말했다. "수레 고삐를 잡고 있는 사람이 누구인가?" 자로가 말했다. "공구라 합니다." "노나라의 공구인가?" "그렇습니다." "그는 나루를 알 것이오." 걸닉에게 물으니 그가 말했다. "당신은 누구라 하는가?" "중유라 합니다." "노나라 공구의 제자인가?" "그렇습니다." "도도하게 흐르는 것은 천하가 다 그러하니, 누가 무엇으로 그것을 바꾸겠는가! 또한 그대는 사람을 피하는 선비를 따르는 것이 어찌 세상을 피하는 선비를 따르는 것만 같겠는가!" 하고 써레질하기를 그치지 않았다. 자로가 가서 그 사실을 아뢰니, 선생님께서 머쓱해서 말씀하셨다. "짐승들과 함께 무리지어 살 수는 없다. 내가 이 사람들과 함께 어울리지 않고 누구와 어울리겠는가! 천하에 도가 있다면 내가 뛰어들어 바꾸려 하지 않을 것이다."

長沮桀溺 耦而耕 孔子過之 使子路問津焉 長沮曰夫執輿者爲誰 子路曰
爲孔丘 曰是魯孔丘與 曰是也 曰是知津矣 問於桀溺 桀溺曰子爲誰 曰爲
仲由 曰是魯孔丘之徒與 對曰然 曰滔滔者天下皆是也 而誰以易之 且而
與其從辟人之士也 豈若從辟世之士哉 耰而不輟 子路行 以告 夫子憮然
曰鳥獸 不可與同群 吾非斯人之徒與 而誰與 天下有道 丘不與易也(『論
語』「陽貨篇」)

장저와 걸닉은 세속을 벗어나 초연하게 사는 사람들이었다. 그들
은 참된 사람들이다. 공자는 그들과 어울리고 싶었다. 세상에서 끝
없는 싸움을 계속하는 사람들은 짐승과 다를 바 없다. 공자는 그런
사람들에게 정이 떨어지기도 했다. 그러나 공자는 세상을 떠날 수
없었다. 공자도 싸움판에서 자랐기 때문에 싸움판에서 허우적거리
고 있는 그들을 두고 볼 수가 없다. 세상이 조금이라도 안정되어 있
다면 공자는 세상에 뛰어들지 않았을 것이다.

오래전부터 진리의 내용을 체계적으로 정리하고 싶은 생각을 하고 있었지만, 막상 탈고하고 나니 후련함보다는 아쉬움이 남는다. 진리의 내용을 설파한 가르침들은 많이 있다. 그 가르침들을 두루 섭렵한 뒤에 집필해야 하지만 그렇지 못했다. 진리의 가르침들을 다 섭렵하는 것이 어려울 것 같아 아쉬운 대로 지금까지 공부한 내용을 중심으로 원고를 마무리했다.

불교나 기독교의 내용을 다루었지만, 유학에 비해 양도 적고 깊이도 부족하다. 유학 전공자로서의 한계를 벗어나지 못했기 때문이다.

그런데도 이 글을 쓰지 않을 수 없었던 것은 지금 세상에 진리가 메말라가고 있기 때문이다. 사람들은 진리가 메마를수록 그것을 갈구한다. 최근 많은 사람을 만나면서 이를 확신하게 되었다. 목이 마른 사람에게 물을 제공해야 한다. 자기 혼자서만 마신다면 사람들에게 죄를 짓는 것이다. 그러나 경전은 한국어로 기록된 것이 아니기 때문에 목마른 사람들에게 물이 되기 어렵다. 지금은 일반 대중이 마실 수 있는 진리의 물이 필요한 때이다. 원문이 아닌 우리말로 된 안내서를 만들지 않으면 안 된다. 이 책을 집필하게 된 것은 이런 이유 때문이다.

아직 미비한 점이 많을 것으로 생각한다. 독자 여러분들의 질정을 바란다.

1 이 부분은 『莊子』 「逍遙遊」에 나오는 이야기를 각색했다.

2 道可道 非常道(『老子』 제1장)

3 理氣不離

4 理氣不雜

5 未有天地之前 只有天地萬物公共之理

6 上天之載 無聲無臭

7 에드워드 윌슨 저, 이한음 역, 『인간 본성에 대하여』, 사이언스북스, 2011년 9월, 115쪽.

8 心不在焉 視而不見 聽而不聞(『大學章句』 전 7장)

9 기독교 바이블의 번역은 1993년 대한성서공회에서 번역한 표준새번역 『성경전서』에 있
는 것을 그대로 옮겼다. 뒤에 인용한 번역도 마찬가지다. 번거로움을 피하여 일일이 각
주를 달지 않았다.

10 『詩經』 〈邶風〉

11 子曰 十室之邑 必有忠信 如丘者焉 不如丘之好學也(『論語』 「公冶長篇」)

12 「요한복음」 12장 34절

13 師敎十年 未若母十月之育 母育十月 未若父一日之生(『胎敎新記』 제2절)

14 初九 潛龍 勿用(『周易』 乾卦, '初九의 爻辭')

15 初臼季使 過冀 見冀缺耨 其妻饁之敬 相待如賓(『春秋左氏傳』 僖公 33년)

16 君子之道 造端乎夫婦(제12장)

17 이 이야기는 『孟子』 「萬章章句」 上에 나온다.

18 互鄕 難與言 童子見 門人惑 子曰 與其進也 不與其退也 唯何甚 人潔己以進 與
其潔也 不保其往也(『論語』 「述而篇」)

19 『心地觀經』에 원형이 보인다. 그러나 위의 한문으로 완성된 것은 천태종의 지의(智
顗)의 의해서다.

20 禱爾于上下神祇(『論語』 「述而篇」)

21 從心所欲 不踰矩(『論語』 「爲政篇」)

22 人而不仁 如禮何(『論語』 「八佾篇」)

23 心不在焉 --- 食而不知其味(『大學』 전 9장)

24 人莫不飮食也 鮮能知味也(『中庸』 제4장)

25 吾道 一以貫之(『論語』 「里仁篇」)

26 君君臣臣父父子子(『論語』 「顏淵篇」)

27 『詩經』 「唐風 無衣」

KI신서 6142

진리란 무엇인가

1판 1쇄 발행 2015년 8월 28일
1판 2쇄 발행 2016년 3월 10일

지은이 이기동
펴낸이 김영곤 **펴낸곳** (주)북이십일 21세기북스
인문기획팀 책임편집 정지은
출판사업본부장 안형태 **홍보팀장** 이혜연
출판영업마케팅팀 이경희 김홍선 정병철 최성환 백세희

출판등록 2000년 5월 6일 제 406-2003-061호
주소 (우413-756) 경기도 파주시 회동길 201(문발동)
대표전화 031-955-2100 **팩스** 031-955-2151 **이메일** book21@book21.co.kr
홈페이지 www.book21.com **블로그** b.book21.com
트위터 @21cbook **페이스북** facebook.com/21cbooks

© 이기동, 2015

ISBN 978-89-509-6089-6 03100
책값은 뒤표지에 있습니다.

이 책 내용의 일부 또는 전부를 재사용하려면 반드시 (주)북이십일의 동의를 얻어야 합니다.
잘못 만들어진 책은 구입하신 서점에서 교환해 드립니다.

이 책은 림관헌 선생의 학술연구비 지원으로 출간되었습니다.